U0681370

智媒时代的网络舆情

徐海玲　侯亚娟　编著

北京航空航天大学出版社

内 容 简 介

本书涵盖了情报学领域的基本理论、方法和应用,具有较强的学术性和前瞻性。全书共分为前篇、中篇和后篇三个部分:前篇介绍了网络舆情相关的基础理论和数据技术,主要包括网络舆情概述、传播和数据技术三个方面;中篇主要介绍了网络舆情图谱构建、网络舆情关键节点识别和网络舆情生态治理;后篇重点介绍了智媒时代网络舆情的服务应用,主要包括网络舆情用户画像、智媒时代网络舆情演化路径、网络舆情生态图谱构建及态势预测。

本书可以作为高等院校情报学、信息管理与信息系统、图书情报等专业本科生教材,也可供相关专业科研人员参考。

图书在版编目(CIP)数据

智媒时代的网络舆情 / 徐海玲,侯亚娟编著.

北京 : 北京航空航天大学出版社,2025.3.

ISBN 978 - 7 - 5124 - 4438 - 6

Ⅰ. G206.2

中国国家版本馆 CIP 数据核字第 2024FL9157 号

版权所有,侵权必究。

智媒时代的网络舆情

徐海玲　　侯亚娟　编著

策划编辑　杨国龙　　责任编辑　杨国龙　周美佳

*

北京航空航天大学出版社出版发行

北京市海淀区学院路 37 号(邮编 100191)　http://www.buaapress.com.cn

发行部电话:(010)82317024　传真:(010)82328026

读者信箱:qdpress@buaacm.com　邮购电话:(010)82316936

北京雅图新世纪印刷科技有限公司印装　各地书店经销

*

开本:710×1 000　1/16　印张:16.25　字数:346 千字

2025 年 4 月第 1 版　2025 年 4 月第 1 次印刷

ISBN 978 - 7 - 5124 - 4438 - 6　定价:89.00 元

若本书有倒页、脱页、缺页等印装质量问题,请与本社发行部联系调换。联系电话:(010)82317024

前　　言

在数字化、智能化的时代，以信息技术、人工智能为代表的新兴科技快速发展，大大拓展了空间、时间和人们的认知范围，人类进入一个万物互联的智媒时代。在智媒时代，网络舆情呈现出新的特征与新的图景，智能生成的舆情信息、算法介入舆情的传播方式以及时空无序的舆情危机爆发的新形式彰显了数字技术视野下网络舆情在媒体格局、舆情生态以及传播方式等方面的显著变化。只有深切地研究和把握网络舆情的这种变化才能更好地优化社会决策过程，提高社会治理的效果，做到"民心所向，金石为开"。

本书分为前篇、中篇和后篇共三篇。

前篇约 100 千字，由侯亚娟撰写，主要介绍网络舆情相关的基础理论和数据技术，具体从网络舆情概述、网络舆情传播、网络舆情的数据技术三个方面进行阐述，从而帮助读者理解和掌握有关网络舆情的基础知识。

中篇和后篇约 250 千字，由徐海玲撰写。中篇主要介绍网络舆情的图谱构建及关键节点识别，并提出网络舆情生态治理。网络舆情图谱构建部分主要介绍主体图谱、客体图谱、时空演化图谱以及信息群落图谱，通过对不同图谱的构成要素、构建方法、关系抽取以及结构维度等进行分析，让读者了解不同图谱构建方法；网络舆情关键节点识别部分主要介绍关键节点的挖掘方法和识别的基本流程，为后期网络舆情生态治理提供理论和方法支撑；网络舆情生态治理部分主要介绍生态引导预防、生态制度的制定、生态治理系统的构建以及典型城市的生态治理等内容。

后篇重点介绍网络舆情的服务应用，基于六篇论文介绍目前较为前沿的网络舆情用户画像和智媒时代网络舆情演化路径、网络舆情生态图谱构建及态势预测。该篇同时也是对前述知识点的高度概括和总结，是对前文所提出理论方法的具体应用。

由于编者水平有限，本书难免存在不足之处，恳请读者批评指正。

徐海玲

2024 年 5 月于北京

目　　录

前篇　网络舆情基础理论及数据技术

第1章　网络舆情概述 ·· 3

1.1　网络舆情的概念 ·· 3
1.1.1　舆情思想的演进 ·· 3
1.1.2　当代舆情的内涵 ·· 7
1.1.3　当代舆情的外延 ·· 9
1.1.4　网络舆情的内涵 ·· 10
1.1.5　网络舆情的外延 ·· 12
1.1.6　智媒舆情的提出 ·· 13

1.2　网络舆情的要素 ·· 14
1.2.1　网络舆情主体(受体,who) ·· 15
1.2.2　网络舆情客体(配体,what) ·· 20
1.2.3　网络舆情本体(抗体,why) ·· 23
1.2.4　网络舆情载体(流体,how) ·· 25
1.2.5　网络舆情政体(补体,with) ·· 26
1.2.6　网络舆情外体(基体,where) ······································ 28

1.3　网络舆情的特点 ·· 31
1.3.1　信息飞沫化 ··· 32
1.3.2　意见集束化 ··· 32
1.3.3　意见极性化 ··· 33
1.3.4　表达情绪化 ··· 33
1.3.5　主题搭车化 ··· 34
1.3.6　更迭迅变化 ··· 34

1.4　网络舆情的社会功能 ·· 34
1.4.1　信息传递功能 ··· 35
1.4.2　文化传播功能 ··· 35
1.4.3　心理宣泄功能 ··· 36
1.4.4　社会融合功能 ··· 37
1.4.5　公共监督功能 ··· 38
1.4.6　预警引导功能 ··· 38

第 2 章　网络舆情传播 ……………………………………………… 40

　2.1　网络舆情的引发因素 …………………………………… 40

　　2.1.1　事件本身 ………………………………………… 40

　　2.1.2　事件性质 ………………………………………… 41

　　2.1.3　媒体报道 ………………………………………… 41

　　2.1.4　报道形式 ………………………………………… 42

　　2.1.5　首发平台 ………………………………………… 42

　　2.1.6　网民体质 ………………………………………… 43

　2.2　网络舆情发展阶段 ……………………………………… 44

　　2.2.1　网络舆情潜伏阶段 ……………………………… 45

　　2.2.2　网络舆情前驱阶段 ……………………………… 45

　　2.2.3　网络舆情爆发阶段 ……………………………… 46

　　2.2.4　网络舆情恢复阶段 ……………………………… 46

　　2.2.5　网络舆情复发阶段 ……………………………… 47

　　2.2.6　网络舆情后遗症阶段 …………………………… 47

　2.3　网络舆情传播模式 ……………………………………… 48

　　2.3.1　一对一模式 ……………………………………… 48

　　2.3.2　一对多模式 ……………………………………… 49

　　2.3.3　多对多模式 ……………………………………… 49

　　2.3.4　多对群模式 ……………………………………… 50

　　2.3.5　群对群模式 ……………………………………… 50

　　2.3.6　病毒式模式 ……………………………………… 51

　2.4　网络舆情传播的特征 …………………………………… 51

　　2.4.1　主体的集群性 …………………………………… 51

　　2.4.2　主体的隐蔽性 …………………………………… 52

　　2.4.3　客体的失真性 …………………………………… 53

　　2.4.4　本体的趋同性 …………………………………… 57

　　2.4.5　反应的敏捷性 …………………………………… 59

　　2.4.6　影响的显著性 …………………………………… 61

第 3 章　网络舆情的数据技术 ……………………………………… 62

　3.1　网络舆情数据类型 ……………………………………… 62

　　3.1.1　元数据 …………………………………………… 62

　　3.1.2　文本数据 ………………………………………… 63

　　3.1.3　多媒体数据 ……………………………………… 64

　　3.1.4　超链接数据 ……………………………………… 64

　　　3.1.5　用户互动数据 ·· 65
　　　3.1.6　社交网络关系数据 ··· 65
　　3.2　网络舆情数据来源 ·· 66
　　　3.2.1　新闻网站媒体 ·· 66
　　　3.2.2　社交媒体平台 ·· 67
　　　3.2.3　专业论坛博客 ·· 67
　　　3.2.4　基于评论的平台 ··· 68
　　　3.2.5　数据库和报告 ·· 68
　　　3.2.6　搜索引擎痕迹 ·· 69
　　3.3　舆情数据的运用需求 ··· 69
　　　3.3.1　活化市场研究需求 ·· 69
　　　3.3.2　深化科学研究需求 ·· 70
　　　3.3.3　绿化舆论引导需求 ·· 71
　　　3.3.4　强化危机治理需求 ·· 72
　　　3.3.5　优化政策制定需求 ·· 73
　　　3.3.6　孵化风险预警需求 ·· 74
　　3.4　舆情数据分析处理 ·· 75
　　　3.4.1　网络舆情数据的收集工具 ································· 75
　　　3.4.2　数据预处理之除噪清洗 ···································· 78
　　　3.4.3　数据预处理之规范文本 ···································· 80
　　　3.4.4　数据处理之敏感词识别 ···································· 83
　　　3.4.5　数据处理之浅层学习 ······································· 87
　　　3.4.6　数据处理之深度学习 ······································· 89

中篇　网络舆情图谱构建及生态治理

第4章　网络舆情图谱构建 ··· 93
　　4.1　网络舆情多维图谱的维度解析 ······························ 93
　　　4.1.1　多维图谱的维度划分 ······································· 93
　　　4.1.2　知识图谱的内涵及架构 ···································· 96
　　　4.1.3　网络舆情的维度关联 ······································· 99
　　4.2　网络舆情主体图谱构建 ······································ 100
　　　4.2.1　网络舆情主体图谱构成要素 ···························· 100
　　　4.2.2　网络舆情主体图谱构建方法 ···························· 101
　　　4.2.3　网络舆情主体图谱属性抽取 ···························· 103
　　4.3　网络舆情客体图谱构建 ······································ 104
　　　4.3.1　网络舆情客体图谱理论概述 ···························· 104

　　　4.3.2　网络舆情客体图谱的关系抽取 ‥‥‥‥‥‥‥‥‥‥‥‥‥ 105

　　　4.3.3　网络舆情客体图谱模型构建 ‥‥‥‥‥‥‥‥‥‥‥‥‥‥ 107

　　4.4　网络舆情时空演化图谱 ‥‥‥‥‥‥‥‥‥‥‥‥‥‥‥‥‥‥ 108

　　　4.4.1　时空演化图谱概述 ‥‥‥‥‥‥‥‥‥‥‥‥‥‥‥‥‥‥ 108

　　　4.4.2　事件时空图谱构建 ‥‥‥‥‥‥‥‥‥‥‥‥‥‥‥‥‥‥ 109

　　　4.4.3　舆情时空结构分析 ‥‥‥‥‥‥‥‥‥‥‥‥‥‥‥‥‥‥ 110

　　　4.4.4　舆情时空网络模式 ‥‥‥‥‥‥‥‥‥‥‥‥‥‥‥‥‥‥ 112

　　4.5　网络舆情的种群概述 ‥‥‥‥‥‥‥‥‥‥‥‥‥‥‥‥‥‥‥ 113

　　　4.5.1　种群图谱的内涵 ‥‥‥‥‥‥‥‥‥‥‥‥‥‥‥‥‥‥‥ 113

　　　4.5.2　网络舆情种群的行为 ‥‥‥‥‥‥‥‥‥‥‥‥‥‥‥‥‥ 115

　　　4.5.3　种群图谱的组成及构建 ‥‥‥‥‥‥‥‥‥‥‥‥‥‥‥‥ 117

　　4.6　网络舆情的信息群落图谱 ‥‥‥‥‥‥‥‥‥‥‥‥‥‥‥‥‥ 119

　　　4.6.1　信息及信息群落概述 ‥‥‥‥‥‥‥‥‥‥‥‥‥‥‥‥‥ 119

　　　4.6.2　信息特征及热点话题 ‥‥‥‥‥‥‥‥‥‥‥‥‥‥‥‥‥ 121

　　　4.6.3　信息群落图谱构建 ‥‥‥‥‥‥‥‥‥‥‥‥‥‥‥‥‥‥ 122

第 5 章　网络舆情关键节点识别 ‥‥‥‥‥‥‥‥‥‥‥‥‥‥‥‥‥‥ 125

　　5.1　网络舆情关键节点识别概述 ‥‥‥‥‥‥‥‥‥‥‥‥‥‥‥‥ 125

　　　5.1.1　关键节点的主要分类 ‥‥‥‥‥‥‥‥‥‥‥‥‥‥‥‥‥ 125

　　　5.1.2　关键节点的影响因素 ‥‥‥‥‥‥‥‥‥‥‥‥‥‥‥‥‥ 128

　　　5.1.3　关键节点的内容特性 ‥‥‥‥‥‥‥‥‥‥‥‥‥‥‥‥‥ 129

　　　5.1.4　关键节点的识别方法 ‥‥‥‥‥‥‥‥‥‥‥‥‥‥‥‥‥ 129

　　5.2　网络舆情关键节点识别流程 ‥‥‥‥‥‥‥‥‥‥‥‥‥‥‥‥ 132

　　　5.2.1　数据的选取与处理 ‥‥‥‥‥‥‥‥‥‥‥‥‥‥‥‥‥‥ 132

　　　5.2.2　关键节点识别指标 ‥‥‥‥‥‥‥‥‥‥‥‥‥‥‥‥‥‥ 133

　　　5.2.3　关键节点识别权重 ‥‥‥‥‥‥‥‥‥‥‥‥‥‥‥‥‥‥ 134

第 6 章　网络舆情生态治理 ‥‥‥‥‥‥‥‥‥‥‥‥‥‥‥‥‥‥‥‥ 136

　　6.1　网络舆情生态引导预防 ‥‥‥‥‥‥‥‥‥‥‥‥‥‥‥‥‥‥ 136

　　　6.1.1　增强网络舆情引导意识 ‥‥‥‥‥‥‥‥‥‥‥‥‥‥‥‥ 136

　　　6.1.2　提升网络舆情引导的艺术性 ‥‥‥‥‥‥‥‥‥‥‥‥‥‥ 138

　　6.2　网络舆情生态制度预防 ‥‥‥‥‥‥‥‥‥‥‥‥‥‥‥‥‥‥ 141

　　　6.2.1　完善舆情防控法律制度 ‥‥‥‥‥‥‥‥‥‥‥‥‥‥‥‥ 141

　　　6.2.2　建立舆情防控技术性制度 ‥‥‥‥‥‥‥‥‥‥‥‥‥‥‥ 142

　　6.3　构建网络舆情生态治理系统 ‥‥‥‥‥‥‥‥‥‥‥‥‥‥‥‥ 142

　　　6.3.1　配备专门的舆情治理人员 ‥‥‥‥‥‥‥‥‥‥‥‥‥‥‥ 143

　　　6.3.2　精进舆情管控智能系统 ‥‥‥‥‥‥‥‥‥‥‥‥‥‥‥‥ 144

6.4 生态治理网络舆情典型空间 ···················· 146
6.4.1 生态治理网络舆情专业空间 ·············· 146
6.4.2 生态治理网络舆情城市空间 ·············· 149

后篇 网络舆情的服务应用

第7章 网络舆情用户画像 ························· 155
7.1 社交媒体用户画像的构建及资源聚合模型研究 ········ 155
7.1.1 引 言 ·························· 155
7.1.2 文献回顾 ························ 156
7.1.3 用户画像研究概述 ·················· 157
7.1.4 社交媒体的用户画像与资源画像构建 ········ 159
7.1.5 社交媒体的资源聚合模型构建 ············ 164
7.1.6 结 论 ·························· 167
7.2 基于概念格的高校图书馆群体用户兴趣画像研究 ······ 167
7.2.1 引 言 ·························· 167
7.2.2 文献回顾 ························ 168
7.2.3 群体用户细分及标签选取 ·············· 170
7.2.4 群体用户兴趣画像通用模型构建 ·········· 171
7.2.5 关联规则挖掘及群体用户兴趣画像构建 ······ 177
7.2.6 结 语 ·························· 181

第8章 智媒时代网络舆情演化路径 ················· 183
8.1 面向态势感知的突发网络舆情事件演化路径研究 ······ 183
8.1.1 引 言 ·························· 183
8.1.2 相关概念和理论基础 ················· 184
8.1.3 突发网络舆情事件的态势感知模型 ········· 186
8.1.4 突发网络舆情事理图谱构建 ············· 186
8.1.5 模型应用及结果分析 ················· 189
8.1.6 结论与展望 ······················ 195
8.2 基于事理图谱的多维特征网络舆情演化路径研究 ······ 196
8.2.1 引 言 ·························· 196
8.2.2 文献回顾 ························ 197
8.2.3 网络舆情事理图谱构建 ··············· 198
8.2.4 实证研究 ························ 202
8.2.5 网络舆情事理图谱演化路径分析 ·········· 206
8.2.6 结 论 ·························· 208

第 9 章　智媒时代网络舆情生态图谱及态势预测 ············· 209

　9.1　太空网络舆情生态多维图谱构建研究——以"长征 5B 失控"事件为例
　　 ·· 209

　　9.1.1　引　言 ······························ 209

　　9.1.2　相关理论及文献回顾 ················· 210

　　9.1.3　网络舆情生态的维度解析 ············· 211

　　9.1.4　网络舆情生态多维图谱构建 ··········· 212

　　9.1.5　案例分析 ···························· 213

　　9.1.6　结　论 ······························ 215

　9.2　网络舆情热点话题的超网络建模及态势预测 ····· 216

　　9.2.1　引　言 ······························ 216

　　9.2.2　相关概念及理论基础 ················· 216

　　9.2.3　网络舆情热点话题超网络模型构建 ····· 218

　　9.2.4　实证分析 ···························· 222

　　9.2.5　总　结 ······························ 227

参考文献 ······································· 228

前篇　网络舆情基础理论及数据技术

"莫道谗言如浪深，莫言迁客似沙沉。千淘万漉虽辛苦，吹尽狂沙始到金。"这是唐代诗人刘禹锡用以表达自己在面对困境和谣言时依然坚强不屈、坚守信念的著名诗句，诗句中巧妙的比喻以及深刻的意蕴令人动容——诗人为他在职场生涯中遭受的谣言和诽谤而感到难过，也庆幸自己经历多次贬谪之后，于晚年相对安稳。这时候我们不禁会设想，若自己生在千年前的唐朝，是否也会坚强如斯？也会设想，若刘禹锡活在智媒体（简称智媒）盛行的今天，是否能抵御网络世界里覆盖面甚为广泛、冲击力颇为震撼的谣言风浪？或许能，或许不能。可以想象，刘禹锡在智媒时代可能会面对来势汹汹、铺天盖地的猜疑和谣言（网络舆情）；也可以想象，德才双馨的他可以利用自己的能力以及更完善的法律体系和技术手段来应对谣言和诽谤，甚至能促使自己写出更多优美的华章。网络是一把双刃剑，是友好的，又可能是不友好的，而网络是否友好取决于人们对网络舆情的理解以及对网络技术的使用和把控。本书将从网络舆情的概念出发，从网络舆情的传播等方面阐明智媒时代下网络舆情的影响以及应对网络舆情的技术手段。

第1章　网络舆情概述

作者木心用一首《从前慢》形象地概括了旧时代的慢时空色彩,[①]虽也有话说"好事不出门,坏事传千里",但在古代,由于缺乏更加便捷的传播载体,谣言的传播速度相对缓慢,谣言在一定程度上还可以"止于智者";但在智媒时代,互联网上的谣言借助于网络和社交媒体技术可以转化为网络舆情,像风一样快速传播,甚至可以愚弄到"智者"。"舆情如风,风行无阻",网络时代的舆情为何会有这般威力,它在当下的社会起着什么样的作用?要想解答这个问题,应先了解什么是网络舆情以及网络舆情的特点。

1.1　网络舆情的概念

网络舆情是舆情的一种,是现代意义上的舆情,要想深入地分析网络舆情,就要先分析舆情。"舆情"一词作为一个古老的且在最近若干年使用频率极高的中国词语经常被误用,无论是政界、企业界,还是新闻传播学界,对舆情的概念常常理解不清,有人将舆情等同于民意,也有人将舆情简单地视为舆论,甚至利用率极高的百度百科对舆情概念的解释也是自相矛盾的。[②]要分析好舆情,就要梳理舆情思想形成和发展的过程,再对比分析与舆情概念紧密相关的舆论和民意等概念,才能尽可能准确地把握舆情的概念。

1.1.1　舆情思想的演进

就"舆情"一词的字义来分析,"舆"是"众"的意思,由车或车厢之意演化而来,而"情"有"情绪;实情"等含义,"舆""情"二字合起来简单解释就是"民众情绪;民众意见;民众实情"的意思。"舆情"连起来作为一个词使用最早可以追溯到唐朝。唐昭宗李晔诏书云:"朕采于群议,询彼舆情",[③]表达了他作为皇帝能听取众人意见、体察民情的思想。随后,南唐李中的"格论思名士,舆情渴直臣"[④]则表达了大众渴望廉明奉

---

① 张雪,杨向荣.一个反思竞速现代性的寓言文本——《从前慢》的"慢记忆"书写及其隐喻[J].浙江社会科学,2022(8):138-145;161.DOI:10.14167/j.zjss.2022.08.003.

② 丁柏铨.对舆情概念的认知和思考[J].编辑之友,2017(9):5-11.

③ 刘昫.旧唐书·崔慎由列传[M]//张玉田.古今舆情概念演变的文化意义阐释[J].传媒与艺术研究,2023(2):2-11.

④ 彭定求,杨中讷,等.全唐诗[M]//薛璞.《诗经》舆情引导价值及其当代启示[J].黔南民族师范学院学报,2022,42(5):116-122.

公的官员回应民意的思想。可见,当时的舆情概念泛指民意,"民本"的思想比较明确。

前述舆情概念的提及可能并不算是中国最早的舆情思想,从某种程度上说,中国最早的舆情思想是以舆论的形式出现的。"舆论"按字面上理解,就是"舆人之论",即官员上朝时,其轿夫们聚在一起发表议论。《三国志·魏书·王朗传》中的"设其傲狠,殊无入志,惧彼舆论之未畅者,并怀伊邑"①一句首次使用了"舆论"一词,描述的是王朗因担忧魏文帝出兵伐吴会引起百姓议论而勇敢谏言的史实,此时的舆论代表的是百姓对皇帝的议论,代表着一种公共意见的表达。此后论及公共意见表达时常用"舆论"一词。

可以说,从舆情概念出现以后至现代意义的舆情概念出现以前,"舆论"与"舆情"就一直混淆在一起,交互出现。明清之际的典籍中屡见"舆论"一词,而"舆情"一词也在康雍乾时期被频繁使用。但无论"舆情"还是"舆论"都普遍用于反映平民百姓的心声,而这正是西周民本思想"防民之口,甚于防川……"的延续,这些无不有劝谏封建统治者要广开言路、吸纳民意之意。因此,古代舆情思想虽经历了从"舆论"到"舆情"的文字学方面的演变,但其核心仍是以维护封建专制统治为目的的民本思想,仍然聚焦于民意的表达,是中国传统臣民思想的反映,是皇权自上而下俯视的产物,是君王安邦治国的手段。只不过,古代的舆情是普通百姓偶发的意见和感慨,偶发性色彩比较重。

近代舆情思想虽然也使用"舆论"和"舆情"这些古老的词汇,但其含义随着英文词组 public opinion 的引进与融合已经发生了深刻变化。汉语中的"舆论""舆情""民意"所对应的英文中都有合成词 public opinion,而作为独立的、具有现代内涵意义的合成术语,public opinion 的形成和推广至少可追溯到 18 世纪英国的洛克与法国的卢梭,这两个人均在不同程度上赋予民众意见以"人民主权"的内涵,卢梭更是在进一步讨论"公意"思想时为民众意见注入了公共利益这一"公共性"内涵,将 public 和 opinion 联合起来使用,之后,public opinion 作为合成术语开始在社会上得到广泛传播。② 19 世纪中后期,public opinion 一词进入汉语世界,但在晚清的几部重要英华辞典里,public opinion 多被译为"众议""众论"或"众意",而未被译为"舆论"或"舆情",直到甲午战争前后,在传教士及维新改革运动的影响下,"舆论"才被广泛用来作为 public opinion 对应的译文频繁出现于新思想的宣传中,并最终实现了"舆论"与"public opinion"在最初语义层面上从简单对接到现代内涵输入的转变。③ 这时候的"舆论"带着"舶来品"的味道,在康有为和梁启超等人开启民智和立宪改革的进程中

---

① 陈寿.三国志[M]//张玉田.古今舆情概念演变的文化意义阐释[J].传媒与艺术研究,2023(2):2-11.

② public opinion 这一术语迄今在西方社会也未形成统一定义,但在保留"民众意见"这一原本内涵的基础上,"公共性"作为该术语的中轴搭建起这一术语的现代内涵。

③ 段然."舆论/public opinion?":一个概念的历史溯源[J].新闻与传播研究,2019,26(11):94-110;128.

得到发展。梁启超提出:"夫舆论者何,多数人意见之公表于外者也。"①"敌舆论者,破坏时代之事业也;母舆论者,过渡时代之事业也;仆舆论者,成立时代之事业也。非大勇不能为敌,非大智不能为母,非大仁不能为仆,具此三德,斯为完人。"②可以看出,梁启超认为,要成就大事,只有服从舆论,甚至是逆势引领和操控舆论,才能够有所作为。在此期间,"奏舆情""顺舆情""哀舆情"等主题的文章出现于报端甚至奏章,舆情成为经由报纸媒体在一定范围内公开传播的一种观点和思想。显然,民主意识已经渗入近代舆情的内涵,舆情也由街谈巷议的"舆人情绪态度"上升为"君民共治诉求",传统臣民意识之下的舆情概念逐渐丧失其思想土壤,譬如平民统治和限权政府等现代元素出现在以梁启超等人所创办《新民丛报》为代表的近代报纸上,于是,汉语中的"舆论"通过与英语"public opinion"的内涵构成对接,衍生出近代中文语境的舆情思想,③人们对舆论或舆情的理解也从之前认为的偶发言论转变为多数人公开发表言论,但此时中国的舆情思想受制于政权形态,或多或少仍带有维护封建专制统治的意味。

现代舆情思想的产生基本可以回溯到20世纪20—30年代的美国,当时,舆情的内涵因为民意测验这种舆论调查方式的加入而发生深刻改变。1920年,《文学文摘》杂志开展了一次大规模的民意测验,将测验范围从小地区推广向全美国。而后,曾两次获得普利策奖的美国著名新闻记者沃尔特·李普曼在1922年出版了《舆论》一书,在这本新闻传播学的奠基作品中首次对公共舆论作了全景式的介绍,而1937年第一份专门的舆论学刊物《舆论季刊》在美国的创办则标志着现代舆论学研究的诞生。也正是在这个时期,民意测验,也即舆论测量被引入中国,只可惜这个舶来品在中国"水土不服",发展缓慢,以至于到中华人民共和国成立之时还缺少专门的民意测验机构,缺少全国规模的民意测验。可以说,虽然现代舆情思想在国外因民意测验这种研究方法的普及而发展迅速,但在中国的发展却是缓慢的,舆情研究进入中国或可说进入一种沉寂状态。④

中国当代舆情思想大约可以从中华人民共和国成立开始算起,当时的舆情在传统报刊媒体的基础上,开始通过广播和电视媒体进行更广范围的传播,体现了为人民服务的思想,"社会政治态度"意味也比较浓重。毛泽东吸纳了中国的古老智慧,在民本思想的基础上提出"走群众路线"的国家治理思想,且大兴调查之风,利用"典型调查"和"开座谈会"等方式开展广泛调查,这或许就是由政府倡导的、有中国特色的民

① 梁启超.读十月初三日上谕感言[A].林志钧.饮冰室合集:第三册[C].北京:中华书局,1989:146.转引自:丁柏铨.从制造舆论到引导舆论——中国共产党百年来舆论思想的一个重要转变[J].西北师大学报(社会科学版),2021,58(6):5-12.
② 梁启超.新史学——中国之新民[N].新民丛报,1902,第1号:90.转引自:殷国明.从"欲新民"到打造"舆论之母"——20世纪初中国文学批评转型的一个环节[J].文学评论,2018(4):114-122.
③ 段然."舆论/public opinion?":一个概念的历史溯源[J].新闻与传播研究,2019,26(11):94-110;128.
④ 韩运荣,张欢.民意、舆论与舆情:概念歧义、功能辨析与实践限度[J].中国新闻传播研究,2021(4):17-33.

意测验在新中国的萌芽。党的十一届三中全会后,中国的舆论学研究以及民意测验和调查活动稳步发展起来,各种专业性的舆情机构和民意调查机构相继诞生,开始更多地探讨民意的概念、形成、测量及其政治决策作用。可见,在这一时期,舆情思想主要包含"舆论"和"民意"的概念,其中,舆论的定义强调了舆论"共同意见"和"意见集合"的特征,而民意作为舆论的构成部分,是全体人民的意见和愿望的总和,二者因为民意测验这一舆论调查方式的广泛运用而常常被混同使用。此时,舆情的调查都是舶来品,舆情环境还未形成鲜明的中国特色。到了21世纪,"舆情"一词开始越来越多地被使用,而具有鲜明中国特色的当代舆情概念也被提出。2004年,王来华、林竹和毕宏音初步辨析了"民意""舆论""舆情"三个词的异同,并且指出"舆情在狭义上是指在一定的社会空间内,围绕中介性社会事项的发生、发展和变化,作为舆情主体的民众对国家管理者产生和持有的社会政治态度。如果把中间的一些定语省略,舆情就是民众的社会政治态度"。[①] 该定义将"社会政治态度"设置为舆情的中心词,突出了舆情的重大政治意义。但即便该概念如此具有特色,迄今为止,"民意""舆论""舆情"三词仍然常被混为一谈。

不过,在当代舆情思想发展的最近十几年,舆情载体又一次发生了变化,出现了传统媒体与新媒体并存的现象,舆情传播逐渐进入网络舆情时代,并最终进入智媒时代。尤其在进入21世纪以后,以互联网为核心的新型舆情载体开始快速普及,这极大地降低了民意表达的门槛,只要掌握最基本的互联网技术,就能成为"舆情主体",以极低的成本在公开网络上表达"民意",于是在传统"官媒"之外又形成了以"民媒"为特点的"自媒体",这些自媒体以令人震惊的速度开始了与"官媒"之间的"眼球争夺战",传统舆情的地位逐渐衰微,"网络舆情"开始沸沸扬扬,当代舆情走入传统舆情和网络舆情共存的阶段。如果说"40后""50后"等互联网技术的非掌握群体主要是传统舆情主体的话,那么包括"60后""70后""80后""90后"以及"00后"在内的相对年轻的几代互联网技术掌握群体则更应该被认为主要是网络舆情的主体,如此说来,当代舆情不仅是传统舆情与网络舆情的交锋,也像是老一辈和年轻一辈思想上的交锋。只不过,随着年长者要么开始逐渐掌握互联网技术,也成为网络舆情的主体,要么随着身体更加衰老而逐渐退出世界舞台,网络舆情会更加"大权在握",未来更将是能反映年轻群体心态和逻辑的网络舆情的天下。因此,有理由推测,未来的舆情思想将主要是网络舆情思想,如果说当代传统舆情与网络舆情并举的现实可以看作是网络舆情时代的发端的话,随着报纸的电子化、广播的网络化以及电视节目的互联网化,未来将全面进入网络舆情时代。而且随着互联网、人工智能、大数据等智能媒体技术的发展,网络舆情的载体更加智能,网络舆情思想也全面进入智媒时代,这一时代的舆情将因为个性化的内容推荐、智能内容生成以及互动体验的增强等而呈现出与传统舆情时代颇为不同的"人机交互""人机互控""人机互助"的特点。可以说,网络舆情

---

① 王来华,林竹,毕宏音.对舆情、民意和舆论三概念异同的初步辨析[J].新视野,2004(5):64-66.

的出现使民意调查活动的开展更加便利,却也在一定程度上增加了国家治理的难度,而因为治理的成功程度在一定程度上考验着一个政府的执政能力,所以,对网络舆情的治理已然成为中央和地方各级政府治国理政必须考虑的问题。

通过以上对不同时期舆情思想的梳理,可以发现,"舆情""舆论""民意"等词一直在混淆使用,而舆情从古代发展到当代,其内涵已经发生了很大的变化,尤其是当代的舆情处于网络时代,有着鲜明的网络特点,准确地界定当代舆情的概念,对于准确界定网络舆情的概念意义深远。

1.1.2　当代舆情的内涵

当代意义的舆情概念颇具中国特色,作为当代意义的舆论范畴概念,它在 21 世纪初期被提出,有着独特的时代背景:其一是当代社会的急剧转型加重了社会矛盾,譬如贪腐等问题不断成为社会舆论的焦点;其二是自媒体时代赋予"人人手握麦克风"的自由,虽然有利于民众监督政府,却也会放大社会矛盾,不利于社会稳定;其三是信息资源垄断地位被打破,导致以往利用信息不对称的优势来管理社会的制度和行为遭遇"滑铁卢"。在上述背景下,社会管理者的风险意识开始大大增强,他们希望能够有效地把控舆论,尤其是网络舆论,防范或化解舆论招致的风险,维持民心稳定,于是才有了当代意义的舆情概念。因此,当代舆情概念和舆情研究的重点不是社会沟通,也不是公共讨论,亦不是公共决策,而是为了达到维稳目标,要针对各种突发事件和舆论乱象提供预警,最终服务于社会。①

有鉴于此,本书将当代舆情的含义界定如下:舆情就是公众、媒体和社会管理者等对特定人物、事件或现象等的意见和情绪的总和,它偏重情绪,可以是多数人的共识,也可以是多种意见的集合体,既可以是外露的公开表达,也可以是潜在的腹诽不满,对其治理成功与否是一国政府能否解决突发事件和舆论乱象从而实现政治稳定的关键。

虽然已经界定了舆情的含义,还是要对"舆情""舆论""民意"三者的关系进行辨析,如此才能更加精准地理解和把握舆情的内涵,为后文能更好展开奠定根基。

首先,看三者的联系。"舆情""舆论""民意"三者都可以翻译为 public opinion,这说明三者之间至少是相联、相关、相近和相通的:它们可以围绕同一个人物、事件或现象而产生和发展——围绕着同一个人物、事件或现象的意见,往往既可以表现为舆情,也可以表现为舆论或者民意;它们均有相应的社会性;它们均呈现为群体参与性。② 三者也可以相互转化,譬如舆情可以向舆论转化,舆论可以向民意转化,民意可以通过舆情或舆论体现出来。

其次,看三者之间的区别。三者之间尽管有上述相同或相通之处,却不是等价

① 韩运荣,张欢.民意、舆论与舆情:概念歧义、功能辨析与实践限度[J].中国新闻传播研究,2021(4):17-33.
② 丁柏铨.对舆情概念的认知和思考[J].编辑之友,2017(9):5-11.

的,无论在主体、客体、本体、特点、功能空间、治理目标方面,还是在实践风险等方面,三者都有着或大或小的区别,不可混同。本书综合丁柏铨、韩运荣等人以及王来华等人的三篇舆情研究论文以及相关防疫医学知识制成表1-1(因三篇论文对同一概念的看法时有分歧,故表1-1是结合笔者自身的理解而作的批判性的归纳和借鉴,且因对舆情、舆论和民意三个概念的理解分歧实在过大,故笔者实在无法确定之处,只能留以空白。因既有的对舆情、舆论和民意概念理解的观点很多且分歧过大,本书无法逐一对比分析,暂且用表1-1简单表达本书对三个概念的理解,并不代表他人观点,更不敢妄称作为业界权威引领相关研究)。

表1-1 舆情、舆论和民意的异同

维 度		舆 情	舆 论	民 意
英文		public sentiment	public opinion	popular will
定义		公众对特定人物、事件或现象的意见和情绪的集合	公众对特定人物、事件或现象的意见的集合	公众对特定人物、事件或现象的普遍意见
主体受体		普通公众,含社会管理者和媒体	普通公众,含社会管理者和媒体	普通公民,通常不含社会管理者
客体配体		人物、事件、现象	人物、事件、现象	人物、事件、现象
政体补体		特定人物或机构	特定人物或机构	特定人物或机构
本体抗体	意见和情绪多元性集合,不一定是多数人的共识		意见的共识性集合,多指多数人的共识	意见的共识性集合,多指多数人的共识
	偏重情绪		偏重意见	偏重政治领域意见
	代表民意与否均可		代表民意与否均可	代表民意的舆论
	意见可以为公开表达,也可以不公开表达		意见通常为公开表达	意见在民测前不定,在民测后公开化
	意见不稳定并情绪化		意见较稳定并表层化	意见很稳定并深层化
	舆论前形成,被舆论反应		舆情后形成,反应舆情	—
	表层性、有动态性		表层性、变动	表层性、缓慢变动
	存续时间较短		存续时间较长	存续时间很长
	影响规模可大可小		影响规模可大可小	影响规模大
功能空间		提供信息前馈,强调预警功能	提供效果反馈,强调监督功能	提供社会目标,强调决策功能

续表 1－1

维度	舆 情	舆 论	民 意
治理目标	公众参与得合理	公众参与得合理	公民民主地表达
	信息传播准确	媒体责任提升	民意收集准确
	引导情绪意见	促进理性讨论	健全对话机制
	反馈政策民意	平衡多元声音	制定有效政策
	维持社会稳定	优化舆论环境	建立社会信任
实践风险	舆论格局在引导调控的信息空间上常呈分化状态	频繁舆论反转和群体极化可搅乱信息空间	民意道德绑架及政策失误可致多数人暴政
	防范单一信息空间和谐的脆弱性以及应变的被动性	管理者要在宽容沟通的前提下保持应有定力	要发挥法律与社会精英的必要制衡角色

1.1.3　当代舆情的外延

从表 1－1 可以看出,"舆情""舆论""民意"的含义虽然极为相似,但在内在和外在、形式和内容等方面也有或大或小的不同。相对来说,舆情所包含的内容更宽泛;同时,舆情的外延也是广泛的。为方便起见,此处用表 1－2 进行简单介绍。

表 1－2　当代舆情的外延

分类依据	按信息来源分类		按涉事主体分类		按社会类别分类						按发生领域分类		按情绪倾向分类			按传播范围分类		按传播渠道分类	
包含内容	官方舆情	民间舆情	机构舆情	个人舆情	政治舆情	经济舆情	文化舆情	社会舆情	科技舆情	生态环境舆情	公共舆情	专业舆情	积极舆情	消极舆情	中性舆情	国内舆情	国际舆情	传统舆情	网络舆情

从表 1－2 可以看出,舆情的外延很清晰,容易理解,此处无须一一解释。需要强调的是,在按社会类别分出的政治舆情、经济舆情、文化舆情、社会舆情、科技舆情以及生态环境舆情这六类舆情中,社会舆情相对较多,而且常常会触及道德风险,因此格外引人关注,而经济舆情因为贴合民生,与民众生活息息相关,因此紧随其后,是研究者格外关心的话题。

还需要解释的是按照传播渠道或媒介形式分出的传统舆情和网络舆情:传统舆情指的是通过传统媒体(如最初的报纸、杂志及后来的广播、电视)传播的公众意见、态度乃至情绪等,这种舆情的特点是传播速度相对较慢,舆情主体的互动性相对较弱,受众主要是信息的接收者,但信息来源比较权威和正规;网络舆情则是通过互联网渠道传播的公众意见、态度乃至情绪等,虽然这类信息来源不够权威和正规,其真实性有待验证,但这种舆情传播速度非常快,影响力大,且可以在舆情主体间形成多向互动。据中国互联网络信息中心(CNNIC)在 2004 年发布的《第十三次中国互联网络发展状况统计报告》显示,2003 年,中国网民数量已达 7 950 万人,[①]这使互联网迅速成为舆情的传播渠道,网络舆论急剧升温,向人们展示了网络舆情浪潮的巨大威力;也正是因为威力巨大,使人们认识到网络舆情如果处理不当,很可能会动摇国之根本,所以,2003 年作为中国的"网络舆论年"得到学术界乃至政界的重视和关注,越来越多的人开始关注主要以网络舆情形态出现的舆情的内涵和特点,力图了解网络舆情的发生和传播机制,以期能够通过正确的引导,有效地应对网络舆情和化解网络舆情危机,使网络舆情最终为政府更好地执政而服务。

1.1.4 网络舆情的内涵

网络舆情的传播载体涉及网络媒体等高新技术的运用,相对于传统的舆情研究,针对网络舆情研究所需要的方法更加复杂,必须依靠多学科的协同合作。因此,尽管网络舆情研究在中国已发展二十年,但迄今仍未对网络舆情形成一个清晰全面的认识,与舆情概念的情况相似,在网络舆情概念的问题上目前也存在很多争议。很多国内学者认为网络舆情概念是一个具有中国特色的抽象概念,因此在综述网络舆情的时候往往局限于中文文献,"以偏概全";但也有学者认为网络舆情的国家色彩并不浓重,认为网络舆情"是在世界上任何一个网络普及的国家和网络迅速发展的国家中都存在并被广为关注,且根据各个国家不同的情况,进行研究的焦点研究所在,是处于秉轴持钧的地位"。[②] 因此,要想精准地把握网络舆情的概念,先综合分析国内外对舆情概念的界定,进而延展到对网络舆情概念的界定,或许是很好的出路。

首先,参考英语国家对舆情内涵的理解,可以发现,英文中对网络舆情以及网络舆论内涵的理解相对精确,不像汉语语境中那样含混不清。通过查找英文文献可以发现,与舆情相关的研究主要涉及的词组包括"internet public opinion""internet public sentiment"和"internet public mood"。通过查阅《牛津高阶英汉双解词典》可以发现,opinion 有"意见;看法;主张"之意,有"集体意见或舆论"之意,也有"专业性的评估和意见"之意,[③]可见,opinion 更加侧重客观、共识性的专业意见或舆论,由此,"internet public opinion"可以被翻译为"网络舆论"(这与《英汉汉英双解词典》将舆论翻译为"public opinion"[④]相互验证);sentiment 也有"态度"或"意见"之意,但通常指"受到感情影响的态度或意见",[⑤]可见,"internet public sentiment"可以被翻译为"网络舆情"(这与《英汉汉英双解词典》将舆情翻译为"public sentiment"[⑥]相互验

① 陈建栋.我国网民达到 7950 万[N/OL].光明网(2004-01-16).https://www.gmw.cn/01gmrb/2004-01/16/07-DF5964E25090D01348256E1C007FEE4C.htm.

② 雷鸣剑,祁志慧,袁媛."引流"还是"服务":国外网络舆情概念研究[J].中国记者,2021(3):49-54.

③ 霍恩比.牛津高阶英汉双解词典[M].第 4 版.李北达,译.北京:商务印书馆,1997:1030.

④ 英汉汉英双解词典编写组.英汉汉英双解词典[M].北京:外文出版社,2002:1177.

⑤ 霍恩比.牛津高阶英汉双解词典[M].第 4 版.李北达,译.北京:商务印书馆,1997:1368.

⑥ 英汉汉英双解词典编写组.英汉汉英双解词典[M].北京:外文出版社,2002:1177.

证);mood 是"心境,心态,情绪"之意,[①]没有涉及意见和看法,因此"internet public mood"无论被翻译成"网络舆论"还是"网络舆情"都欠妥,或许被翻译为"网络情绪"更恰当。可以发现,在英文中,网络舆论偏重客观、专业性的意见,而且这种意见是有共识性的;而网络舆情则侧重主观、受到感情影响的态度和意见,未必是有共识性的。二者的区别还是比较清晰的。

其次,英语国家运用量化工具进行舆论研究使对该问题的研究变得非常复杂,相应地,舆情方面的研究也就变得非常复杂。20 世纪初英语国家实证量化风气的兴起使舆论研究的难度增加。2008 年,德国学者沃尔夫冈·施魏格尔讨论了之前几乎毫无瓜葛的"话语来的舆论"和"民调来的舆论"两种舆论范式,一方面基于搜索引擎检索所有网页对网络舆论文本进行内容方面的分析,另一方面通过调查研究测量公众舆论,最终论证了对具体案例的网页文本进行内容分析的科学性。此研究方法后来被广泛应用,但这也使得后来的网络舆情研究变得非常复杂。[②]

根据上述分析,本书认为,英语国家对网络舆情概念的把握表现出三个特点,即可量化性、政治服务性、意见和情绪的集合性。根据以上特点,可以将网络舆情概括为"可以量化和测量的,具有政治服务功能和情绪引流功能的,网络公众对特定人物、事件或现象所表达的意见和情绪"。可以发现,英语国家对网络舆情概念的界定也有着鲜明的政治色彩,它是公众反应的集合,也是社会建构的巨大力量。

分析了英语国家的网络舆情概念之后,再来分析汉语世界的网络舆情概念。虽然目前汉语世界在对舆情的概念或者说内涵的界定问题上存在较多意见和纷争,难以统一,但在对网络舆情的概念或者说内涵的界定上,意见却是比较统一的。很多人直接简单地将网络舆情视为网民舆情或者互联网上的舆情,有人将网络舆情界定为"是以互联网为载体,网民对自身利益关切、社会现象与问题以及公共事务所反映出的情绪、意愿、态度和意见的集合",[③]也有人将网络舆情界定为"社会公众以互联网为平台,在网络上表达的对特定事件或话题的个人认知、意见、观点、态度、情绪和信念的集合体"。[④]

可以发现,汉语世界对网络舆情的概念或内涵的界定是将互联网直接套入舆情的概念中得来,相较于英语国家对此术语的概念或内涵的界定更为简单一些;而英语国家因为更多地考虑到网络舆情的测量、量化和社会功能,对网络舆情的概念或内涵的界定更为复杂。但无论是在英语语境中对网络舆情的理解,还是在汉语语境中对网络舆情的理解,都缺少对网络舆情背后的公众利益动机的分析,而本书认为,这一利益动机对理解舆情的产生和传播是至关重要的。正如宋晖等人提出的,并不是所

① 霍恩比.牛津高阶英汉双解词典[M].第 4 版.李北达,译.北京:商务印书馆,1997:954.

② 雷鸣剑,祁志慧,袁媛."引流"还是"服务":国外网络舆情概念研究[J].中国记者,2021(3):49-54.

③ 放然.何为"舆情":内涵争鸣及网络赋意——兼谈与"舆论""网络舆论"的关系[J].新闻研究导刊,2018,9(16):81;83.

④ 周蔚华,徐发波.网络舆情概论[M].第 2 版.北京:中国人民大学出版社,2023:8.

有的事物都能引起公众关注,成为舆情的客体。要成为舆情客体,事物必须具有重大性、新闻性、现实性以及冲突和反常性,也就是说,这一事物必须与社会大多数成员的利益相关,从而牵涉这些人的神经,使这些人力求通过言论或情绪的表达转变现实的观念;必须有新变化,能折射社会关系和社会结构的重大变迁;必须以一种戏剧性的形式出现,表现出很强的冲突性。[①] 可见,一个事物要成为网络舆情的客体,必须牵涉公众的利益,而一旦牵涉公众利益,公众在表达自己的意见和情绪时,一般就会有各种直接或间接的利益目的,而要获得这些利益就只能诉诸与该舆情事件相关的一些人或机构,只要这些人或者机构能够改变自己的言行,就可能给舆情主体带来各种直接或间接的物质利益或精神利益。

有鉴于此,本书尝试对网络舆情的概念或者说内涵作以下界定:网络舆情就是互联网上的舆情,它是使用互联网的网民基于特定人物、事件或现象而在互联网上反映的意见和情绪,这些意见和情绪通过文字符号以及各种音频和视频等体现出来(具体表现为发帖、跟帖、评论、点赞、转发、表情包、短视频、网络直播等),可以作用于相关管理者或机构,使其调整自己的言行,最终提高公众福利。因此,网络舆情不仅扩展了舆情传播的渠道,提高舆情传播的速度,是文化信息的集散地和社会舆论的放大器,更可以成为社会发展过程中的信号灯,成为社会巨轮前行路上的风向标。

1.1.5　网络舆情的外延

同舆情一样,网络舆情的外延也是广泛的。为方便起见,此处用表 1-3 进行简单介绍。

表 1-3　网络舆情的外延

分类依据	按内容性质分类			按情感倾向分类			按传播渠道分类			按影响范围分类	
包含内容	事实类舆情	意见类舆情	情绪类舆情	积极舆情	消极舆情	中性舆情	新闻媒体舆情	社交媒体舆情	论坛博客舆情	国内舆情	国际舆情

首先,网络舆情根据舆情的定义可分为事实类舆情、意见类舆情及情绪类舆情。事实类舆情以客观事实为基础,以陈述句为主,譬如网络上的政府公告和新闻报道,该类舆情虽然是侧重反映客观事实,却能激发网民的探讨,成为后两类舆情的起点。意见类舆情是针对个人和群体的意见或评价产生的舆情,侧重"议"与"论",譬如网络上的公开评论和论坛发言等。情绪类舆情主要表达不同的情绪、情感,缺乏理性分析,譬如网络上各种祝福和悼念等。因意见和情绪如影随形,以上三种舆情经常相互交织。

其次,网络舆情按情感倾向可以划分为积极舆情、消极舆情及中性舆情。积极舆情通常指公众在网络上发表的对某个事件、某种产品、某次(某家)服务或某个人的正

---

① 宋晖,吴麟,苏林森.舆论学实务教程[M].北京:中国传媒大学出版社,2015:8-12.

面评价或表示正向支持的内容。消极舆情通常指公众在网络上发表的对某个事件、某种产品、某次(某家)服务或某个人的负面评价或表示消极抵制的内容。中性舆情则介于前两者之间,是不包含明显的积极评价和消极评价的舆情。

再次,网络舆情按传播渠道可以划分为新闻媒体舆情、社交媒体舆情和论坛博客舆情。新闻媒体舆情指的是通过电视网络、新闻网站等媒体渠道传播的舆情。社交媒体舆情是在包括微信、QQ、快手等社交媒体在内的社交媒体上传播的舆情。论坛博客舆情则是在各类论坛、博客平台上传播的舆情。

最后,网络舆情按影响范围可以划分为国内舆情和国际舆情。很显然,国内舆情就是影响范围局限在国内的网络舆情;国际舆情则是影响范围跨越了国界,对其他国家或地区也产生影响的网络舆情。

当然,和舆情的分类一样,网络舆情如果从事件发生领域进行划分也可以分为公共舆情和专业舆情;如果从社会类别进行划分,也可以分为政治舆情、经济舆情、文化舆情、社会舆情、技术舆情和生态舆情,此处不再一一赘述。[①]

1.1.6　智媒舆情的提出

如果再将网络舆情置于智媒时代这个背景下加以考察,或许这时的网络舆情又可以被称为智媒舆情。在智媒时代,尤其是 2010 年以后的智媒时代,人工智能、大数据、云计算等新一代信息技术在传媒产业深度融合后产生的诸如个性化内容推荐等变化正在深刻地影响着公众,此时的网络舆情主体因为有个性化内容的推荐,相较于传统互联网时代的网络舆情主体而言,其主体性色彩在某种角度上说可能是被"弱化"的,因为这种情况下网络舆情主体多多少少总会被精准推荐的阅读或视听内容影响到其对特定人物、事件的意见或情绪,由此,社会管理者、媒体以及其他社会组织都会通过算法技术等的精进来控制舆情向既定的方向发展,并最终影响到舆情的走向。因此,智媒时代的网络舆情或应该被称为智媒舆情,也就是舆情主体在媒体或者说智能技术控制下的舆情。由此,智媒舆情可界定为智媒技术下的舆情,即使用智媒技术的网民基于特定人物、事件或现象而在互联网上反映的意见和情绪,这些意见和情绪通过文字符号以及各种音频和视频等体现出来(具体表现为发帖、跟帖、评论、点赞、转发、表情包、短视频、网络直播等),可以作用于相关管理者或机构,使其调整自己的言行,最终提高公众福利。智媒舆情的主体是使用智能媒体反映意见和情绪的网民,客体是特定的人物、事件或现象,载体是智能互联网,本体是网民通过文字符号、音频视频等形式体现出来的意见和情绪,政体是某个特定的人物或机构。作为文化信息的集散地和公众意见的放大器,作为社会发展过程中的信号灯和报警器,作为社会巨轮前行路上的晴雨表和风向标,智媒时代的网络舆情也可能会呈现出"意见"或"情绪"的强烈被控性,这使得其带来的舆论风暴可能比传统互联网下的舆论风暴更加

---

① 王国华,冯伟,王雅蕾.基于网络舆情分类的舆情应对研究[J].情报杂志,2013,32(5):1-4.

迅猛。

当然,出于对写作习惯和阅读习惯的考虑,以及智媒时代本质上仍属于网络时代这一事实,本书并不打算使用"智媒舆情"这一术语,而是仍将使用"网络舆情"一词来说明智媒时代的网络舆情。但可以推测,在智媒技术越来越普及的未来,对智媒舆情的研究将成为未来社会治理的研究重点,会有越来越多的人从算法技术等角度研究智媒舆情的发展趋势。把握智媒舆情的话语权和主导权有助于推动未来社会的进步,意义深远。因此,本书推测,未来或许会出现许多智媒舆情方面的专项研究,如果真的出现,将是笔者的幸运与欣慰。

1.2　网络舆情的要素

目前,关于网络舆情构成要素的说法不一,但大体可以分为几类:其一是将网络舆情的构成要素简单地分为网络舆情主体、网络舆情客体和网络舆情载体;[①]其二是将网络舆情的构成要素扩展为网络舆情主体、网络舆情客体、网络舆情因变事项和网络舆情空间;[②]其三是将网络舆情的构成要素扩展为网络舆情主体、网络舆情客体、网络舆情本体、网络舆情载体和网络舆情引体;[③]其四是将网络舆情的构成要素划分为舆情主体(民众)、舆情客体(国家管理者)、舆情本体(社会政治态度)、舆情的承体(舆情空间)和舆情的源体(中介性社会事项,即国家管理者的权力运行结果)。[④]

从表面上看,上述关于网络舆情构成要素的分类,有的比较粗略,有的比较细微。往深层看,这些研究中对同一要素的界定也是不同的。譬如第二种分类就有把网络舆情客体拆解为诸如网络舆情因变事项这种不同的概念来解释的嫌疑,有的研究会用不同的词汇表达几乎相同的概念。基于前人研究以及前文对网络舆情概念的细化,在借鉴市场营销 6W 理论(who、what、why、how、when、where)以及生物医学免疫学理论的基础上,本书将网络舆情的构成要素进一步细化为一个 6W 以及两类"六体":一个 6W 即网络舆情主体(受体,who)、网络舆情客体(配体,what)、网络舆情本体(抗体,why)、网络舆情载体(流体,how)、网络舆情政体(补体,with)以及网络舆情外体(基体,where);两类"六体"即主体、客体、本体、载体、政体、外体。

本书中的"六体"是将以往研究中的环境或空间概念修改为外体,并在主体、客体、本体、载体、外体的基础上添加政体而来。这六体分别对应生物学和医学领域的几个组分概念,即受体、配体、抗体、介体、基体和补体,这些组分相互作用和协调,共同参与生物体的正常生理功能和免疫防御机制。其中,受体和配体主要涉及细胞信号传递的识别和结合过程。受体作为细胞表面或细胞内的蛋白质分子,能识别和结

---

① 周蔚华,徐发波.网络舆情概论[M].第 2 版.北京:中国人民大学出版社,2023:8.
② 杨绍辉.舆情概论[M].沈阳:东北大学出版社,2014:17.
③ 高承实,陈越,荣星,等.网络舆情几个基本问题的探讨[J].情报杂志,2011,30(11):52-56.
④ 叶国平.舆情内涵发展演变探析[J].理论与现代化,2013(4):42-47.

合配体(如病毒抗原、药物等)这一特定的外源性或内源性分子,激活细胞内信号的传导路径,改变细胞行为。抗体作为由 B 细胞产生的大分子蛋白质,是一种非常特殊的配体,是免疫系统中识别外来物质的工具,能够特异性地识别和结合外来物质抗原(配体),从而协助免疫系统识别和清除入侵的病原体。流体是液体和气体的集合和总称,具有易流动性。在医学免疫学领域,流体除了指空气之外,主要指的是包括血液、淋巴液和组织间液等在内的体液,这些体液是传递物质的载体,既是传递免疫细胞和抗体的运输载体,也是传播病原体和抗原的运输载体。基体是细胞外的支撑结构(如细胞外基质),虽然也涉及细胞之间的通信,但主要是为细胞提供支撑,参与组织的形成,提供免疫过程发生所需要的物理环境和结构基础。补体是免疫应答的一部分,由一系列血浆蛋白组成,被激活以后会导致病原体溶解、吞噬以及促进炎症反应,从而协助抗体清除病原体。本书用"六体"要素的概念及各要素之间的关系进一步说明网络舆情产生、发展和传播的基础,如表 1-4 所列。

表 1-4　网络舆情六要素

网络舆情六要素(6W)名称	who	what	why	how	with	where
网络舆情六要素传统新闻学名称	主体	客体	本体	载体	政体	外体
网络舆情六要素创新免疫学名称	受体	配体	抗体	流体	补体	基体

1.2.1　网络舆情主体(受体,who)

网络舆情主体是"发起舆情活动的人",[①]是网络舆情的传播者,是能接入互联网且能自由表达、参与舆论交流的人。网络舆情主体包括普通网民、意见领袖、网络推手、媒体机构、政府机构、企事业单位以及虚拟偶像等(关于虚拟偶像是否是真正的网络舆情主体这一问题目前存疑),这些不同的网络舆情主体因其所站的位置不同、利益诉求不同,因而在网络舆情的产生和传播过程中起着不同的作用,有着不同的表现和特点,彼此之间相互影响,推动和制约网络舆情的激烈程度和走向。网络舆情主体作为发起舆情活动的人,很明显是舆情活动的行为者,自然就是 who。这些主体受到舆情事件的影响,会对舆情事件形成一系列的意见,出现一系列的情绪变化,甚至为此做出过激的行为以对抗自我意识中对于舆情事件感到的不公,这很像被病毒(配体)入侵的细胞(受体)会因病毒的入侵而产生一系列免疫反应,甚至产生抗体来对抗病毒。因此,本书将网络舆情主体称为网络舆情受体。

受体是一个医学和生物学术语,在生化过程中扮演重要角色,它最初是细胞上能够与药物或一些其他的化学信使物质相互结合并引发介导效应的化学成分,换句话说,受体就是细胞表面或细胞内部的特定分子,这些特定的分子能够通过与特定的刺

---

① 高承实,陈越,荣星,等.网络舆情几个基本问题的探讨[J].情报杂志,2011,30(11):52-56.

激物(如激素、药物、荷尔蒙以及神经递质等)结合从而触发一系列调节酶的活性、改变基因表达以及改变细胞代谢状态的细胞内应答,成为细胞或生物体与外界环境交互作用的重要部分。受体在生化过程中起着信号转导、调节免疫反应和细胞代谢等重要作用。受体异常,疾病也会多发。虽然"受体"一词一般情况下是用来描述细胞表面或内部的分子结构的(这些结构能识别并绑定特定的分子,如抗原、药物或荷尔蒙),但如果从广义上理解,因为淋巴细胞上的特定分子也能够识别特定的抗原,所以也可以被视为受体。如此推论,网络舆情主体(受体)既是网络舆情客体(病原体)侵袭的对象,也是抵抗网络舆情客体(病原体)的主体(淋巴系统),因此,研究网络舆情主体(受体)的结构和功能有利于对网络舆情客体(病原体等配体)的防治。将受体概念"搬运"至人类社会中,受体就像是人类社会这个细胞工厂中的"接收站"或者说"接收部门",专门用来接收外界的信息,帮助人类社会这个细胞获取一定的外部信息和指令,从而知道如何做才能使自身获得更好的发展。当然,这个工厂的每个受体都是特殊的,只有特定的信号才能与之进行完美的匹配。

了解了网络舆情主体(受体)的概念后,现在来认识网络舆情主体的构成。

1. 普通网民

普通网民是广泛使用互联网的普通公众;是互联网用户的主体;是互联网社会的基本单元;是通过各种电子设备(如电脑、平板电脑和智能手机)接入互联网,在互联网上或在线购物,或收发邮件,或聊天网游,或浏览网页,进行各种信息获取及交流等活动的个体,包罗各个年龄层、各种文化背景、各种教育背景以及各种职业圈,其行为选择在很大程度上影响着网络空间的发展。尤其是进入智媒时代以后,普通网民经过"进化",相较于传统互联网时代的普通网民来说,具有更强的网络素养,在网络上的声音更大。简单来说,智媒时代的普通网民通常具备更高的媒介素养,拥有更具批判性的逻辑思维,对信息的真实性和可靠性常常持有怀疑和审慎的态度,可以通过加入在线社群等方式更好地辨别不同类型信息的来源和内容真伪,也可以利用个性化的推荐算法获取更符合个人兴趣和需求的信息,更会出于其生活空间的原因而更多地转向网络空间,因此在网络空间的表现更加积极,不仅会随时拿起手机在网上记录和曝光身边的趣事或其他事件,生成舆论内容,成为舆情信息的创造者,也会随时点赞、评论和转发自己感兴趣的话题,成为舆情信息的接受者、舆情的传播者,为网络舆情推波助澜。当然,具体到某一舆情事件的话,并不是所有普通网民都会成为这一舆情信息的发布主体,他们往往可能成为舆情信息的接受者,成为"吃瓜群众"一般的围观者。因为公众一般只会对与自身利益密切相关的事件或话题比较热心和感兴趣,而对与自己没有直接利害关系的事件或话题,通常只有该网络舆情事件的直接影响者、利益相关方以及那些自认为特别有正义感的非利益相关方才会更加愿意加入事件或话题的讨论中,他们常从自己的道德判断出发对舆情事件中的正义方予以声援,或对舆情事件中的非正义方加以谴责,这些声音会汇聚成强大的舆论压力,敦促相关部门或者机构对该舆情事件做出合理的解释并予以解决。因此,普通网民是社会公正的推动者,是民意的阐发者,只有积极良好地应对普通网民的意见和情绪,顺应民意,才能更好地维护社会的稳定和公正。作为网络舆情传播的基础参与者,普通网民因数量众多而带来巨大的舆论力量,这使其成为网络舆情传播的重要主体。

2. 意见领袖

意见领袖是传媒学领域的重要概念,指的是在特定领域或者特定群体中有较大影响力的人物,如知识分子和社会名流(前者往往被认为文笔犀利,剖析深刻,知识丰富,譬如罗翔;后者往往被认为声名显赫,阅历丰富,交际广泛,譬如罗振宇),这些人物身上有着鲜明的标签,加之他们具有较强的特定领域方面专业知识、经验,或者拥有较高的社会地位,所以,很容易影响到他人的意见和行为,并最终成为向普通公众传递信息的信息源头或信息中介。需要强调的是,相对于普通公众,意见领袖更加了解媒体特征,更善于利用社交媒体平台和数字媒体工具,更容易获得独家信息。因此,一旦他们进入互联网络,就很可能因为自己在社交媒体账号上发布了极具吸引力、高质量的专业信息而成为语言权威人物,再加上智媒时代的意见领袖常常会通过回评、直播以及社群活动等方式与粉丝保持密切互动,因此很容易成为拥有大量粉丝、具有强大在线影响力的网络意见领袖。[1] 虽然有些意见领袖在传播信息时表现出的商业化倾向已经引起了公众的注意和反感,他们的社会责任已经被更多的公众提及,他们的言论和行为已经受到公众和监管机构的关注,但毫无疑问,他们在产品品牌推广、时尚趋势引领、公共意见塑造、舆论信息传播和情绪态度引领上发挥的或积极或消极的引导作用使他们毫无争议地成为网络舆情的中心人物。

3. 网络推手

网络推手常常被称为网络推客或网络策划师,通常是指那些在社交媒体平台、博客论坛等互联网平台上,出于影响公众舆论和消费行为等目的而进行信息发布、观点引导、舆论形成等活动的个人或组织,可以分为营销推手、公关推手和政治推手等。营销推手是主要服务于商业目的的推手,这些人会通过创建话题和撰写好评甚至是虚构好评的方式来吸引消费者,从而达到产品品牌推广的目的;[2]公关推手是服务于机构或个人的形象管理和危机公关目的的推手,重在帮助机构或个人维护声誉;政治推手是服务于政治目的的推手,试图通过塑造舆论来影响公众对政治议题或政府人物的看法。以上三种网络推手的活动直接面向网民,和传统媒体相比,他们更加注重与普通网民的互动,通过回复评论和讨论等扩大影响和吸引粉丝,在舆情信息的形成和传播中扮演重要角色。尤其在智媒时代,网络推手可以利用大数据和算法更为精

① 刘迪,张会来.网络舆情治理中意见领袖舆论引导的研究热点和前沿探析[J].现代情报,2020,40(9):144-155.

② 曾小慧.网络推手对网络舆论的影响研究[J].新媒体研究,2018,4(2):24-26.DOI:10.16604/j.cnki.issn2096-0360.2018.02.010.

准地定位目标受众群体,用引人入胜且易被转发和分享的图文、视频和直播等进行个性化推广,从而在流行文化和社会事件等方面形成巨大影响力,甚至改变舆情走向。当然,也会有部分网络推手在利益的驱使下发布虚假广告,提供误导性内容,所以他们的活动也开始受到越来越多的监管和伦理审查,但不可否认的是,智媒时代的网络推手作为现代网络营销的重要组成部分,已然成为影响网络舆情的关键力量。

4. 媒体机构

媒体机构是包括传统媒体(如报纸、广播、电视)和新兴媒体(如社交媒体平台、在线新闻网站、博客播客微博)在内的,专门从事信息和新闻等内容的生产和收集,并通过报纸杂志、广播电视以及互联网等不同渠道和平台向公众传播新闻、信息和知识的商业及非商业组织。媒体机构在塑造政治议题、公共意见以及文化趋势上拥有巨大影响力,是监督政府、传播文化、塑造舆论等的重要力量。而随着技术的发展,尤其是智能媒体技术的发展,媒体机构的传播形式和影响力正经历着深刻的转变。

首先,传统媒体机构,如广播电视等已实现数字化转型,可通过线上平台、社交媒体等方式发布内容,其他新媒体如社交媒体平台(如微信)、内容聚合和分发平台(如微信公众平台)、人工智能和机器学习驱动的平台(如百度智能云)也成了信息的重要来源和传播渠道。

其次,智媒时代的媒体机构发布新闻不限于传统文字新闻,还涉及数据新闻、互动新闻、多媒体新闻等多种形式,更将用户生成新闻囊括其中,在入门门槛上往往更具低阶色彩,在言论的表达上往往更具自由色彩,在内容呈现上往往更具主观色彩,在沟通交流上往往更具互动色彩,在舆情传播上往往更具极速色彩。因此,新媒体一旦产生,即能迅速成为继传统媒体之后的又一支舆情主体力量。

5. 政府机构

政府机构是在网络舆情中主要负责制定和执行公共政策、提供和管理公共事务的官方机构和部门,这些机构和部门主要是网络舆情的监测者和监控者,一般作为网络舆情的政体存在(后文将具体介绍),而不作为网络舆情主体出现。但是,在某些特定的情境下,为维护社会稳定,政府机构也会通过网络平台发布相关信息,从而成为舆情信息的提供者。譬如,为应对危急情况,政府机构可以在网络平台上发布相关政策、法律法规等各种正式制度信息,帮助公众了解政府的意图和行动,增强公众的公共意识,引导公众的参与意识;还可以利用各种网络工具,如信息查询和在线申请等,收集公众对政府政策的反馈,从而达到最终的政策改进的目的。因为自身具有网络舆情监测者和监控者的身份,政府机构作为网络舆情的主体,提供的舆情信息具有以下两个特点。

首先,内容的权威性。政府机构通常是官方信息和数据的权威源头,在某些领域,因其信息霸主地位的存在,政府机构提供的信息从过去到现在常常被视为是权威的,在内容上具有较高的可信度。

其次,表达的严肃性。政府机构发布的信息通常涉及公共政策和法律法规等重要事项,为保持形象尊严和避免误解,政府机构在提供舆情信息的时候通常会采取严肃的表达方式来确保信息传达的清晰性、一致性、正式性和专业性。但在如今的社交媒体环境中,在新一代网民的语言环境中,这种正式和审慎的表达方式开始缺乏足够的吸引力,面对挑战。

当然,政府机构提供的舆情信息在智媒时代也更容易被质疑。越是自由民主,公众舆论越是分化,这导致政府机构发布的信息在被不同群体解读时,可能呈现出截然不同的理解。因此,当政府机构发布的信息需要专业知识或额外数据来支持,而普通网民又缺乏这种专业知识或额外数据的时候;当网络信息传播的多维性和动态性导致政府机构发布的信息在传播过程中被错误剪辑和复述的时候;当政府公信力严重丧失的时候,政府提供的信息很容易被质疑,使政府机构陷于尴尬之地。

以上这些特点也向政府机构提出了挑战,如何确保在被公众广泛监督的情况下与善用智媒的公众进行有效沟通并获取公众的信任是政府机构亟须解决的问题。但无论如何,政府机构作为网络舆情主体,在网络舆情的产生和发展过程中都是大有可为的。

6. 企事业单位

企事业单位包括各类营利性和非营利性机构,这些企事业单位出于营利目的或非营利目的,会定期通过网络平台进行诸如品牌宣传、市场营销的活动。譬如,一些商业机构为推介自己的新产品或新品牌,会在自己的公众号上进行宣传推广活动,一些大学为了招生也会在学校官网首页或者各种官方网站进行造势,这些信息可能成为舆论的源头,最终发展为声势浩大的舆情。正因为企事业单位会适时在网上发布对自己有利的言论,也成为网络舆情的主体。尤其在进入智媒时代以后,网络舆情的影响变得空前巨大,舆情走势对企事业单位的影响变得更加深远,企事业单位已经充分认识到积极的舆情可以提升本单位的品牌形象和市场地位,而消极的舆情则可能导致本单位信誉受损,甚至造成经济利益方面的巨大损失。因此,企事业单位会高度关注与自身密切相关的网络舆情,会努力通过网络引擎搜索和媒体数据分析更精准地把握公众情绪,监测舆情动态,进而建立完善的舆情风险防控和管理机制,预防和处理各种可能的舆情危机。因此,企事业单位也是智媒时代的重要舆情信息提供主体。

7. 虚拟偶像

作为普遍心理现象的真人偶像崇拜,尽管作用巨大,但因丑闻频出,在社会的认可度不断下降,这时候虚拟偶像崇拜就获得了一线生机。作为新兴文化的虚拟偶像的出现让公众有了新的"膜拜"对象、新的选择,进而影响到网络舆情的传播。[①] 虚拟偶像也称数字偶像,是一个新兴的网络文化现象,是通过先进的计算机图形和动画技

---

① 韩佳芸. 虚拟偶像的媒介呈现与传播效果研究[D]. 北京:北京邮电大学,2024. DOI:10. 26969/d. cnki. gbydu. 2023. 002807.

术等数字技术创造的,在动漫游戏、网络音乐等领域扮演偶像角色的虚拟人物。虚拟偶像主要包括通常出现在动漫游戏中的 2D 虚拟偶像,通常出现在各种 3D 平台和虚拟现实中的 3D 虚拟偶像,以及能与粉丝实时互动的基于人工智能(AI)的虚拟偶像(如中国的心华)。虽然虚拟偶像只是由数字技术驱动的虚拟人物,但因其可以根据粉丝的需求进行外观和性格等方面的个性化定制,符合众多网民,尤其是年轻网民的心理需求,因此能够在互联网上拥有众多粉丝,并通过与粉丝的互动对网络舆论产生影响。譬如,虚拟偶像与粉丝之间的互动会影响粉丝的情绪和情感,虚拟偶像参与的广告和代言会引起消费者的广泛关注,虚拟偶像宣扬的价值观会影响粉丝的社会观念,并最终影响流行文化。可以说,在二次元盛行的网络时代,虚拟偶像可以对粉丝乃至公众形成现实的影响力,最终在网络舆论中起到一定作用,成为网络舆情的一部分,并成为网络舆情主体。总的来说,虚拟偶像在网络舆情中的作用不容忽视。但虚拟偶像的角色是被动的,作为一种新兴的数字型工具人,与真实的人类相比,虚拟偶像的舆论引导能力很有限,其能力既要取决于技术的发展,也要看背后操控者的理念。因此虚拟偶像是否能成为真正的网络舆情主体有待商榷。[①]

总之,智媒时代的网络舆情主体具有如下几个特点,只有抓住这些特点并相应地进行监控和引导,才能更好地利用舆情主体的主动性为自己服务。

首先,智能手机和社交媒体的普及使得更多的公众能以极低的成本介入网络舆论,制造网络舆情,公众的舆论参与度前所未有的提高。因此,智媒时代网络舆情主体的范围更加广泛。

其次,网络直播等形式的数字媒体工具的出现使舆情主体间的互动性更强,相互影响更大,舆情反应更迅速,意见反馈更直接。因此舆情传播速度很快,舆情主体间的交流更加顺畅。

最后,智媒时代的全球互联互通打破了传统的地理界限和政权界限,网络舆情主体可以进行跨民族、跨国界、跨江海、跨时空的交流。这使得一国、一个地区的舆情主体可以足不出户的就实现国界和地区的跨越,变成全球性的舆情主体。

1.2.2 网络舆情客体(配体,what)

网络舆情客体是刺激网络舆情产生的刺激物,是导致网络舆情发生的起点,也是网络舆情主体关注的焦点,"是舆情直接作用和影响的对象"。[②] 作为公众关注和讨论的对象,作为社会公众通过网络媒体表达意见和情绪的对象,网络舆情客体的术语表达尚未统一,包含诸如"中介性社会事项""舆情因变事项""网络舆情引体"等不同的术语表达方式。本书拟从这些层次不同的内涵以及术语出发,寻找网络舆情客体

① 杨漾.全媒体环境下青年群体舆情的极化研究——以虚拟偶像江山娇为例[J].科技传播,2021,13(12):105-107;133. DOI:10.16607/j.cnki.1674-6708.2021.12.036.

② 杨绍辉.舆情概论[M].沈阳:东北大学出版社,2014:19.

相对精准的内涵。

先说术语"中介性社会事项"。毕宏音将网络舆情客体概括为"中介性社会事项",提出"从舆情的视角看,国家管理者从事各项工作都具有一个相同的作用,就是实现对民众的直接或间接的国家和社会事务的管理,这些管理生成的种种结果,就被称作中介性社会事项",①中介性社会事项包括人物、事件、法规、政策、工作成就、社会问题等,甚至有形的公众人物以及无形的社会事件都可能是中介性社会事项。管理者运行权力的时候"必然产生一个或多个工作结果,这些结果作用于民众,刺激民众产生各种判断、评价和选择,这些刺激反应就是民众的社会政治态度,即舆情本身"。② 可见,毕宏音将中介性社会事项视为舆情的刺激物,认为其为民众和国家管理者发生互动提供前提条件,认为公众的意见和情绪都有目的、有指向,都要围绕着一定的中介性社会事项来展开,可以说,国家管理者因此必须依靠各种中介性社会事项开展社会管理,解决社会问题。显然,这个术语和网络舆情客体作为网络舆情的刺激物和作用对象的概念基本是一致的。

其次说术语"舆情因变事项"。杨绍辉认为,"中介性社会事项"这一术语将自然灾害以及国外重大事件等一些虽然不是由国家管理者运行权力的结果所导致,却又直接刺激了舆情产生的重大事项排除在外,因此这种概念界定是不全面的。由此,他用"舆情因变事项"一词来概括舆情的刺激物,指出舆情因变事项是一种"能够引起民情改变,且会对民众政治态度产生影响的所有事项的集合",③它既包括中介性社会事项里论及的人物、事件、法规、政策、工作成就以及社会问题等,也包括中介性社会事项里未论及的"自然界、国家周边地区,甚至世界各国及宇宙间可能发生的一切能够对舆情产生刺激的事项"。④ 该概念用函数中的因果关系来描述"事项"这一"因"与"舆情"这一"果"之间的关系,将该概念的研究引向标准化,而这种标准化的研究方法非常值得学习。只是"舆情因变事项"这六个字的联合在理解上容易引起歧义,如有些人可能会理解成"舆情因之而变化的事项",这种理解下事项是"因",舆情是"果",符合作者本意;但如果有人将其理解成"舆情的因变事项",则因变事项就是"果",舆情反而变成"因"。因此,本书只能舍弃这一术语。

再说术语"网络舆情引体"。既有的文献中很少提到网络舆情引体,就连"舆情引体"这一术语也很少提及。简单来说,舆情引体就是"引发舆情活动的事件,我们也称之为舆情事件",⑤而引发舆情活动的事件就是引发舆情的刺激物。作为触发或引发公众广泛关注和讨论的刺激物,舆情引体是舆情传播和扩散的催化剂,能够触发公众对舆情客体的高度关注与思考。与之对应,网络舆情引体就是引发网络舆情的刺激

---

① 毕宏音.影响民众舆情的中介性社会事项[J].广西社会科学,2004(11):157-159.
② 毕宏音.影响民众舆情的中介性社会事项[J].广西社会科学,2004(11):157-159.
③ 杨绍辉.舆情概论[M].沈阳:东北大学出版社,2014:22.
④ 杨绍辉.舆情概论[M].沈阳:东北大学出版社,2014:22.
⑤ 高承实,陈越,荣星,等.网络舆情几个基本问题的探讨[J].情报杂志,2011,30(11):52-56.

物,这些刺激物包括与舆情相关的特定的人物、事件和现象,此术语也涵盖了所有舆情的刺激物,与"舆情因变事项"的概念基本一致,但比"舆情因变事项"一词更加简洁易懂,而且与"舆情主体""舆情客体""舆情本体"等词在写法上保持一致,这是该术语的优点。但是该术语有一个弊端,就是其虽然突出了"引发舆情"和"刺激舆情"的色彩,但"舆情对象"和"舆情焦点"的色彩被忽略了,缺少对舆情在时间延续性上的突出显示特色,而且使用者非常少,本书也只能予以舍弃。

最后说术语"网络舆情客体"。作为社会公众通过网络媒体表达意见和情绪的对象,关于网络舆情客体的外延仍有争议,有人从狭义的角度去界定网络舆情客体,有人从广义甚至更广义的角度界定网络舆情客体。从狭义来说,对舆情客体的定位只有一个,即执政者(国家管理者);从广义来说,对舆情客体的定位却可以是有着主次之分的两个,即作为主客体的执政者以及作为次客体的执政者持有的政治取向。[①]可以看出,在以上的定位中,网络舆情的客体只能是人、由人组成的机构以及与人或机构相关的一系列与政治相关的事件,自然现象等被排除在外,很显然,这样的定位不能囊括网络舆情客体的所有方面。而从更广义的角度来说,网络舆情的客体包括特定的人物、事件或现象,这样的定位就把自然现象等同样会被公众广泛讨论的其他现象囊括在内了。本书采用的就是更为广义的对网络舆情客体的定位。

由此可见,网络舆情客体并不局限于人,而是包括个人或团体、事件或议题、产品或服务、政策或法律等在内,譬如某社会名流、某知名机构、某热门事件、某公司新品、某法规政策等。不过,很多网络舆情客体并不会成为网络舆论客体,只有那些比较特殊和敏感而且与公众利益直接相关或间接相关的网络舆情客体才更容易被公众持续和广泛关注并最终演化为舆论风暴。例如,一些涉及名人丑闻和名人言行的名人事件;一些涉及重大自然灾害、严重意外事故的备受公众关注的事件;一些触及道德法律、政治倾向的话题;一些涉及健康安全、经济利益等与公众利益密切相关的政策或法律。因为这些人物、话题、事件和政策等通常具有非常高的关注度、敏感性和争议性,所以很容易在网络上引发广泛的公众讨论和关注。

网络舆情客体是网络舆情讨论或传播的事件的本身或者对象,因此用 what 来表示很恰当。此外,网络舆情客体作为引起网络舆情的事件本身,是网络舆情的起点,网络舆情主体了解到舆情事件之后或者为之开心,或者为之失望,又甚至为之愤怒。网络舆情客体在网络上的传播会引燃网民的情绪,带来一系列的舆情风暴,这很像是病毒(抗原配体)在细胞间的传播,病毒的传播导致众多细胞(受体)深受病毒侵害,因此本书用配体这一概念来说明网络舆情客体。

虽然传统互联网时代的网络舆情客体(配体)的传播速度已经很快,但与智媒时代的网络舆情客体的传播速度相比,却是相对迟缓的。尽管很多网络舆情客体的实施者并不主观想要引发网络舆情,但智媒体的存在,却将其置于消极舆论的漩涡而无

---

① 杨绍辉.舆情概论[M].沈阳:东北大学出版社,2014:19.

法自拔,"阴差阳错"的成为舆情的客体。与网络舆情的主体一样,进入智媒时代,网络舆情的客体也呈现出以下一些类似的特点。

首先是多样性。智媒体时代,随着信息源和信息渠道的增多,网络舆情的客体更加多样化,从新闻事件到小众话题、从国际政治到家长里短、从阳春白雪到下里巴人,客体之多,不一而足。

其次是迅捷性。在传统互联网时代,一名社会名流的言论一般需要在官方媒体网站和论坛传播一段时间以后才会引起公众的广泛关注,因此成为网络舆情客体的可能性相对较小;但在智媒时代,这名社会名流发出的同样言论却可以在社交媒体平台上迅速传播开来,从而导致该社会名流的"爆黑"或者"爆红"。究其原因,主要在于个性化推荐算法的运用及普及使名流的言论可以快速出现在对该言论主题感兴趣的用户的信息流中。因为感兴趣,所以关注;因为有耐心,所以研究。而该舆情客体一旦被这些用户关注和研究,就可能引发公众的即时讨论并且讨论规模惊人。

当然,网络舆情客体的最主要特征就是客观性。也就是说,无论舆情如何变化和发展,舆情所传播和探讨的问题、现象和事件都是稳定的,独立于舆情主体的主观意识之外。所以虽然说舆情如风,风行不止,但只要能深入地收集信息,多角度地分析信息,认真地核实信息,就能更好地了解舆情客体,趋近事实真相。

1.2.3　网络舆情本体(抗体,why)

网络舆情本体是舆情的重要组成部分,是"舆情的基本内容",[①]是公众在互联网上表达的对于特定人物、事件或现象的意见和情绪,是一个涉及多层面、多维度的动态的社会现象,属于交叉学科研究内容,不同学科会从不同的角度对网络舆情的本体进行研究,研究成果各有侧重。只有综合多学科的研究,才能更全面地理解网络舆情的本质和作用。譬如,从信息传播学角度研究,重点是关注媒介在舆情传播中的作用和影响,譬如网络舆论是以何种路径在网络上传播的,传播速度有多快,传播范围有多广等;从传媒学角度研究,重点是关注媒体在舆情事件中的报道行为,譬如报道方法、报道角度、报道风格、报道态度等;从网络技术角度研究,重点是关注平台规则、人工智能、社交媒体算法等在舆情的生成和传播中的作用;从政治学角度研究,重点是关注网络舆情与政治决策之间的相互影响等;从社会学角度研究,重点是关注社会文化、社会结构和社会关系等因素如何影响网络舆情的形成和传播;从社会心理学角度研究,重点是关注公众对特定人物、事件或话题的意见有何变化以及公众的情绪反应等。

因为网络舆情本体指的是舆情的基本内容,譬如网民对某人物、事件或现象的意见和情绪,其中很多是网民对于舆情事件产生原因的思考,而用 why 这个单词正可以体现出对其中原因的分析和思考,故本书选择用 why 说明网络舆情本体。此外,

---

① 高承实,陈越,荣星,等.网络舆情几个基本问题的探讨[J].情报杂志,2011,30(11):52-56.

网民在传播舆情事件信息的时候,不仅会传递有关事件本来面目(网络舆情客体或配体)的信息,或多或少还会掺杂有关个人意见和情绪(即网络舆情本体)的信息,譬如这个问题为什么产生,怎么解决,怎么对抗等,因此,网络舆情本体可以视为网民对舆情事件(网络舆情客体或者配体)的刺激或者说入侵做出的反应或对抗以及这些反应或对抗带来的产物,在免疫学里,这种与外来入侵者(譬如病原体、抗原)进行对抗产生的物质就是抗体,借用到本研究中,本书则将网络舆情本体称为网络舆情抗体,也就是网民对网络舆情事件产生的抗体。

下面从社会心理学角度出发,简单介绍网络舆情本体的两个组成部分——意见及情绪。

意见是网络舆情本体的重要组成部分。在网络舆情中,"意见"指的是公众个体或群体对特定人物、事件或话题等的理解或评价(为简洁起见,本书将现有舆情研究文献中提到的"看法""观点""态度""评判""评价""意见"等统一用"意见"来表达)。智媒时代公众在表达意见方面具有以下特点:其一是广泛性。"人人都有麦克风"使得不同地位和背景的人都可以在网络上发声,声音来源复杂,难以计量。其二是多样性。不同地位和背景的人往往有不同的立场和视角,意见、看法往往大相径庭。其三是易变性。网络上的意见反馈是即时的,舆情主体在受到新信息影响或干扰的时候,其意见可能也会随之变化。正是由于以上特点的存在,准确地把握舆情意见是非常困难的。要想更好地把握网络舆情,不仅需要加强对网络舆情的实时监测,还要吸纳优秀的人才进行精准的语言文本的分析。

情绪是网络舆情本体的另一重要组成部分。在网络舆情中,"情绪"通常指的是公众在互联网上对于特定人物、事件或话题等表现出来的即时或稳定的情感状态(为简洁起见,本书将现有舆情研究文献中提到的"感情""情感""情绪"等统一用"情绪"一词来表达,这样也能更好地承接古代中国对舆情的早期界定)。作为公众的直接感受和反应,智媒时代的网络舆情情绪有以下特点:其一是即时性。社交媒体和互联网的发展使公众可以快速获取信息并即时表达意见及情感,情绪反应可以非常迅速。其二是可变性。随着舆情事件的发展以及新信息的浮现,公众的情绪可能迅速变化,呈现出高度的动态性和可变性。其三是差异性。因为社会地位和身份背景不同,不同公众对同一事件会有截然不同的情绪反应,从积极的情绪(如乐观、愉悦、自信、感激)到消极的情绪(如悲观、伤心、自卑、愤怒),公众的情绪反应可以五花八门,这些不同的情绪也会通过文字、点赞、表情包、短视频、在线直播等不同的方式表达出来,情感表达丰富直观,差异性极强。其四是传染性。在社交媒体平台发言往往具有可以匿名的优势,相较于现实场合,公众可以更直接和更强烈地表达自己的真情实感,而且网络用户在社交媒体上的每一次点赞、评论和分享都可能影响下一个人,使情绪在用户间快速传播,从而使用户之间的情绪相互感染,这种群体动态以及信息通过智媒技术的个性化推荐可极大地加大情感表达的强度,最终形成情绪共振。因为以上特点的存在,在进行网络舆情监测和分析时,必须重视情绪这一舆情本体,把握好情绪分析这一关键环节,为应对和管理舆情提供依据。

1.2.4　网络舆情载体(流体,how)

网络舆情载体是舆情活动的承载平台,是传播网络舆情的各种媒介。简单来说,网络就是网络舆情的载体,发挥着集散文化信息和放大社会舆论的作用。公众在互联网上发表的对一些社会话题和事件的意见很可能会使这些社会话题和事件成为舆情焦点而被广泛关注。

网络舆情载体就是网络以及与网络密切相关的各种网络平台及 APP,是网络舆情信息(网络舆情配体和抗体)传播的中介或桥梁,决定了网络舆情信息的传播方式。网络舆情载体不同,网络舆情信息的传播形式、传播速度和传播广度也就不同,譬如,在以文字为主的网络平台,网络舆情信息的传播靠的是文字,而在短视频平台,网络舆情信息的传播靠的就是短视频,因此,网络舆情载体用英文来表示就是 how。与之类似,在免疫学里,抗体以及抗原和病毒在机体内的传播依靠的是血液和淋巴液等体液,这些体液流体在病原体的传播、免疫反应的激活中起着双重作用:血液系统作为连接机体各个部分的主要管道,能够运输氧气、养分、细胞、废物以及抗原和病原体,当病毒等进入血液循环时就可以被血液迅速运输到机体的不同部位,从而导致病原体扩散;淋巴系统作为免疫细胞(如淋巴细胞)的运输通道也有助于病原体的移动和传播,当病原体进入淋巴液时,可通过淋巴系统最终进入血液循环或被免疫系统中的淋巴结捕获;组织间液作为细胞之间的液体可在携带营养物质和废物的同时携带病原体,并将病原体从一个细胞传播到另一个细胞。病毒和其他病原体通过血液和淋巴液进行传播的方式与舆情信息在网络中的传播非常相似,因此本书将网络舆情载体称为网络舆情流体。

下面从互联网发展的四个阶段开始讨论网络舆情载体——互联网(包括网络以及与网络密切相关的各种网络平台及 APP)在网络舆情形成和发展中起到的作用。

20 世纪 90 年代至 2000 年代初是互联网初始时期。在这一时期,互联技术比较落后,网络应用也比较单一,社会公众主要是利用网页(HTML)和搜索引擎查阅资料以及收发电子邮件等,但是相关功能简单,而且用户通常局限于少数精英群体或特殊工作人群,因此,互联网信息的传播速度慢,影响力较小,难以形成网络舆情。

2000 年代初至 2010 年代初是互联网的 Web2.0 时代,代表性平台如网易博客。这一时代的特点是 Web 技术得以提高,网页技术更加先进(包括 XML 和异步 JavaScript),网页变得更具动态性和互动性,不仅允许用户订阅自己感兴趣的内容源,也能让用户轻松创建和分享自己创作的内容,社交网络也开始兴起,人们在互联网平台能够实现交流和协作,这些都吸引了更多用户参与其中,为网络舆情的传播提供便利。但这个时候仍然属于传统互联网阶段,此时的媒体还属于信息型媒体,以提供内容为主,公众在网络上的言论多是通过传统媒体的门户网站开设的评论区和论坛发布,公众依然被局限在电脑上、局限在有宽带的地方,不利于网络舆论更快地传播。而在传统互联网时期,传统媒体在某种程度上对舆论场有着很大的控制权。

2010 年代初至 2020 年代初是移动互联网时代,代表性平台如微信。与传统互联网阶段不同的是,智能手机和移动设备在移动互联网时代快速普及,各种移动APP(如微博、微信、抖音、快手、小红书、哔哩哔哩)爆炸式集中出现,作为去中心化的关系型媒体,这些新兴媒体具有移动、互动、超便利和超细分等新特征,使社会公众可以随时随地以更低的成本、更低的门槛得到互联网更加即时和便捷的服务,在得到这些前所未有的美好体验的同时实现与家人、朋友的互通和交流。而且,相较于官方媒体或者其他的一些大型机构,公众一般更倾向于相信家人和亲朋传播的信息,更乐于传播家人和亲朋传播的信息,而且也常会在传播信息的同时添加自己的评论,这就会加快舆情信息在朋友圈的蔓延,并通过亲人传亲人、朋友传朋友的方式,进而突破原有朋友圈的范围,使舆情信息变成大范围的社会舆情。于是,新兴社交媒体凭借着自身强大的议题设置能力以及事件聚焦能力逐渐霸占了网络舆论场的主席台,成为传统媒体争相跟进报道的对象。"当前,社交媒体已经超越搜索引擎,成为互联网第一大流量来源。"①

2020 年代初至今,互联网全面进入智媒时代,这个时代的特点是大数据、云计算以及人工智能等技术的广泛运用推动了媒体内容走向个性化和智能化。在智媒时代,网络舆情数据载体的形式更加多样,传播范围也越来越广,同时还呈现出一些新的特点:首先,社交媒体算法推荐功能在智媒体时代更加凸显,会根据用户的兴趣、爱好和行为习惯等有选择地推送信息流,加强了社交媒体平台载体的舆情传播效果;其次,原有的文字平台如博客、论坛等在智媒时代会更多地通过算法推荐系统将用户引导至他们可能感兴趣的话题,增强社区的互动性和吸引力;再次,视频平台也会在加强直播和短视频内容推广的同时,通过算法向用户推荐个性化内容,吸引用户;最后,如新华网这类的传统的权威官方新闻网站在这样的流量时代,也不得不努力争夺眼球,通过优化搜索引擎来扩大新闻推广,利用更受用户群体喜欢的多媒体元素(如视频、图片)展示新闻。总之,智媒时代下网络舆情平台或者说载体的共同特点就是以算法推荐及大数据分析为中心进行技术驱动,使主体参与度更高、互动性更强,舆情本体传播更迅速。

1.2.5　网络舆情政体(补体,with)

网络舆情政体是本书新引入的网络舆情术语,在网络舆情的发展中扮演着重要的角色。要理解该术语,首先要理解政体的含义。政体,在英文中可翻译为 polity、political system 或 government,在现代汉语中的解释是"国家政权的组成形式或制度"。② 在该解释中,政体虽然与政府紧密相关,但更侧重政权组织形式和权力分配

---

① 周蔚华,徐发波.网络舆情概论[M].第 2 版.北京:中国人民大学出版社,2023:11.
② 中国社会科学院语言研究所词典编辑室.现代汉语小词典[M].北京:商务印书馆,1980:703.

方式,而不是特指某个具体的政府机构或政府本身,但是在被视为专门的政治学研究创始之作《政治学》一书中,亚里士多德关于政体的概念可以被理解为"城邦里的统治者",[①]可见,政体从原初意义上讲是可以被用来指代政府或统治者的,具体到网络舆情中,网络舆情政体就是在网络舆情的产生和传播中监控网络舆情发展、控制网络舆情走向和发展态势的政府或者执政者,是网络舆情"六体"要素中的第五体要素。

网络舆情政体作为社会权力机构或称国家统治机构,在网络舆情的发展中扮演了重要的角色,常常是重大社会舆情事件的直接或间接制造者,是改变重大社会舆情事件现状的最有力解决者。因为网络舆情主体通常会认为通过向统治者或统治机构施压,改变其言行或生存状态,就可以将该舆情事件或者与该舆情事件相似的潜在舆情事件带来的消极影响降到最低,所以网络舆情政体常常会成为网络舆情主体为了达到自己的利益目标、激活人类社会这个细胞的活力,在发表意见和表达情绪时最终针对的对象或意图施压的对象。既然网络舆情政体通常是网络舆情主体在网络舆情爆发以后与之斗争或合作的对象,而 with 正好被翻译为"与",故可以用 with 指代网络舆情政体。虽然很多负面社会舆情事件可能与网络舆情政体的统治制度以及统治方式等有关,但无论是作为舆情事件的始作俑者还是作为舆情事件的裁判者,网络舆情政体都可以帮助社会公众解决消极舆情事件,降低消极舆情事件给社会带来的伤害。这就像是救世主一般的存在,而这个救世主一般的存在与机体内帮助淋巴系统抵抗病原体的补体系统很相似。补体作为生物医学的重要概念,是对免疫系统的重要补充,是一系列在血浆中不断循环运转的蛋白质,这些蛋白质一旦被激活,就可以帮助淋巴系统抵抗和攻击病原体,促进炎症反应,增强淋巴系统和其他免疫细胞的吞噬和清除功能。首先,补体被激活后会产生一些碎片,这些碎片能够使得血管更通透,使免疫细胞更容易移动到感染部位,与淋巴系统协同对抗病原体;其次,补体系统可以使吞噬细胞对病原体的吞噬能力增强;再次,补体形成膜攻击复合物后可以直接破坏某些病原体的细胞膜,直接杀死这些病原体;最后,补体会强化抗体的效果,并通过参与清除抗原-抗体复合物来减少自身的免疫反应和炎症风险,维护淋巴系统以及整个机体的健康。可见,补体就像网络舆情政体一样,可以帮助淋巴系统(部分社会公众)抵抗病原体(消极网络舆情)的入侵,清除体内感染(降低消极舆情的负面影响,重建网络安宁)。故此,本书将网络舆情政体称为网络舆情补体。

在理解网络舆情政体或者说网络舆情补体的时候,不得不关注一个焦点词,即"利益驱动"。多数网络舆情的产生、发展都由网民自身直接或间接的利益驱动,如果没有这种利益的驱动,某特定事件发生以后,很多网民可能不会有兴趣介入,不会愿意为之发声,或者不会愿意持续关注和为之发声,因此该事件发生后要么悄无声息地消亡,要么只是引起部分人的关注和激起一点水花,然后消亡。只有那些涉及广大网民切身利益的事件才会引发网民的持续关注,进而发展成备受关注的网络舆情,甚至

---

① 范振远. 浅析亚里士多德《政治学》一书中"政体"的概念[J]. 法制与社会,2009(16):376.

是网络舆论乃至网络风暴。而在这样的网络舆情（网络舆论或网络风暴）中，广大网民无论是以何种方式发声，最终目的其实只有一个，即在争取民主、正义的基础上保证自己的政治利益、经济利益、文化利益、社会利益和生态利益。因此，网民们的言论和情绪表达必然有一个指向或者标的物，这个指向或者标的物往往不是一个简单的舆情客体，反而常常是一个被施压的人或者组织，但无论是人还是组织，网民们都是希望通过这种舆情或者舆论改变这些人或组织的言行或者生存状态，增加社会福利。

可见，无论网络舆情事件是不是由网络舆情政体引起的，网络舆情政体经常成为网络舆情的对象或者客体被卷入舆情旋涡，但它和网络舆情客体是不同的，二者最大的不同可能在于，所有的网络舆情事件都有舆情客体，但未必一定有网络舆情政体。譬如，在陨石掉落这种与纯自然现象相关的网络舆情事件中，"陨石在撞向地球之前神秘爆炸"这个现象是舆情讨论的客体，但是无论讨论如何激烈，网民很难找到任何人或者机构对该现象施压，从而改变此自然现象。除此以外，在同一舆情事件中，舆情政体与舆情客体有时候是同一的，有时候是分开的，在现实中，要正确地区分网络舆情政体和网络舆情客体。譬如，一个特定的重大交通肇事逃逸事故发生之后，普通网民看似在谴责不负责任的逃逸者，实则也是希望交通管理部门进一步加强对酒驾、醉驾的监管，保证自身交通安全，这时候，网络舆情的客体是交通肇事逃逸事件，网络舆情的政体是相应的交通管理部门或负责处理这一事件的相应公检法部门，这时候网络舆情政体和网络舆情客体是不一致的。网络舆情政体和客体的关系可归纳为如表1-5所列。

表1-5 同一网络舆情事件中舆情客体与舆情政体的异同

类　别	网络舆情客体	网络舆情政体
范围定位	不只和人相关，可以是一个人、一个机构、一件事或一个现象	只与人相关，可以是一个人或一个机构
施压情况	可以被施压，也可以不被施压	被施压
相似之处	都可能是舆情指向的对象，网络舆情政体可以是网络舆情客体	

1.2.6　网络舆情外体（基体，where）

外体，即身体外部，网络舆情外体就是网络舆情产生、发展和传播的外部空间，这个外部空间的规模、形状、氛围、材质等在很大程度上都会影响网络舆情的发生和走向。作为本书引进的又一个新概念，该概念所对应的并不是一个新事物，它对应的就是以往舆情研究中所说的网络舆情空间或者说网络舆情环境，研究网络舆情外体，也就是研究网络舆情空间或网络舆情环境。

网络舆情空间是网络舆情主体、网络舆情客体、网络舆情本体、网络舆情载体和网络舆情政体得以存在的空间,是网络舆情的重要构成要素。根据杨绍辉对舆情空间内涵的界定(舆情空间是公众社会政治态度形成、变化和发生作用的地方,是容纳舆情主体、客体和舆情因变事项的硬、软环境多维互动的社会空间[①]),本书将网络舆情空间的内涵界定如下:网络舆情空间是社会公众的网络舆论和网络情绪形成、变化和消散的硬、软环境,是网络舆论和网络情绪形成、变化和消散地方。其中,网络舆情的硬环境又被称为"网络舆情的硬空间",是网络舆情"发生的各类有形场所,包括组织团体空间、日常生活空间和设施物质空间等"。[②] 譬如,经济发达国家的互联网普及率比较高,网络舆情空间可以非常广泛,而经济欠发达国家的互联网普及率比较低,网络舆情空间可能较为狭窄,集中在特定的地区和特定的人群范围内;网络舆情的软环境又称"网络舆情的软空间",是网络舆情"发生的各种无形场所,包括国家制度、社会政策、法律法规、伦理道德、社会关系、民族文化,等等"。[③] 网络舆情软空间是网络舆论形成、传播和演变的虚拟空间,相较于硬空间,对网络舆情产生和发展的意义更加深远。这是因为不同的国家和民族在政治法律制度和社会文化背景方面是有差异的,这些差异会使不同国家和民族的网络舆情在形成、传播和管理方式方面大不相同,所以相同的网络舆论在不同的国家和民族会面临不同程度的制度空间(本书将网络舆情的硬空间称为网络舆情的物理空间,而将网络舆情的软空间称为网络舆情的制度空间,这是因为,从广义来看,国家制度、社会政策、法律法规、伦理道德、社会关系、民族文化等都是制度)的束缚,有的束缚感比较强,有些束缚感则比较弱。

需要指出的是,虽然从杨绍辉的研究结论来看,网络舆情空间不仅是一个地域概念,几乎也等同于网络舆情环境,但是,在目前阶段,无论是对网络舆情空间内涵的研究还是对网络舆情环境内涵的研究都略显不足,在中国知网上很难找到对网络舆情空间的准确定义,即便找到相关定义,也难以发现统一的说法。杨柳认为,"网络舆情环境是以网络为载体,以时间为核心,广大网民情感、态度、意见、观点的表达、传播与互动以及后续影响力的集合",[④]可以看出,杨柳对网络舆情环境内涵的界定与本书对网络舆情本体内涵的界定高度相似,或许可以说,这种看法是将网络舆情环境看作网络舆情本身。蒋海彬、张丰刚、王振环认为,"环境可以分为三种:客观环境、象征环境、主观环境。客观环境是外界客观存在的、未经人为加工的环境,象征环境是人为选择、整理、加工后,以一定的载体呈现的环境",[⑤]"当前,象征环境的图像化随着电影、电视、互联网、可视电话等媒体的发展而不断完备化,这导致信息形式及人们的舆

---

① 杨绍辉.舆情概论[M].沈阳:东北大学出版社,2014:23.

② 杨绍辉.舆情概论[M].沈阳:东北大学出版社,2014:23.

③ 杨绍辉.舆情概论[M].沈阳:东北大学出版社,2014:23.

④ 杨柳.中学思想政治教育针对突发事件网络舆情环境的诊治策略[J].知识文库,2017(13):111;122.

⑤ 蒋海彬,张丰刚,王振环.图像时代高校网络舆情环境研究[J].辽宁工业大学学报(社会科学版),2020,22(4):5-7.

情思维方式也发生巨大变革。舆情环境属于象征环境,在这种环境中,人们接收、传递信息变得更加自由、随性,人们习惯于摆脱抽象文字信息的束缚,取而代之的是图片、视频和简单符号,舆情环境图像化趋势,对相关舆情要素产生了重要影响",[1]可见,蒋海彬等人对网络舆情的理解虽然接近于杨绍辉的研究,但是将"硬环境"(硬空间)排除在外,认为网络舆情环境不包括客观环境(也就是杨绍辉所说的"硬环境""硬空间"),这样的内涵界定显然缩小了研究范围,没有凸显出舆情空间的地域性以及舆情环境有形的一面。因此,本书不考虑其他学者对网络舆情空间或环境内涵的界定,仅以杨绍辉对网络舆情空间(也即网络舆情环境)内涵的界定为基础进行讨论。

因为网络舆情外体代表网络舆情的外部空间,所以 where 一词可以很好地体现这种空间感,故用 where 来指代网络舆情外体。这种外体与生物医学中的基体极为类似。基体一词在生物医学中通常指的是细胞外基质,即细胞外的结构和物质,是一种非常复杂的网络结构,由一系列蛋白质和多糖构成(如纤维蛋白、黏附分子、多糖和蛋白多糖),填充在细胞间,不仅为细胞和组织提供支持和依附的基础,还参与细胞间的通信以及细胞行为调控等多种生物学功能,可以引导细胞的迁移,影响细胞的增殖、分化和死亡。虽然基体作为术语在免疫学中并不常见,但体液和细胞外基质一样都是机体内的重要组成部分,发挥着非常重要的作用。体液(如血液、淋巴液、组织液)在物质运输和免疫反应中起着重要作用;细胞外基质则在组织结构和细胞行为的调控方面起着重要作用,帮助调节免疫反应。由此可见,细胞外基质或者说基体与体液(流体)共同构成了生物有机体复杂且协调的内环境。套用到网络舆情事项上,细胞外基质就如同网络舆情发生的空间,影响着舆情的走势和强度。因此,本书将网络舆情外体(空间)称为网络舆情基体。

因为网络舆情空间(网络舆情环境)并不是网络舆情本身,而是存在于网络舆情之外,是网络舆情的发生、传播和管理场所的外部条件或外在背景,所以可以将网络舆情空间分为五个组成部分:政治空间(政治环境),包括政府政策以及法律等;经济空间(经济环境),包括经济发展水平和企业活动等;文化空间(文化环境),包括价值观念和传统习俗等;社会空间(社会环境),包括社会结构、组织形态等;技术空间(技术环境),包括智媒技术、大数据等。这五个部分共同构成了复杂的网络舆情空间体系,影响着网络舆情的产生和传播。

在由政治空间、经济空间、文化空间、社会空间和技术空间共同构成的复杂的网络舆情空间里,包含了网络舆情主体、网络舆情客体、网络舆情本体、网络舆情补体以及网络舆情载体等多种要素,这些要素彼此之间相互联系、相互制约,共同推动了网络舆情的产生、发展和消散。而随着智媒时代的到来,网络舆情空间最终呈现出三个特点,即开阔性、高弹性和易燃性。

---

① 蒋海彬,张丰刚,王振环.图像时代高校网络舆情环境研究[J].辽宁工业大学学报(社会科学版),2020,22(4):5-7.

首先,网络舆情空间具有开阔性。开阔,即宽广、开放、自由、无碍。随着智媒技术的普及,会有越来越多偏远和落后地区的公众使用互联网交流信息,学会通过网络平台发声,网络舆情主体范围会不断扩大,网络舆情传播的空间范围也会随之不断扩大。当然,网络舆情空间也是包容的、开放的、不封闭的,能够容纳更多外部事物。随着社交媒体的普及以及在线翻译功能的壮大,不同国家和不同民族的网络舆情主体间的交流障碍越来越小,信息传播的地域鸿沟越来越小,传播的自由使整个网络空间在某种程度上越来越开放,舆情主体如同"孙悟空赴蟠桃会——不请自来"。

其次,网络舆情空间具有高弹性。因为网络空间的大小会受到网民所在国家或地区的各种政策制度软环境以及物质技术硬环境的制约,各个国家或地区的政府在不同时期,为了自身政治、经济、文化的需要,可能会从技术和制度层面收紧或放开网络空间,譬如进行网络封锁、进行行为监控、进行内容过滤、加强流量控制、加强内容审查、加强数据监控、加大处罚力度等来阻止或减少负面信息的进入和传播,这会导致网络空间变小;反之,网络空间则变大。就像是"孙悟空的金箍棒——能大能小",网络舆情空间的这种"可大可小"就是所谓的高弹性。

最后,网络舆情空间具有易燃性。在网络世界中,信息的真实性难以把控,经常充斥着各种谣言,而个性化推荐技术的运用又会使网民对自己感兴趣的事项持续地关注,网民情绪很容易一点即燃,甚至很容易被激化成网络暴力,呈现出易爆性。这使网络舆情空间的治理非常困难,就像是"牛魔王的扇子——越煽火越大"。所以,要维护好秩序,各个部门还需要了解网络舆情尤其是智媒时代下网络舆情的特点,从而找到问题的具体症结,对症下药。

1.3 网络舆情的特点

要概括好网络舆情的特点,首先需要知道传统舆情的特点。传统舆情是互联网普及之前的舆情,处于没有互联网或者互联网刚刚产生的环境中,此时的信息传播主要通过面对面聊天、打电话、寄邮件的方式"口口横流相传",或依靠传统纸媒及广播电视来进行"上下滴流宣传",正因如此,通过这些方式传播的信息较为具体,诉求较为集中,受众较为单一,并且因为信息发布主体的数量较少以及技术和制度经常受限(譬如电视节目接收的限制、报纸发行地的限制等),在一定的时限内,能够传播的信息数量有限,受众数量较少,传播速度较慢,影响范围较小。而且,在这个过程中,公众基本只是被动地接受经过官方媒体"过滤"过而自己未必感兴趣的信息,也无法及时与信息发布主体以及其他公众进行交流、互动和反馈,参与度不高,此时的舆情很少能够对社会造成重大影响。而智媒体时代对于大数据以及人工智能等技术的运用改变了前述情况,公众舆情呈现出新特点、新趋势。[①] 鉴于本书已经将网络舆情的传

---

① 刘晓来,迟秀雪.后真相时代网络舆情特点及治理策略探究[J].新闻前哨,2021(3):47-48.

播类比为病原体的入侵,本书后文在介绍网络舆情的特点以及传播阶段时都会尝试从医学防疫学的角度进行描述和解释。

1.3.1　信息飞沫化

信息飞沫化指的是,数字时代的信息,无论是正面报道还是广告的传播,在互联网上都以快速和零散的特点散布和传播。[①] 这一说法将信息主体向公众传递的信息形容成空气中的飞沫(譬如病毒飞沫),飞沫的形状是极为个性化和碎片化的,飞沫出现和消失得十分快速,导致公众很可能要么完全感觉不到它的存在,要么干脆对之视而不见。信息传播的这种高度碎片化和个性化的特征对社会和个人有着重要的影响,它改变了公众获取、处理和理解信息的传统方式,带来了人们注意力不集中、思考深度走向弱化的问题等。以市场营销为例,在数字时代,无论资源如何集中、投资如何巨大、渠道如何组合、策划如何努力,产品信息一经发布,就会像是在大海当中注入的一滴水一般,旋即消散无踪。再如,一个热门话题虽然可以很快被用户以文字、图片、视频的方式在微信等社交媒体上传播,但广大用户传播的信息通常是碎片化的,信息完整性不足、深刻程度受限。

1.3.2　意见集束化

"集束化"指的是各种相似或相关的元素或实体在某一特定区域或领域内聚集和集中,形成一个密集、协作、互补、高效以及相互依赖的网络,促进资源的共享、信息的流通和创新的发生。具体到网络舆情中,舆情集束化指的是在社交媒体平台上,由于算法推荐、信息茧房等因素的存在,人们往往会被引导向相似的意见和情绪,形成意见的"集束"。[②] 该现象显现出公众对于特定人物、事件或现象的意见呈现高度的一致性和集中性,但这种现象也可能导致观点走向极端化,从而对公共问题的解决造成影响。例如,在 2023 年年末哈尔滨冰雪大世界游客退票事件中,因受到媒体报道以及网民评论的影响,公众的关注点和态度快速达成一致,形成"尔滨的冬天就是东北的春天"这种积极舆情,从而使哈尔滨火爆出圈。但假如当时哈尔滨文旅管理部门的反馈不及时、不得当,如果广大网民在社交平台上的评价以批评冰雪大世界居多,则有可能会出现"尔滨的春天就是中国的冰窟"这样的消极舆情。可以说,智媒时代的网民有更多的话语表达权,这些话语的表达导致在社交媒体平台上,更多的舆情随着更多的自媒体加以发酵而发酵,形成了对于特定人物、特定事件以及特定现象的众多舆情,这种集束化的舆情通过网络社交媒体的散布变成强劲的舆论压力,给社会管理者带来巨大的管理压力。

---

① 胡百精.打造关系网络　避免信息飞沫化[J].汽车工业研究,2012(2):31-33.
② 张相涛.舆情视域下突发公共卫生事件电视报道中新闻场景与受众情感的内在关系研究——以央视《战疫情特别报道》为例[J].新闻传播,2023(20):24-29.

1.3.3　意见极性化

"极性化"一词在不同领域有着不同的含义,但无论是在哪个领域,极性化通常都涉及由中间状态向两个极端状态过渡的过程,都突出了事物或现象向两个极端分化的过程。在心理学领域,极性化用来描述大众的情感或态度变得更为极端;在社会学领域,极性化用来描述社会群体之间的一种互动方式,描述的是大众的意见和立场变得更加对立,形成两个或多个相互对立的阵营。具体体现到网络舆情中,意见极性化表现为社会公众对于某个话题的意见出现两极或多极的分化。[①] 譬如,关于豢养宠物的话题,在意见未呈现极性化时,人们与之相关的意见可能是分布比较广泛的,有支持者、不支持者、中立者,数量差距不是很大;而在意见趋向极性化时,保持中立的人变少,人们的相关意见可能走向两极分化(要么强烈支持豢养宠物,要么强烈反对豢养宠物)。这种极性化的特点在智媒时代表现得更加明显,譬如,意见领袖会通过发布极端观点来博取眼球、获取关注,而粉丝也会因群体的同质性而被感染,最终跟随这种极端意见,从而导致舆情表达的扭曲化。可以说,意见极性化已经成为智媒时代网络舆情消极且典型的特征,会给网络环境的良性发展带来严重危害。

1.3.4　表达情绪化

简单来说,表达情绪化就是指在舆情信息的传播过程中,人们关注的不再是事件本身,也不愿对客观事实进行理性分析,开始相信情绪化的表达以及失真的内容可能更容易引起共鸣。因此,信息的制造者和传播者会用具有强烈感情色彩的表达方式(如夸张的标题、夸张的语言、恶搞的图片、恶搞的视频等)吸引人群,这种做法会使信息更容易被公众接受,也会使信息失真,并进而引发不必要的负面情绪。[②] 例如,社交媒体上常有一些帖子或短视频用愤怒、震惊、仇视等强烈的情绪表达方式来吸引注意力。当然,情绪化的表达手段虽然可以提高信息的传播效果,但过度的情绪化表达也可能会导致信息失真。尤其在智媒时代,信息与情绪可能是相互推动的,信息的传播会加速网民情绪的发酵,而网民情绪的发酵将加速信息的传播。太多感情色彩浓厚的信息可能会使舆情信息与舆情客体相悖,从而淹没了事件的真相。譬如,针对2023年浙江金华横店影视城某景区门前"婆孙两人插队被制止后发飙"的舆情事件,一些网民的表达方式表现出明显的情绪化,有"恶搞"的,有"网暴"的,甚至还有制售"婆孙插队"表情包而突破舆论谴责边界的。[③]

① 杨芳芳、宋雪雁、张伟民.国内信息茧房研究热点与演进趋势:兼论静态和动态双重视角[J/OL].情报科学,1-13[2024-7-2].https://kns.cnki.net/kcms/detail/22.1264.G2.20240315.1633.012.html.
② 唐雪梅、赖胜强.情绪化信息对舆情事件传播的影响研究[J].情报杂志,2018,37(12):124-129.
③ 张守坤.制售"婆孙插队"表情包突破了舆论谴责边界[N/OL].法治日报,2023-05-09(4).http://epaper.legaldaily.com.cn/fzrb/content/20230509/Page04TB.htm.

1.3.5 主题搭车化

所谓"搭车"就是"搭便车",是指利用别人的资源和劳动等来满足自己的目的却不给予对方回报的行为。具体到网络舆情中,舆情搭车化就是指个体或组织要么为推广某种观点、产品或服务,要么为获取更多流量或关注,利用当前热点事件或话题"蹭热度",发布相关信息,提高自身曝光度的行为,这种行为能给"蹭热度"的主体带来很多实惠,因此在当代社交媒体环境中很常见。[①] 不过,这种搭车行为一旦操作不当,被公众认定是单纯"蹭热度"以及"缺乏诚意",就可能引发公众的反感,造成"翻车",产生负面效果。譬如 2021 年河南雨灾牵动人心之际,河南某房地产企业集团发布了一张写着"入住高地,让风雨只是风景"的营销海报,结果却因为利用灾害营销而引发众怒。[②]

1.3.6 更迭迅变化

"迅变"即快速变化,用于描述快速变化的环境,简要地说明了事物或情况快速变化、接连变更的情况。在互联网时代,在一些特殊的快节奏领域,人们所讨论的主题的变化速度非常快,新的主题不断出现,旧的主题很快过时,舆情主题的更迭速度可以非常惊人,社会关注的焦点可以很快地从一个舆情主题转换到另一个舆情主题。具体到人手一管"派克笔"、人手一个"麦克风"、人手一台"摄像机"的智媒体时代,网民可以随时随地在移动互联网和社交媒体平台上发布和传播信息,这时候的信息生产者是多元化且数目巨大的,传统信息市场的"需大于供"的局面被打破,信息生产者要努力寻找受众、努力吸引受众,但即便受众初期对信息生产者发布的信息很感兴趣,很快也会将兴趣转移到新的主题上,这使得网络舆情的主题不断变化,一个舆情可以被新的舆情快速取代。这种主题迅速变更的环境给信息的生产者、传播者以及管理者提出了更多的要求。譬如某娱乐明星发布的信息刚成为头版头条,另一个事件紧接着曝光,取代了该明星的新闻热度。

1.4 网络舆情的社会功能

虽然说网络舆情的爆发可能带来严重的社会危害,但不可否认的是,网络舆情也具有正向的功能,很多时候,积极影响和消极影响是并存的。只有正确地看待网络舆情的社会功能,才能有的放矢地进行引导。

---

① 张振宇,叶广浩.新媒体语境下"新闻搭车"现象研究[J].新闻研究导刊,2019,10(21):18-19;41.
② 张淳艺.借暴雨灾难营销不能"道歉"了事[N/OL].北京青年报电子版,2021-07-22(A02).北青网.https://epaper.ynet.com/html/2021-07/22/content_379636.htm? div=-1.

1.4.1　信息传递功能

从古至今,舆情就有"众人之议"的意思,因此舆情一直就有传递信息的功能,当某一事件或某一问题成为舆情,尤其是网络舆情的时候,就能因以下几方面原因更好地传递信息。网络舆情的信息传递功能就是网络舆情可以使信息的接收者获得即时、生动、直观、全面、多角度的信息,使发布者可以以极低的门槛和成本传播信息,加速信息传递的进程。[①]

首先,低成本的分享提高了信息"被发现的概率"。随着人工智能和互联网技术的进步和普及,网民在互联网上分享信息变成了一件在金钱、时间、能力方面成本都很低的事情,随随便便的一次点赞、转发或评论,都可以加快信息的传播,信息可以被轻易地传播、放大、"发现"和关注。

其次,情感上的共鸣提高了信息的"被重视程度"。一般来说,网络舆情能很容易激发公众的情感共鸣,而情感共鸣有助于公众相互理解,从而帮助信息更有效地传递下去。

再次,媒体的聚焦提高了信息的"被信任程度"。由于网络舆情事件往往会吸引众多媒体,而一些媒体,尤其是传统媒体,在公众心目中占有一定的分量,所以这些媒体的加入能提高话题的信任度,使公众更乐于传递信息。

最后,多元化的解读提高了信息的"被理解程度"。"有一千个读者,就有一千个哈姆莱特",在智媒体时代,不同的舆情主体对同一个舆情事件会有不同的解读,而且这些解读不局限于文字形式,还会以图片、音视频以及网络直播等多种形式展现出来,这样的解读使得信息更生动、更直观,更容易被理解,这些解读相互影响、相互提示,有助于多维度地展现信息,使信息的传递更加全面和深入。

1.4.2　文化传播功能

从某种程度上说,信息传播过程就是文化传播过程,包括专业知识、习俗信仰、文学艺术等在内的文化都可以以信息的形式进行传播。信息在不同群体、地区或国家之间传播的时候,文化观念等也就随之传播开来。譬如,一本历史书从表面上看只是介绍了一段历史,但通过这本书,读者可以看到这段历史所涉及国家或地区的文化。当然,任何读者都有自己的文化背景和知识结构,在接收信息的时候会根据自己的文化背景对信息进行解读,甚至有意或无意地对原有信息进行加工和改编,使文化在信息的传递过程中发生"变异",因此,文化传播是非常复杂而且动态的过程。[②] 在智媒

① 马哲明. 社交网络媒体信息传递转化及机制研究[J]. 情报科学,2017,35(8):28-32. DOI:10.13833/j. cnki. is. 2017.08.037.

② 徐亚杰. 网络文化的传播机制与舆情治理研究[J]. 国际公关,2023(20):122-124. DOI:10.16645/j. cnki. cn11-5281/c. 2023.20.033.

时代,新闻媒体和普通网民在自己使用的新闻网站和个人博客中参与舆情讨论,他们撰写和发布的文章可以包含不同的文化知识,反映不同的文化现象。譬如以哔哩哔哩为代表的在线视频和直播平台作为参与舆情讨论的强大工具,在用诗歌、音乐、舞蹈等形式传播舆情的时候也展示出不同的文化。因此,网络舆情能传播文化知识,进行文化交流、文化融合,加速文化发展,在文化传播中的作用很大。①

具体来说,网络舆情的文化传播功能体现在四个方面。

首先,展现文化的多样性。可以说,网络舆情是多元文化的集合,反映了不同国家、地区、群体中的人们的看法,网络舆情的产生可以使多种文化现象得到宣传,使公众见识到不同的价值观念和文化特色,譬如都市文化以及草根文化等。

其次,提高文化的创新性。网络舆情映射出不同时代的公众对不同文化的喜好,这给文化创造者提供了前进的方向和创新的动力,譬如推进二次元文化等。

再次,打造文化的认同性。网络舆情中包含了来自不同文化背景的公众的讨论,若公众间有共同的偶像,则可能因同是粉丝而形成文化认同。

最后,加强文化的冲突性。网络舆情信息传播的情绪化有时也会引起文化冲突,甚至引发严重的国际冲突事件,譬如键盘侠的口水战引发的社会混乱等。

1.4.3 心理宣泄功能

在数字时代,智媒体技术等的演进给公众提供了更为多样化、更为便捷的渠道来宣泄心情,这有利于缓解人们的心理压力,有利于维护社会的和谐稳定,网络舆情的心理宣泄功能就在于网络舆情为公众提供了一个抒发情感、释放压力、发泄心情的机会。② 例如,人们在遭遇不公事件后可以在社交媒体上发声,无论是喜悦、痛苦抑或是愤怒,都可以通过平台找到共鸣,从而获得心理上的慰藉,甚至还可以得到公众的支持和帮助,得到想要的公平。③

具体说来,网络舆情的心理宣泄功能体现在两个方面。

首先,便于倾诉和发泄。对于想要宣泄心情又不想暴露个人身份的人来说,网络平台的匿名功能以及人工智能回复功能显得非常友好,这些功能使人们可以自由地表达意见,尽情分享日常生活以及情感点滴。这种交流形式给那些难以在现实生活中找到倾诉渠道的人提供了突破口,使其在网络空间中的表达更加坦诚。

其次,得到安慰和共鸣。在智媒时代,意见表达形式的多样化使用户不仅可以通过点赞、转发、评论、发图片以及直播的形式表达自己的意见,还可以"被点赞""被转发""被评论",迅速得到朋友和志同道合者的安慰和反馈,感受到情感的共鸣。

---

① 信息传播并不等同于文化传播,譬如,有些信息的传播仅仅是传递数据,不一定涉及文化内容。

② 邹明扬、杨冕清,冯蕾,等.基于虚拟现实技术与 VR 设备的心理宣泄的应用[J].电脑迷,2017(7):187-188.

③ 虽然作为心理宣泄渠道的智媒体使用起来比较便捷,但也有消极的一面,如隐私泄露、网络暴力,我们必须学会合理使用智媒体以及注意保护自己的隐私安全。

1.4.4　社会融合功能

社会融合是一种全方位的融合,是政治、经济、文化等方面逐渐相互渗透的过程,与网络舆情之间存在着非常密切的关系。网络舆情的观点经常是多元的,这无疑为具有不同文化背景的人提供了相互学习和理解的机会以及交流的公开场所,使不同群体的人在网上实现了信息交流和相互理解,在不断的分歧和冲突中寻找解决这些问题的路径,譬如激发公众参与各种社会活动以及政策的制定过程。也就是说,网络舆情有加强公众沟通、促进市场扩大、促进文化交流、化解社会冲突以及促进技术融合等多方面的正向融合功能,相关部门、机构或组织需要不断利用网络舆情的正向功能,加强社会治理,保证社会的持续融合,塑造更加包容的社会环境,帮助公众在政治、经济、社会等方面建立一个更加开放、包容和多元的社会环境。[①]

首先,网络舆情可以促进政治的融合。网络舆情可以帮助政府更好地了解社情民意,并依此调整政策,使其言行和决策更具包容性和代表性,更符合民意,有助于政治融合。但网络舆情对政治融合也有消极影响,可以导致信息的碎片化以及意见的极性化,极端的意见再加上谣言肆虐也可能会加剧社会分裂,对政治融合产生负面影响。因此,网络舆情既能促进政治融合,也能消解政治融合,必须有效管控,在减轻负面影响的基础上实现"蚂蚁搬家",齐心协力。

其次,网络舆情可以促进经济的融合。网络舆情可以提高市场信息的透明度,使消费者了解企业产品和服务的真实情况,反映自己的诉求;也可以让企业了解消费者的需求以及市场动态,从而优化产品和服务。这有助于构建稳定的良好的产销关系,推动生产者与消费者之间相互融合。网络舆情可以揭示不同商业模式的优劣之处、不同商业机构的优缺点,企业可以通过分析网络舆情来进行跨界合作、商业模式创新以及找到新的合作伙伴,可以推动生产者与生产者之间的融合。网络舆情还可以显示产业趋势以及国际市场动态,政府机构可以通过分析网络舆情及时调整自己的市场管理政策以及国际贸易政策,加强政府与企业的对话,加强市场的互动与融合,最终实现"五月的石榴花——一片红火"。

再次,网络舆情可以促进文化的融合。正如前文所述,网络舆情传播了不同的文化,加强了不同文化群体之间的学习与交流,这促进了文化多样性,促进了不同文化的"互谅互融",正所谓"打鼓敲锣,各担一角"。

最后,网络舆情可以促进技术的融合。网络舆情给技术人员、研发人员和业界观察者提供了一个集中"喷发"自己观点和信息的平台,这事实上也是一种信息的共享,使得新技术和创新观点能够迅速扩散。譬如知乎社区对科技的探讨,很像八级工拜师傅般的学艺行为,有助于加速新技术在本领域的扩散与融合。此外,网络舆情常常涵盖多个行业和领域,不同领域从业者的舆情意见会给他人提供启示,使他们发现不

---

① 程前,李勇.《是真的吗》:求证节目的创新与社会功能融合[J].电视研究,2013(12):48-49.

同技术间的潜在结合点,这些发现可以促进不同技术领域协同发展,这种跨界合作就是技术的跨领域融合。当然,虽然网络舆情有助于推动技术领域的融合和发展,但同样也会面临一些其他的问题,譬如技术信息泄露以及知识产权被侵害的问题。

1.4.5　公共监督功能

所谓"群众的眼睛是雪亮的",公共监督可以提高政府透明度和责任感,增强政府的公信力和管理效率,可以保护公民权利、促进民主进程,因此,加强公共监督对提高人民福祉有着重要的意义。在智媒体时代,公众利用数字工具和互联网平台发布舆论的过程,事实上就是对政府行为、企业活动以及社会现象等进行全面监督的过程。在这个过程中,网络舆情可以揭露公共领域的问题,维护社会正义;可以促进民意反馈,为政府了解民意提供通道;可以提高透明度,推动问责制。[①] 正是因为公共大数据、云计算以及人工智能这些先进技术在加强公共监督方面具有明显优势,智媒时代的网络舆情也具备了强大的公共监督功能。当然,这种公共监督也并非没有问题,比如在信息失真、网络暴力、隐私泄露等问题方面都需要建立健全相关法律法规,确保公共监督的健康发展。目前,除政府信息公开以及民意调查等传统的监督方式以外,网络舆情也成为可以帮助实现公共监督功能的有益补充。

首先,网络舆情可以批量供应公共监督信息,使公共监督更加"有理有据"。在网络舆情环境里,互联网的运用可以帮助网民将信息多元、快速和广泛地传播开来,这让公众在极短的时间内拥有更多的信息来源。这真是"顺水推舟——不费力"。

其次,网络舆情可以精密打造公共监督主体,使公共监督更加"智能广泛"。在网络舆情环境里,互联网、大数据、人工智能技术的运用不仅使得信息传播不再完全被传统媒体所垄断,不再被身份背景所制约,使更多公众进入舆论场"谈天论地",成为公共监督的主体,同时也帮助监督主体更加高效地分析和处理数据,及时发现虚假信息、处理虚假信息、纠正异常行为。在智媒时代,真的是三个臭皮匠,都像诸葛亮。

最后,网络舆情可以极大提高公共监督效率,使公共监督更加"富有成效"。在网络舆情环境里,各级管理者的言行和问题都会暴露在公众视野中,促使相关行为主体更加注意言行,这样的"拿着鸡蛋走冰路——小心翼翼",会使公共管理行为更规范。在网络舆情环境里,舆情主体上传的图片、视频更加直白易懂,能够提高官民的沟通效率。智媒时代的个性化服务更是使监督者可以根据个人兴趣和需求定制相应的监督信息,从而降低监督者的监督成本,提高公共监督的效率。

1.4.6　预警引导功能

简单来说,预警引导就是提前识别潜在的风险和威胁,并采取措施以降低或避免

---

① 王君仪,周枫然.媒介认知与新媒体传播力的变迁——以新媒体的公共监督功能为例[J].新闻前哨,2019 (5):33-34.

风险。当前,各国政府都极其重视风险预警,在很多领域设置了风险预警机构,形成众多风险预警系统,如气象预警系统、洪水预警系统、地震预警系统、公共健康预警系统、金融市场预警系统、网络安全预警系统等,这些预警系统利用各自的专业知识在不同领域发挥着巨大的作用。同这些预警机构一样,网络舆情虽然不是一个机构,同样也具有预警引导功能。网络舆情的预警引导功能可以帮助公众、媒体、政府以及其他机构充分利用舆情信息,借势于舆情情绪,并通过对舆情动态的实时监控和分析,及时发现潜在风险,提前采取措施有效引导、管理或化解。[①]

首先,网络舆情中集中喷发的海量信息(譬如某微信视频号下成千上万的评论)可以帮助不同预警系统的从业人员抓住那些仅依靠自身力量难以获得的重要信息点,在利用自己的专业知识辨析真伪的基础上迅速做出决策。

其次,网络舆情中强烈涌动的负面情绪(譬如微信视频号中公众对某吐槽视频的点赞和评论)可以帮助政府管理者在早期就能识别出负面情绪的积聚,从而发现症结,找到原因,痛下针砭,对症下药,做到知己知彼,百战百胜。

① 来纯晓,李艳翠,金松林.基于贴吧的高校网络舆情预警和引导系统研究[J].智能计算机与应用,2019,9(4):16-20.

第2章 网络舆情传播

第1章介绍了网络舆情的基本概念,本章具体分析网络舆情在网络上的传播。作为信息扩散的主要渠道,网络舆情传播在网络舆情事态中扮演着重要的角色,其传播机制涉及信息的生成、发布、传播和影响的过程,不仅是信息传递工具,更是社会变化的晴雨表。本章从网络舆情的引发因素出发介绍这一问题。

2.1 网络舆情的引发因素

网络舆情是在互联网上流行的舆情,是网民对现实生活中某些敏感的、热点的问题所表达的不同看法、言论和情绪,其发生往往并不是偶然的、由单一因素导致的后果,而是多种因素共同作用的结果,经济环境、社会环境、网络技术环境、网络媒体组织环境、网民素质等都会对网络舆情的发生起着各种或限制或助推的作用。要想了解网络舆情的传播,就必须从这些能引发、限制或助推网络舆情的因素出发,深入了解网络舆情传播的内在机制以及引发网络舆情的各种因素。[①]

2.1.1 事件本身

事件,简单概括,就是已经发生的事情,就是在特定的时间和特定的地点发生的具体事情(如具体行为或具体情况),可以是突发的、自然发生的自然灾害,也可以是突发的或者计划的人为的社会活动,可以涉及个人或组织、自然现象或社会现象等多种类型,是网络舆情产生的核心因素。[②] 可以说,事件的存在或者说事件本身是网络舆情生成的前提,没有事件也就没有讨论的起点。[③] 譬如,2023年12月哈尔滨第25届冰雪大世界开园后不久发生"游客退票风波",部分南方游客要求退票的视频在网上迅速传播引发关注,该突发公共事件的发生不仅涉及当地寒冷的自然环境,也涉及景区的预约机制、管理机制等众多因素,因此该公共事件是由自然、人为和经济等多种原因引起的突发舆情事件。

---

① 袁野,兰月新,张鹏,等.基于系统聚类的反转网络舆情分类及预测研究[J].情报科学,2017,35(9):54-60. DOI:10.13833/j.cnki.is.2017.09.009.

② 虽然前文介绍过,网络舆情的客体包括人物、事件和现象,但在这三者中,事件居于核心地位,因为即便网络舆情的客体是某个人物或某个自然现象,这个人物或者自然现象一般也是被置于某个事件中或在某一个事件发生之后被关注的。

③ 张一文,齐佳音,马君,等.网络舆情与非常规突发事件作用机制——基于系统动力学建模分析[J].情报杂志,2010,29(9):1-6.

2.1.2　事件性质

作为网络舆情的核心,事件本身是重要的,但并不是有了事件就一定会产生舆情,有的事件极易引发网络舆情,有的事件却无法引发网络舆情,或者即便引发了网络舆情,也可能是比较轻微和短暂的。网络舆情的出现,通常是事件本身和事件的性质共同作用的结果,事件性质不同,舆情的性质以及产生与否也就不同。事件性质指的是事件的特征和影响,如事件的争议性、相关性、重大性以及感染力等,从这些性质就可以看出,事件的性质决定了该事件能在多大程度上影响公众的情绪反应并进而引起公众的关注。[①] 再次以哈尔滨冰雪大世界退票事件为例,在该退票风波中,如果仅仅是单纯的退票并不会引发太大的关注,但因为退票的理由还包括"天气冷"等原因,伤害了热情好客又热切地盼望靠旅游得到关注以拉动经济增长的东北网民的感情,这样看来,该退票事件的性质就严重了,自然也很容易引发广泛的网络舆情。因此,事件本身以及事件性质共同引发了网络舆情。

2.1.3　媒体报道

除了事件本身以及事件性质在引发网络舆情的过程中发挥核心作用之外,媒体报道也在这一过程中扮演重要角色和发挥重要作用。作为权威信息提供者、热点话题聚焦者、话题框架塑造者、事件内容深化者以及公众情绪激发者,媒体报道对于引发网络舆情至关重要。[②]

首先,媒体报道,尤其是正规媒体的报道,通常被认为是权威和可信的。因此,当某事件发生以后,如果是某普通网民在网上发布信息,可能并不会引起多少关注;但如果该事件被某正规媒体(如人民日报)通过网络报道出来,公众一般会倾向于相信该报道,并且在该报道的基础上将事件信息进一步通过网络传播下去,从而加强信息引发的舆情效应。

其次,与普通网民不同,媒体会根据自身的特点和要求对了解到的事件进行筛选。因此,公众看到的报道都是经过媒体筛选的,这种筛选和选择能够聚焦公众的注意力,最大程度地放大事件的影响力,影响公众对事件的理解和情感反应。

最后,媒体不仅会在报道之前筛选事件,在报道的时候也会选择呈现信息的角度和框架,而公众对事件的意见和情绪在很大程度上受制于报道的角度和框架,报道的角度和框架不同,公众对事件的认知和态度就会不同(若媒体强调某事件的负面影响,公众则很可能对该事件抱有负面的看法和态度;而若媒体强调某事件的正面影响,公众便很可能对该事件持有正面的看法和态度)。

---

① 王明珠,刘怡君,郭林江.基于演化博弈的网络舆情"时、度、效"治理研究[J].管理评论,2023,35(8):315-326.DOI:10.14120/j.cnki.cn11-5057/f.2023.08.002.
② 马乔川子.突发事件与媒体报道[J].新闻研究导刊,2016,7(15):67;18.

2.1.4　报道形式

除媒体自身之外,媒体报道的形式也会引发网络舆情。媒体报道形式可以从不同维度进行分类,例如从内容类型来分,可分为新闻报道、专题报道、访谈与对话、专栏与博客等;从媒介形式来分,可分为文字报道、音频报道、视频报道、多媒体报道等;从目的或角度来分,可分为娱乐报道、宣传报道、教育报道、信息传递报道等。[①] 当然,以上分类并不是互相排斥的,一个媒体报道可能同时属于多个分类,譬如,与2023年冬季至2024年春季"哈尔滨出圈"事件有关的某个视频,既可以是专题报道,也可以同时采用访谈形式,甚至可以是以娱乐形式出场(见2024年中央电视台春晚小品《咱家来客了》)。在以上报道形式中,除了新闻报道这种最常见的报道形式以外,其他诸如社论、专栏、调查报道、直播报道以及多媒体报道等形式,从内容到互动方式都会引发网络舆情。当然,报道形式不同,效果也会不同。

首先,图片、音频和视频报道等多媒体元素的报道形式往往比文字报道形式更吸引人,这种报道更突出视觉和听觉的呈现效果,也更容易引起情感共鸣。例如,一段冰雕师傅在寒风中进行冰雕艺术创作的视频现场往往比文字描述更加震撼,更加能使南方游客体会到冰雕艺术品的成本和价值,从而更加深刻地反思"冰雪大世界退票事件"。

其次,媒体报道的标题和内容的呈现方式不同,能否引发舆情以及所引发舆情的强度也可能不同。譬如,深度报道所提供的信息更全面、更细致,因而往往有助于引发公众长久的关注与思考,而浅度报道则可能只会引起短暂的关注;严肃的报道标题可能很符合专家学者的阅读习惯,夸张的报道标题和报道内容虽然可能不符合专家学者的阅读习惯,却可能更符合一般网民的需求(不排除夸张和"标题党"现象可能会引起部分公众的过激反应),从而影响网络舆情的质量和方向。

最后,可以进行互动的媒体报道往往比单向传递的媒体报道更加有吸引力。智媒体时代的公众不仅能接收媒体报道提供的信息,还能通过在线评论等互动功能参与讨论和传播,也能通过人工智能等学习功能自主查阅和学习,从而进一步消化信息,这无疑可以加强信息的传播效果和影响力,有利于网络舆情的形成,如抖音直播。

2.1.5　首发平台

首发平台指的是媒体内容最初发布的平台或者说地方,这些平台可以从不同的层面进行分类,例如从媒介类型来分,可分为印刷媒体平台、电子媒体平台、数字媒体平台;从传播渠道来分,可分为传统媒体平台、新媒体平台;从产权性质来分,可分为公共媒体平台、私有媒体平台、非营利媒体平台;从受众定位来分,可分为大众媒体平

---

① 文颖.探析电视媒体报道形式的创新[J].传媒论坛,2020,3(10):1;3.

台、专业媒体平台、地方媒体平台；从技术形态来分，可分为静态内容平台、动态内容平台以及交互式平台等。[①] 首发平台不同，事件报道的影响也就不同，对引发舆情的影响也就不同。[②]

首先，首发平台的用户基础决定了信息传播的范围、速度和方向。用户基础可以简单地以用户基数和用户特征来说明：用户基数决定了信息传播的范围——拥有庞大体量且活跃度较高用户群的社交媒体平台，其发布的信息可以被广泛且迅速地扩散；用户特征则决定了受众定位以及信息传播的方向——不同的首发平台其用户特征和目标受众有所不同，如传统媒体平台（如电视和报纸）可能更受中老年人喜欢，而社交媒体平台可能更被年轻群体所关注，再如知乎的用户群体和抖音的用户群体可能是截然不同的，因此，相同的信息在知乎和抖音两个平台上可能会引起完全不同类型的讨论，进而舆情的走向也就十分不同。

其次，首发平台的传播机制决定了信息传播的内容和深度等。首发平台的传播机制涉及信息内容的创建、发布、分发以及接收，首发平台不同，传播机制也就不同（见表2-1）。[③]

表2-1 传统媒体平台与社交媒介平台作为首发平台的不同点

维 度	信息创建编辑维度	信息发布机制维度	信息分发渠道维度	信息接受阶段维度
传统媒体平台	由专业记者和编辑提供内容的传统媒体平台创建的信息往往比较专业和严谨	传统媒体平台往往因为发布信息的时间比较固定而错失最佳的发布时间	传统媒体平台直接向当时、当地的受众传播信息	传统媒体平台主要进行的是单向传播
社交媒介平台	由普通网民自行创建生成的信息内容相对比较松散和自由	社交媒体平台因为可以实时发布最新消息而能快速响应事件	社交媒体平台可以通过邮件订阅和新闻聚合服务等向异时、异地的广泛受众间接分发信息	社交媒体平台可以在允许受众评论、转发和点赞的过程中实现参与者积极性更高的双向互动

需要提出的是，在智媒体时代，算法和内容推荐机制对信息传播的影响是非常突出的，很多平台的算法都可能倾向于推广热点和有争议的内容，这对舆情形成的引发作用是毫无疑问的。

2.1.6 网民体质

本书中所谓的网民体质就是惯常所说的网民相关度，也就是两个事物之间相互

① 刘云飞.媒介平台的类型与需求响应[D].广州：暨南大学,2014.
② 陈建飞.移动优先战略下,新媒体首发制的误区与提升路径[J].中国记者,2017(12):74-77.
③ 金飞.马克思主义新闻观与中国网络舆情管理研究[D].武汉：湖北大学,2019.

联系的百分比数值,是影响信息传播和引发舆情形成的关键因素,是网络事件、话题或信息与网民的兴趣爱好、利益需求等的契合程度和关联程度。[①] 当一个事件或话题与网民的个人特质以及生活紧密相关时,它的网民相关度就会非常高。

这里首先解释一下为何要把网民相关度称为网民体质。体质的概念也是源于医学,指的是个体在生理和心理上的固有特征以及倾向,与遗传因素有关,也与后天保养有关。体质不仅反映了个体的健康状况,也反映了个体适应内外环境变化的能力以及对疾病的易感性,不同的体质对抗病毒侵袭的效果也不一样。与之类似,不同的网民因受教育程度不同、性别不同、年龄不同、心理状态不同,其分辨舆情信息、对抗舆情信息侵袭的能力也是不同的。有鉴于此,本书将他人研究中所说的网民相关度称为网民体质。

在网络舆情中,某些事件或话题,譬如明星八卦(针对追星族等人而言)、热门产品(针对科技爱好者和消费者而言)等的网民体质或者说网民相关度通常很高,一些与公众生活密切相关的社会政策变动(如教育政策变动、医疗政策变动等)以及对公众影响很大的公共事件(如重大交通事故、自然灾害等)的网民体质或者说网民相关度通常也很高,这些事件或话题通常更加容易引起网民的共鸣,从而通过一些环节最终在一定程度上影响或引发舆情。

首先,如果事件或话题的内容高度契合网民的兴趣爱好、情感倾向以及利益需求,尤其当内容触及网民的情感或经历时,更容易引起网民的强烈共鸣,使网民产生评论和分享的欲望,导致信息快速扩散。公众更倾向于接受并传播这些信息。尤其是在智媒时代,现代社交媒体和新闻平台越来越多地通过算法向用户推荐个性化的内容,导致事件或话题的网民体质或者说网民相关度越来越高,高度相关的信息更容易出现在用户的信息流中,这会大大提高用户观看、分享信息的概率,从而引发舆情。

其次,在舆情事件发生初期,因与网民相关度比较高而引起小范围的讨论之后,社交网络中的群体行为就可能会对这一舆情事件的传播推波助澜,使事件引起更多媒体和公众的关注,导致不断有新的信息加入,涉及的信息越来越多(譬如专家评论和官方回应等),这些信息可能与其他网民的相关度很高,从而使得更多的网民参与到对舆情事件的讨论中来,如此反复循环,会使越来越多的网民参与到舆情事件的传播中来,最终使事件升级成更广泛的舆情事件。

2.2　网络舆情发展阶段

由前文可见,从事件到媒体再到网民,会一步步推动舆情事件的传播,影响舆情走向,而网络舆情一旦开始萌生,往往会迅猛发展,这与急性传染病的传染很类似。一般来说,急性传染病的病程要经历潜伏期、前驱期、症状明显期和恢复期四个时期

[①] 韩瑞雪. 网络舆情传播影响因子研究[D].长春:吉林大学,2018.

（如果再加上可能的复发期和后遗症期,病程也可以变成六个时期）。[①] 网络舆情的发展或者说传播也至少可以被划分为类似于此病程的六个阶段,即潜伏阶段、前驱阶段、爆发阶段（症状明显阶段）、恢复阶段、复发阶段以及后遗症阶段。这六个阶段反映了网络舆情如传染病一般发展的生命周期,其中每个阶段都有其特定的特点,把握这些阶段有助于我们理解信息通过社交网络获得"病毒式"增长的内在机制,是分析和应对舆情危机所必需的一步。

2.2.1　网络舆情潜伏阶段

潜伏阶段是宿主首次接触到病原体,病原体从进入宿主体内开始到首次出现临床症状之间的阶段。[②] 在这个阶段,病原体（配体）虽然已经开始在宿主（受体）体内复制和繁殖,但数量尚未达到引起宿主（受体）病变或出现临床症状,宿主（受体）从接受抗原刺激开始到此时,血清中还没有检查出特异性抗体。这个阶段的时间范围不定,可持续几个小时乃至数年,持续时间的长短要视病原体（配体）的性质、病原体（配体）进入机体的途径以及宿主（受体）的状态等而定。也就是说,病原体不同或宿主不同,传染病的潜伏时间也不相同,有的宿主可能很快发病,有的宿主则要很久才会发病。

网络舆情的出现和开始与病原体这种最初的进入和潜伏很类似。网络舆情事件开始出现可能仅仅是源于一个社交媒体话题或博客文章,也可能是源于关于一个现实事件（现实事件通常有具体的发生地点和时间）的网络讨论,但无论网络舆情事件是否源于现实事件,首先都必须在网络上以一个网络事件（网络事件是在网络空间发生并且传播的事件）的形式体现出来。但很多时候,网络舆情事件信息（网络舆情配体/客体）的初次出现并不会马上引起公众的注意,舆情信息首次被披露以后或者没有得到任何传播,或者即便被传播了,也只是极为随意的点赞或者转发等,且限于很小的范围内,尚未被公众深究。这时的舆情信息就像是病毒（网络舆情配体/客体）刚刚入侵宿主（网络舆情受体/主体）但宿主尚未表现出明显的临床症状一样,呈现出温和、静默的特点。

2.2.2　网络舆情前驱阶段

前驱期是从宿主发病开始到临床症状明显期开始为止的时期。这个时期通常会持续1～3天（当然,有些病发作得很急,并没有前驱期）。在这个时期,宿主之所以出现临床症状,是因为病原体在宿主体内已经复制到一定数量,对宿主造成了影响,从

① 石淑惠,图门乌力吉,崔晓迎.浅述现代医学与蒙医学对急性传染病病程发展阶段性的认识之异同[J].中国民族医药杂志,2005(2):46-47.
② 石淑惠,图门乌力吉,崔晓迎.浅述现代医学与蒙医学对急性传染病病程发展阶段性的认识之异同[J].中国民族医药杂志,2005(2):46-47.

而使宿主出现诸如头痛、发热、疲乏、食欲不振等各种非特异性的临床表现,暴露出宿主已经受到病原体侵害的事实。①

网络舆情的第二个发展阶段与传染病病程发展的前驱阶段很类似。在这个阶段,因为更多相关舆情事件信息(舆情配体/客体)的加入,网民(舆情受体/主体)会对该舆情事件产生新的认识,会从过去的"无感"变得"有感",即,或者非常喜欢,或者非常厌恶等,也会对该事件(尤其是消极事件)产生心理上的对抗,这种对抗反应体现在网络中就是点赞、评论和转发等,于是舆情信息得到进一步扩散,呈现出舆情的前驱或者说前兆阶段。

2.2.3　网络舆情爆发阶段

在某些传染病中,大部分急性传染病患者度过前驱期后会直接转入恢复期,仅有少部分患者会转入症状明显期,并呈现出传染病特有的临床症状和体征,如皮疹、肝脾肿大和黄疸等。② 这个时期是宿主临床症状最严重的时期,通常也是病原体在体内快速增长、抗体水平不断上升、免疫系统正在与病原体积极对抗的关键时期。

借用到网络舆情中,很多网络舆情在经过前驱期后会直接转入恢复期,舆情自行消退,但也有少部分网络舆情经过前驱期后进一步恶化,这是因为在这种舆情事件里,后来传播的舆情信息过多,破坏力过大,彻底激怒了网民,导致部分网民放弃单纯的心理和语言对抗,走上街头,进行示威游行这种身体上的对抗,致使舆情从线上转到线下,从非暴力走向暴力,进入高峰期,进入网络舆情的爆发阶段(或者也可以称为网络舆情的舆论形成阶段,因为这个阶段的舆情控制不好的话,零散的、不一致的言论就可能转变为意见一致的舆论)。这个阶段网络舆情的特点是:舆情信息内容变成热点,信息被主流媒体不断曝光,舆情传播速度达到最大,舆情信息受众达到最多,公众参与度和讨论热度达到峰值,讨论从线上扩散到线下,演变为过激行为。

2.2.4　网络舆情恢复阶段

恢复期是指宿主身体的免疫力增强到一定程度,宿主的免疫系统开始克服病原体,身体的病理生理过程基本停止,临床症状基本消失,宿主开始恢复正常健康状态的时期。当然,恢复速度要视个体的健康状况以及是否接受了适当的治疗而定。在这个时期,虽然宿主体内可能仍会有残余的生化性改变或者病理性改变,病原体也还未被清除干净,传染性还会持续一段时间,但宿主的食欲和体力都已经逐渐恢复,血

---

① 石淑惠,图门乌力吉,崔晓迎.浅述现代医学与蒙医学对急性传染病病程发展阶段性的认识之异同[J].中国民族医药杂志,2005(2):46-47.

② 石淑惠,图门乌力吉,崔晓迎.浅述现代医学与蒙医学对急性传染病病程发展阶段性的认识之异同[J].中国民族医药杂志,2005(2):46-47.

液中的抗体效价也上升到最高水平。[①]

将该理论借用到网络舆情中,即网络舆情在经历过高峰期,也就是爆发期以后,因为内部的对抗效应已经达到最高水平,网民也获得了对抗的部分胜利,这个时候网民的心理得到安抚,虽然还有小部分网民会有一些激进的言论和行为,但整体来说,网民的言论渐趋平和,行为逐渐冷静,舆情效应开始逐渐消散。如果不出意外,该舆情事件会逐渐终结。归纳起来,这个阶段网络舆情的特点是:信息内容已经被广泛认知,虽仍有相关讨论和分享,但热度和频率均有所下降;随着其他舆情信息的出现,该舆情信息的公众关注度逐渐下降。

2.2.5　网络舆情复发阶段

复发阶段指的是身体已稳定恢复一段时间的一些传染病患者,因其体内潜伏的病原体再度繁殖,身体再次出现临床病症的时期。[②]

将该理论借用到网络舆情中,即网络舆情热度虽然已经下降了一段时期,但又出现了新的信息,刺激了网民的情绪,舆情热度再次提升。其实,同传染病经常会复发一样,网络舆情也会复发。很多的舆情事件都是如此,明明经过一段时间以后,网民的情绪已经稳定,兴趣点已经开始转移,但这时候突然又有一个与之前的舆情信息相似或相关的信息爆发了,这就又勾起了网民对之前事件的回忆,于是情绪再次被点燃。

2.2.6　网络舆情后遗症阶段

后遗症期指的是传染病患者在病程恢复期结束以后,身体功能未能恢复到正常状态的很长的一段时期。[③] 在后遗症期,虽然病原体已被清除或控制在不会发病的极低水平,但抗体还会存在并持续发挥作用,如:免疫调节;中和剩余的病原体,减轻炎症反应;参与清除受损细胞和组织,促进健康组织再生等。尽管抗体在后遗症期能为机体提供重要的保护和调节作用,它与免疫系统的过度反应等却常常会引发相关的后遗症。

结合运用到网络舆情中,即虽然网络舆情事件已经落下帷幕,但舆情期间带给网民的记忆和创伤依然存在,一旦网民再次触碰到类似的事件信息,可能还会出现心理不适。当然,因为已经有了承受此类事件的能力,所以多数情况下网民可以通过心理

---

① 石淑惠,图门乌力吉,崔晓迎.浅述现代医学与蒙医学对急性传染病病程发展阶段性的认识之异同[J].中国民族医药杂志,2005(2):46-47.

② 石淑惠,图门乌力吉,崔晓迎.浅述现代医学与蒙医学对急性传染病病程发展阶段性的认识之异同[J].中国民族医药杂志,2005(2):46-47.

③ 石淑惠,图门乌力吉,崔晓迎.浅述现代医学与蒙医学对急性传染病病程发展阶段性的认识之异同[J].中国民族医药杂志,2005(2):46-47.

调适以及理性的言行、总结反思来应对不适,争取自己的正当权益,而不至于再次冲动到付诸网络暴力或示威游行。

当然,如果不考虑从疾病的传染特性来划分网络舆情的发展阶段,则还可以依照被普遍认可的类似于生命周期的发展阶段四分法,将网络舆情的发展阶段划分为网络舆情的萌芽阶段、网络舆情的成长阶段、网络舆情的爆发阶段、网络舆情的衰退阶段(见后文)。本书后文将主要以这种更易被人接受的四分法展开,间或结合上述的六分法进行必要的说明与补充。

2.3　网络舆情传播模式

了解了网络舆情传播的各个阶段以后再来看网络舆情传播的模式。简单地说,网络舆情传播模式就是指信息在网络中的传递方式和传递路径,涵盖从信息产生、发布到被广泛接受的整个过程。有相关研究解构了网络舆情的传播模式,将网络舆情传播模式分为单核心型、链式型和多核心型;[①]也有人从微博信息传播过程出发,根据微博信息传播的多元化特点,认为网络舆情传播具有多维度、互动性等特点,存在一对多、多对多等传播模式。[②]本小节将基于后一种研究,将网络舆情的传播模式分为六种并分别进行介绍。

2.3.1　一对一模式

网络舆情传播的一对一模式一般是指在网络沟通和舆情传播的环境中,信息的发送者和接收者之间进行直接的、个别的交流,舆情信息从一个单独的发送者直接传播给另一个单独的接收者。这种模式通常体现在个体之间的直接交流中,在更加个性化的沟通方式(如电子邮件、即时消息等一对一的通信方式)中体现出来。与传统广播式的一对多或社交媒体中多对多的传播模式不同,在一对一的模式中,信息传播更加直接、更加详细、更加深入、更加具有个性化色彩,当涉及敏感话题以及亲密话题的时候尤其有用。也正是因为这种模式强调的是个体间的直接沟通和互动,所以在处理个别咨询、顾客投诉等方面尤为有效,对于舆情管理和客户关系维护具有重要意义。

举一个简单的例子。假设一位顾客(甲)网购了一只智能手表,对手表的质量感到不满意,一般情况下,该顾客会在网购平台直接找商家客服(乙)理论,而不会直接将自己的不满散布到人尽皆知。如果乙能够第一时间回复甲,详细聆听甲的意见,提供解决方案,甲大概率不会将自己的不满情绪发布到产品评价区或者发布到第三方

---

① 周昕,黄微,滕广青,等.网络舆情传播模式解析与重构研究[J].情报理论与实践,2016,39(12):25-30. DOI:10.16353/j.cnki.1000-7490.2016.12.005.

② 朱梦月,丁一琦,张明君.微博信息传播特点与模式分析[J].遵义师范学院学报,2020,22(1):172-176.

平台让其他人(譬如丙)知道,此时,舆情信息交流局限在甲(信息发送者)和乙(信息接收者)之间,没有其他人参与这个对话,影响没有被扩散,事件还能在比较友好的状态下获得解决。因此,相对于其他交流方式来说,这种直接的交流方式不仅更有助于快速解决问题,减少负面情绪的扩散,也能让商家更好地把握顾客的需求和不满,进而对产品和服务进行改进。这就是网络舆情一对一单点传播模式的好处。

2.3.2　一对多模式

网络舆情传播的一对多模式是指在网络沟通和舆情传播中,信息的发送者向多个接收者传播信息的沟通方式,这时候,信息是从一个单一的发送者传播至多个接收者,信息的传播是在公开的平台或渠道发布,能够被很多公众接收和分享。因为可以快速扩散信息,影响公共意见,单点对多点的模式在社交媒体发帖和新闻发布等情境中很常见,很多名人、新闻媒体和官方账号都愿意利用这种模式发布信息,使自己的一言一行被迅速传播开来,产生显著的舆情影响。除此以外,一对多的模式也常被用在推广产品、品牌或传递重要信息方面。当然,因为其影响(无论是正面影响还是负面影响)比较大,也就意味着该模式要求信息的发送者对发布的内容负责。

依然以 2.3.1 小节的例子进行讲解。假如顾客甲在向客服乙反馈了以后,没有从乙处得到合理的答复,甲很可能会到商品评价区去吐槽,将双方的谈话内容截图以及产品的不良信息发布出去,其他消费者就能看到甲的分享,并以此来决定是否还要继续在这家店铺购物。这个过程就是一对多网络舆情传播模式的例子,其中,顾客甲是信息的发送者,是信息的源头,他的账号是信息发布的“一点”(即单点);而其他消费者,如丙,丁……因为看到了这条评论,成为信息的接收者,他们的账号就是信息接收的“多点”。这种信息传播方式使得顾客甲能够把信息迅速传达给更多受众,进而影响他们对该店家和商品的认知以及最终影响到其购买决策。

2.3.3　多对多模式

网络舆情传播的多对多模式是指信息在网络中的传播不是由单一发送者发出,而是由多个发送者发出,并被多个接收者接收的一种互动、动态的,多个个体之间相互交换和分享信息的方式。很显然,在这种模式下,每个参与者都是信息的发送者,也都是信息的接收者。这种模式在社交媒体平台、论坛、评论区等非常常见,用户可以在其中自由地发布内容,回应他人的帖子,共同讨论某个话题。

依然以 2.3.1 小节的例子进行拓展。假如其他消费者丙、丁、戊看到甲的留言以后,对这个话题非常感兴趣,可能会将此评价转发到其他的社交媒体平台上去,于是,其他社交媒体平台的用户,譬如己、庚、辛也接收到了这个评价信息,并且对丙、丁、戊的帖子进行了公开评论,因为评论是公开的,所有看到原帖子的人都可以看到这些评论,于是,更多的信息在更多的网民之间传递开来,这就是多对多的交流。

2.3.4　多对群模式

网络舆情传播的多对群模式是指多个发送者针对特定的群体进行信息的传播，这时候，来自多个发送者的信息在网络上传播开来，进而影响到这个特定的群体，最终影响到整个群体的意见。这种模式通常是通过论坛、评论区以及社交媒体等平台进行信息交换，最终对一个更大的群体产生影响。

继续以 2.3.1 小节的例子进行拓展。假如己、庚、辛是智能手表的疯狂爱好者，他们加入了关于智能手表的网络社区（壬），当他们知道了甲的评价以后，觉得该评价很有意义，于是纷纷到该社区中吐槽和分享自己的想法；而社区（壬）的成员多是专注于智能手表开发的专业人士，己、庚、辛的吐槽会引起整个社区成员的关注和研讨，并最终在社区（壬）内部形成对这款智能手表的新的认知。这就是强调网络舆情传播的互动性和集体性的多对群模式。可以说，在多对群模式中，不同的意见和声音在网络空间中相互作用、相互交织，不断改变和塑造公众的意见和情绪，体现了网络舆情传播的动态性以及复杂性。

2.3.5　群对群模式

网络舆情传播的群对群模式指的是两个或多个身份不同、兴趣不同、观点不同的群体在网络上就特定话题进行信息的传播和交流，常见于社交媒体和公共论坛上的公开讨论，通常涉及集体意识形态的碰撞。在这种模式中，信息的传播不是发生在个体之间，也不是发生在一个群体内部，而是横跨不同的群体，是群体（壬）和群体（癸）乃至更多群体之间的对话或辩论，该模式有助于揭示不同群体间的观点差异，有助于形成建设性话题并使不同群体能够在话题中相互学习，也有助于不同群体中的公众学会运用其他视角理解复杂话题。这种模式充分展示了网络舆情的多元化和复杂性。显然，这种群体到群体的信息传播模式有助于达成共识以及社会进步，也有利于中立观众或其他少数意见群体在二者的影响下形成自己的看法。当然，这种模式也有其弊端，即在缺乏有效沟通的情况下，可能进一步激化双方的立场，导致信息的极化以及更加尖锐的对抗。

一个很典型的、能体现群体到群体模式特点的案例就是关于环境保护议题的舆情。因为在一般情况下，关于环境保护往往会出现两种不同的声音——支持或者反对。支持者认为，如果一个工程项目能够促进经济发展和创造就业机会，这个项目就是可取的，持有这种观点的人往往包括地方居民、企业家、某些政治人物等，他们会组成一个支持群体，在社交媒体等平台上发声，通过提供论据表达自己的观点，即经济利益和经济发展比环境保护更加重要；反对者则认为，如果一个工程项目可能会严重破坏生态和环境，这个项目就是不可取的，持有这种观点的通常有科学家和环保主义者，他们也会通过社交媒体等平台说明环境保护的科学性和紧迫性，甚至还会通过公开讲座和新闻报道来强化这种认识。这两个群体在社交媒体、论坛和博客等平台进行跨群的讨论和辩论,他们反驳对方以及支持自己的论据,这样不仅可以促进公众对环境保护问题加以关注,也可以引发公众对于经济与环境政策的制定、科技的创新以及企业伦理、社会责任等多方面的社会讨论。

2.3.6 病毒式模式

网络舆情传播的病毒式传播模式是指舆情信息在社交网络上像流感病毒一样被迅速而广泛地传播。该模式不依赖于特定的群体,也不依赖于单一的传播渠道,而是依赖于信息自身的吸引力以及网络用户的广泛参与。在这种模式下,新奇有趣的信息内容吸引大量网民自发分享,导致舆情信息在社交网络、论坛、聊天 APP 上飞速扩散。

表 2 - 2 简单地对比了后四种复杂的网络舆情传播模式的区别。

表 2 - 2 四种网络舆情传播模式差异比较

模 式	多对多传播模式	多对群传播模式	群对群传播模式	病毒式传播模式
参与者结构	参与者是信息发送者和接收者	发送者常为个体,接收者则为群体	涉及两个以上界限明确的群体	起始于个体或小群体,信息被大量用户分享
信息流动的目的和路径	信息在网络参与个体之间流动,形成社群内部讨论	信息从多个源头流向特定群体,强调对特定话题的集中讨论	信息在不同的群体之间传播,反映了群体间的对话	信息迅速跨越结构界限而扩散
传播的最终效果	促进社群内部的信息共享和讨论	在特定群体内部聚焦特定话题,促进对信息的深入交流	揭示不同群体的意见差异,深化认识,但可能导致信息极化	飞速实现广泛传播,引发公众关注和参与

2.4 网络舆情传播的特征

前文已经讨论了网络舆情的特点,可以发现,经过复杂的网络传播,网络舆情具有信息飞沫化以及意见极性化等特点,这些特点多是从舆情信息内容的性质以及社会和心理等层面的影响角度归纳总结出来的,缺少对信息传播方式以及信息传播动态等方面的介绍。本小节将从信息传播方式以及信息传播动态等方面,从网络舆情的主体、客体和影响等角度介绍网络舆情在传播上的特征。

2.4.1 主体的集群性

在传统舆情时代,舆情通常是口口相传的,由于同一地理位置的个体在思想方面的差异很大,因而一条舆情信息很难从随机选择的公众那里得到强烈的响应。但进入网络时代以后,从传播范围上讲,舆情信息是可以与网民进行相互的"自由选择"和"自由结合"的,这导致无论网络信息多么混杂、网民多么分散,天南地北的网民总会因为"共鸣"效应在短时间内被同一条或者重要或者新奇的信息所影响,从而在同一个网络时空中一起抒发相同或相似的意见、情绪,此即网络舆情主体(网民)的集群性。[①] 这种集群性是指在网络空间里,具有相同或相似的兴趣、爱好、目标、思想及行为习惯的网民倾向于像牧场的羊群一样聚合在一起,形成稳定、有特定主题、有特定目的的社群和群体,如文字迷社群、游戏迷社群、科技迷群体等。这种网民的集群性体现了网络社会的多元化特点,并且很好地体现在论坛、博客以及社交媒体平台等互动性网络空间中。[②] 这种集群性有以下三种体现。

1. 集群聚合相同意见

网民的集群源于相同或相似的兴趣、爱好或观点,形成的是以特定主题为中心的社群。网民的聚合通常是自发的、非强制性的,网民集群内的成员一般只与持有相似观点的其他成员交流,也倾向于在群体内分享与群体观点一致的信息,这些信息会使成员对原有观念进行自我加强,可使网民"自绝"于外界信息,导致群体内观点的单一化和极化。而且在这种聚合中,网民的情绪很容易因"知音"和"共鸣"而被放大,最终导致理性的缺失,甚至导致键盘侠攻击之类的网络暴力的出现。

2. 集群呈现动态变化

网民的集群不是静态不变的,而是不断自我组织的,动态地变化聚合的,会随着信息互动以及网络环境的变化而变化,甚至随着网络环境的变化而迅速形成或解体。[③] 譬如网民集群的成员组成、讨论焦点以及活动形式焦点都可能随着信息的传递以及环境的变化而变化。

3. 集群扩大领袖影响

网民集群内部往往会有一个或几个活跃用户或意见领袖,这些活跃用户或意见领袖可以对群体中的其他成员产生较大影响,并进而再通过整个集群的集体讨论或评论及转发对社会舆论产生影响。在病毒式传播模式下,这种影响力可能是惊人的。

2.4.2 主体的隐蔽性

主体的隐蔽性是指在网络舆情中,传播主体往往可以将自己的真实身份隐藏起来,通过匿名或者伪装的方式表达自己在现实世界不敢表达的观点,传播自己在现实

---

① 刘铁英. 基于社交网络统计分析的网络集群行为实证研究[D]. 上海:上海交通大学,2021. DOI:10. 27307/d. cnki. gsjtu. 2017. 001513.

② 刘铁英. 基于社交网络统计分析的网络集群行为实证研究[D]. 上海:上海交通大学,2021. DOI:10. 27307/d. cnki. gsjtu. 2017. 001513.

③ 张红光. 网络舆情传播的七大特征[J]. 政策,2018(1):48.

世界不敢传播的信息,甚至传播虚假、暴力等恶意舆情信息。[①] 而要识别和处理这些恶意舆情信息,需要非常精细化、智能化的技术手段,这就给网络舆情的管控带来了挑战。网络舆情传播主体的隐蔽性主要体现在以下三个方面。

1. 匿名性

在网络世界中,网民通常可以在不暴露真实身份的情况下,匿名或使用假名分享信息和发表评论,这就给了网民以更加自由地表达自己观点的机会,这是社会的进步。[②]但这同时也可能给一些发表消极负面或破坏性言论的网民提供更加便利的空间,不利于养成积极的社会风气。

2. 虚拟性

网络为网民提供了一个虚拟的空间,网民在这个虚拟的空间内可以隐藏真实的自己,通过伪造身份(如伪装成专家、富豪或者受害者等),在网络上扮演成一个和平时的自己完全不同的角色,塑造一个与现实中的自己完全不一样的形象,使自己在网络世界中的行为与在现实世界中的行为完全不同。这种通过虚拟身份在社交平台发布的意见也一样可以影响舆情的强度和走向。[③]

3. 离散性

在网络中,信息的传播速度非常快,传播的范围也非常广,参与传播的各个环节的主体又独立和分散,散布在不同平台,这极大地增加了追溯信息传播主体的难度,从而导致信息的来源很难查明,难以追踪,影响舆情分析和评估的准确性。[④] 舆情主体的这种离散性使得散布虚假信息、进行网络暴力的网民所受法律和社会规范的约束力减弱,使得惩处和追责变得困难。[⑤]

2.4.3　客体的失真性

客体的失真性指的是在网络舆情的传播过程中,因信息常源于"道听途说",传递难躲开阻噪剪辑,解读受制于理解能力,使舆情客体在网上呈现出不准确性即失真性,这不仅会影响信息接收者的判断和决策进而影响舆论的形成和发展,也让网络舆情监管变得更加困难。要正确理解和分析舆情信息,就需要采取更加谨慎、更加多元化的分析方法来应对这种失真性。下面从三个方面来分析客体失真的原因。

① 张红光.网络舆情传播的七大特征[J].政策,2018(1):48.
② 王志刚,邱长波,崔晶.微博舆情情绪表达差异研究——以"中美贸易战"为例[J].情报杂志,2021,40(7):101-106;22.
③ 尹秀娟.虚拟社会的主体异化研究[D].武汉:华中师范大学,2021.DOI:10.27159/d.cnki.ghzsu.2020.000067.
④ 李敏.新媒体时代网络舆情精准治理研究[J].新闻文化建设,2021(1):143-144.
⑤ 张建新.融媒体时代领导干部应对网络舆情的策略[J].领导科学,2021(5):51-53.DOI:10.19572/j.cnki.ldkx.2021.05.017.

1. 信息常源于"道听途说"导致舆情客体失真

舆情客体受传播主体、传播载体以及查验技术等限制,在事实真相上有真假难辨的特性。① 这就像红楼梦里写的,"假作真时真亦假,无为有处有还无"。

首先,网络舆情信息来源复杂。网络舆情信息不像其他的传统媒体信息一样有明确的信息来源,网络舆情信息是从鱼龙混杂的网络渠道而来,既可能来源于正规机构或个人,也可能来自不负责任的非正规机构或个人,这种"道听途说"难以保证网络上的每条信息都是真实准确的,甚至出现大量刻意的谬误。

其次,网络舆情信息来去无踪。网络舆情信息的传播速度极快,一条信息一经发出,就可能迅速扩散到整个网络,同时也可能随时从社交媒体上潜水消失,这种高速传播及隐匿的情况让人很难在茫茫网海里追根溯源,看清全貌,验证真伪,从而为不实和不准确的信息提供了生存空间,最终导致舆情客体失真。

最后,网络舆情信息难以核验。如前文所述,因为网络舆情信息的传播速度极快,一条舆情信息可以在非常短的时间内被广泛传播,在短时间内该信息以及与之相关的信息就会迅速繁殖到不计其数,如此多信息的存在导致即便是使用人工智能等技术也无法很好地帮助网民核验信息的真伪。因为有效的信息验证机制十分匮乏,所以舆情客体的失真情况难以得到纠正。

正因为以上特点,网络舆情客体经常以失真或者扭曲的状态充斥在网络平台,有些网站甚至以制造假新闻为业,人们需要有极大的耐心对信息的内容抽丝剥茧,才能看到其本质。当数目众多且良莠不齐的信息争先恐后地吸引和争夺点击量,让阅读者感到"信息疲劳"并懒于探究时,就出现"劣币驱逐良币","真事隐,假语存",于是,舆情客体也就是事实真相被掩盖,成了仅有少数人知道的信息。

当然,目前已经有一些第三方事实检查组织出现并且致力于利用各种专业性的工具和资源验证充斥于网络之中的科学研究成果、专业数据库数据、公共记录、新闻报道以及政治声明等的真实可靠性,从而帮助网民查验信息真伪,确认信息的准确性,如人民网的"求真"栏目以及腾讯的"较真"平台等。人民网的"求真"栏目创办于2011 年,作为我国第一代事实核查机构,主要通过传统的调查研究来核查网络舆情信息的真实性,并成为其他事实核查机构学习的典范。②

作为独立于政府、新闻媒体的第三方信息核查组织,因为与信息发布者之间没有利益方面的关系,由这些组织处理网络舆情信息相对来讲更有公信力。但因为网络信息实在过于庞杂,这些数量有限、人力有限、技术有限的组织所能提供的"供给"在庞大的"需求"面前往往如杯水车薪,难解众渴。

---

① 莫祖英,盘大清.信息茧房效应对用户虚假信息识别能力的影响关系探析[J].图书馆学研究,2023(3):50-57. DOI:10.15941/j.cnki.issn1001-0424.2023.03.002.

② 罗坤瑾、陈丽帆.事实核查:社交媒体虚假新闻治理研究[J].社会科学文摘,2020(10):5-7.

2. 传递难躲开阻噪剪辑导致舆情客体失真

除了事实真相的真伪莫辨以外,舆情客体也会在信息的传递过程中被不同程度地扭曲。[①] 客体信息传递过程扭曲指的是舆情客体信息在网络上传播的过程中,因为信息传递中存在"阻噪"等问题,导致信息传播者传播有误信息,信息接收者断章取义地处理信息以及过度解读信息,致使原始信息在经过传播渠道以后发生扭曲。[②]

首先,信息传递过程中存在的"混搭私货"会导致舆情客体失真。信息是不对称和不完全的,一般情况下,每个人都会存在某种程度上的认知偏差,作为人类认知过程的组成部分,认知偏差不仅普遍且经常存在,影响人类对信息的感知、理解及记忆。因此,人们在解读信息的时候很难做到绝对客观,导致原本客观的信息常常和自身的主观认识混淆在一起,从而使原初信息变得模糊不清甚至面目全非。而这种带有主观意见的解读未必会止步于此,它可能会化为文字、图片、视频等符号,混进信息链条,成为信息噪声,影响下一步的解读。所以,信息传递链条越长,混进信息链条的"私货"就越多,而"私货"越多,舆情信息就偏离事实真相越远,最终导致舆情客体的严重失真,导致公众无法获知事实真相。

其次,信息传递过程中存在的"不当摘编"会导致舆情客体失真。智媒背景下智能手机及社交媒体的普及使社会进入信息快餐时代。当信息变成廉价且海量的快速消费品后就可被轻松地从网上获取,但信息获取的便利性也降低了人们的专注程度,使人们不再执着于一次性获得信息的全部,也使人们很难像过去一样对同一件事保持长久的注意力。注意力的有限、耐心的有限导致人们不愿像互联网络出现以前那样进行传统的深度阅读和深度思考。因此,信息制造者和传播者开始普遍追求便捷与速度,将原始信息进行简单剪辑和摘取后就投放于网络上,导致网上充斥着大量简短、孤立、断裂的碎片化信息,这样的碎片化内容不仅经常会因为失去原始语境而导致原始信息的原初意义发生"无意识的改变",致使信息接收者只能接收到表层的信息,难以对原始信息形成全面、深入和准确的理解和分析,还可能诱使制造和传播信息的网民或媒体为吸引眼球,要么有意识地使用模棱两可的表述使信息具有非常多的解释,在满足不同网民偏好的基础上扭曲信息,要么有意识地忽略一些重要事实,进行选择性的报道。而无论是"无意识的"剪辑处理,还是"有意识的"删减修改,都会因为其断章取义般地处理而扭曲原始信息,导致舆情客体失真。

当然,信息传递过程中存在的"量身推荐",虽然出发点很好,却也会为舆情客体的失真推波助澜。如今,个性化的推荐算法已被各大网络购物平台、社交媒体平台广泛应用。这种技术通过分析网络用户以往的行为和偏好等相关数据,预测其可能感兴趣的网络"食物"(话题或商品),再根据预测结果自动向用户推荐信息、产品和服务

---

① 杨冠琼.不确定性、信息扭曲与政府层级优化[J].新视野,2010(1):30-33.

② 杨永生.论信息传递中"阻噪问题"的表现与控制[J].图书馆学研究,1997(6):68-69.DOI:10.15941/j.cnki.issn1001-0424.1997.06.028.

等。推荐算法不仅有利于网民快速找到自己感兴趣的网络"食物",节约消费者的时间和精力,使网购行为更加便利,还利于使正面评价高的产品和服务得到更多的正面评价,使该产品处在积极的舆情中。但是由于个性推荐技术受到数据和算法的限制,也会有错误推荐,将负面评价高,但曝光度和点击率也高的低质商品推荐给网民,催生出该商品的更多的退货和差评,将该产品送进消极舆情。社交媒体平台则是通过个性推荐使网民更频繁地看到自己偏爱的观点和信息,如同住进信息茧房,反复倾听"同频者绝唱"。当网民听不到不同的、反驳的声音的时候,已有的偏见会被加重;当这种偏见以新信息的形态进入媒体平台以后又会进一步加重对原始信息的扭曲。如果再考虑极端或者夸张的信息更容易获得推荐的情况,这种偏食导致的信息扭曲的程度可能如盲人摸象般离谱到可悲。

由此可见,信息在从源头开始经过多个平台(尤其是个人驱动的社交媒体平台)或节点传递至最终接收者的过程中,会经历多次解包(信息碎片化)、重组(信息茧房化)、再解包(信息碎片化)、再重组(信息茧房化),经过这样一层层的传递,原始信息最终可能被扭曲得面目全非。事实上,很多新闻事件可能都是如此,在最开始发生的时候,即便某件平淡无奇的新闻事件最初是被中立机构以非常客观的态度进行报道的,但在该报道被一个有特定倾向的意见领袖用自己的方式解读并以短文的形式发布在博客上以后,该新闻事件可能会走向它的另一面。这是因为当这篇带有明显倾向性解读的短文被一次次分享后,每一次的分享都可能因为有新的评论加之于其上而加深这种倾向性,甚至出现更多的其他倾向,之后,这篇短文就可能会燃爆舆论,将事实真相扭曲得完全偏离原始报道。而在信息被扭曲的整个过程中,每一个传递节点(网民)都可能因为曾根据自身的偏好对信息进行筛选和再加工而加重信息扭曲的程度,最终加剧了舆情客体的失真。

3. 解读受制于解读环境导致的舆情客体失真

解读信息离不开包括心理环境和物理环境在内的内外环境,内外环境不同,解读能力也不同。视觉差异、听觉差异、嗅觉差异、味觉差异、触觉差异都影响公众的判断,使公众对信息做出不同解读。具体到网络上,影响对客体信息解读的主要是视觉差异和听觉差异,不同的视觉感受使网络舆情信息受众在感知舆情客体图片视频信息的时候会产生不同的感受和判断。譬如,邀请不同网民鉴别同一张网照的颜色,给出的答案可能是大不相同的。除以上这些感官差异以外,鉴别时网民的心理状态、光照的强度、手机或电脑屏幕的分辨率、亮度和色深,都会对网民的鉴定产生或大或小的影响,考虑到所有这些内外因素,鉴定结果的不同就很容易理解了。所以说,网络主体会因个体的特质(如听觉和视觉)、出身与背景、经验与认知、习俗与道德、情绪心理以及电脑硬件等因素的影响和制约而对网络中传播的同一信息产生完全不同的解读。若再加上信息传播的碎片化特征,更会加重这种解读上的分歧,从而导致信息的扭曲和舆情客体的失真,最终引发复杂的舆情反应。[①] 这种复杂多样性也成为管理和引导网络舆情过程中必须要面对的一个挑战。

2.4.4　本体的趋同性

简单来说,本体的趋同性是指不同网民的意见和情绪在网络舆情传播过程中逐渐趋于相似或一致。这种趋同的出现,与前文提到的推荐算法有关,也与从众心理、信息过载等有关,这种趋同性能为舆情打造强劲的影响力,也能加深既有偏见,造成群体意见的极端化。[②] 本体的趋同性具体表现为以下三个方面。

1. 信息内容"同质化"

要理解信息同质化就要理解认知偏误。认知偏误作为认知偏差的一种,常见于涉及情感、信仰以及价值观等的场合,是指人们更愿意相信和自己原有判断一致的信息,更倾向于以能够确认或者加强自己既有认知的方式回忆往事、搜索信息以及进行理论解释等。[③] 换句话说,认知偏误指的是一种倾向于关注和接收与自己意见一致的信息,而忽略或排斥与自己意见不一致的信息的心理倾向。之所以会出现这种情况,一是因为接收符合自己意见的信息有助于加强自己既有的信念,增加自信和舒适感,减少认知上的失调感;二是因为批评和否定自己意见的信息很容易触发人们的防御机制,为保护自己的信念不受威胁,人们倾向于忽视或否定这些对自己心理上不利的信息;三是因为关注和接收符合自己意见的信息有助于加强与自己所属社会群体的联系和认同感(人的观点往往与其所属社会群体的观点相一致),这种渴望被群体认可的社交需求也促使个体努力寻找和接受与自己意见一致、反映群体共识的信息。此外,还有一个原因,即人类的日常行为通常遵循成本收益原则,也就是要以最低的成本获取最大的收获。但走老路容易,重新评估自己的立场则相对耗时耗力,比较艰难。处理信息也是如此。处理与自己意见一致的信息很容易,而处理新信息,或者处理与自己意见不一致甚或相反的信息则相对困难。因此,为了减轻认知失调感,维持住既有的信念,避免被否定,避免相反信息给自己带来心理上不适,众多网民在搜集与解释信息的过程中通常只能关注,或者说只愿意关注并接受与自己意见一致的信息,而有意识或无意识地忽略或贬低不符合自己意见的信息。以上都是从个体,也就是信息的接收者角度谈论的。除此以外,智媒时代中个性化的推荐算法也会因总是向用户展示用户喜欢,也易于接收的信息而加剧个人的这种认知偏误。

认知偏误等心理现象的存在导致民众在选择信息时偏好与自己意见相近的观

---

① 张雅榕,罗彬. 新媒体环境中信息解读的碎片化研究[J]. 视听,2020(1):157-158. DOI:10.19395/j.cnki.1674-246x.2020.01.076.

② 刘晨音. 危机事件中网络舆情的发展与演变[J]. 新闻传播,2016(24):80;82.

③ 金璐,刘于思. 启发式效应还是领域间差异? 探索线上争议性科学和社会议题态度改变及参与意愿的影响机制[J]. 中国网络传播研究,2021(2):106-124.

点,也正是因为人们倾向于关注和接受与自己意见一致的信息,有意识或无意识地忽略或排斥与自己意见不同的信息,众多意见不同的信息在经过层层筛选和处理后,意见的多样性逐渐消失,信息在内容和形式上呈现出一致性,这就是信息的"同质化"。① 这种同质化使个体既有的意见被放大、加强,最终导致言论出现趋同性。这种言论的趋同性虽然在一定程度上能够简化信息的处理流程,加强社会的凝聚力和团结度,在出现紧急或重大事件时,可以促进民众形成共识而加快决策速度并加强行动力,达到快速进行社会治理的效果,但也会因为对不同意见和声音的限制而阻碍创新,并且在创造表面的"统一"和"繁荣"假象的同时,加剧社会的内在分裂。如果进一步考虑到被选择、被趋同的是偏颇的甚至是错误的信息,那么这种本体的趋同性对社会的误导、对民主的侵蚀可能是非常严重的。

2. 意见本体"极集化"

根据前文可知,网络舆情具有意见集束化(在社交媒体平台上,人们被引导向相同或相似的意见,形成意见的"集束")以及意见极性化(人们的意见走向两极分化)的特征,之所以出现这两个特征,是因为在舆情信息的传播过程中,在"茧房效应"等多种因素的联合推动下,出现了信息传递的"极集化"(极集,对应的英文是 polar set,是数学中的概念,从字面上理解,有"极性和集合的统一"之意,本书认为该词可以在一定程度上说明极性意见的集合和统一,故在此处借用该词来说明意见在网络舆情传播中的统一)。

"极集化"是如何说明极端的舆情意见聚在一起集中性"喷发"这一现象的?

首先,网络具有匿名功能,这使得很多极端的意见都可能被公开发布出来,而去中心化的特征也会使得极端意见随着舆情的发展而增加,中间派的思想反而可能随着舆情的发展而被边缘化,这导致整体意见趋于极端化(虽然表面上看似趋同)。

其次,网络具有匿名功能,这使得网民可以放下心防随意释放情绪。因此,网民一旦陷入某种强烈的舆情情绪中,就可能像前文所描述的那样,无所顾忌地发泄情绪,形成群体的情绪。事实上,群体情绪很有可能会导致理性探讨的减少以及情绪化表达的增多。所以说,相同或相似的情绪突然被放大和同化成群体意见的时候,就会导致意见的集合化,形成本体的趋同性。

3. 情绪本体"共振化"

在物理学中,"共振"一词用于描述一个系统在外力作用下,其响应的幅度增大的现象,尤其当这个外力的频率与这个系统的自然频率相吻合时,这个系统响应的幅度会显著增大。情绪"共振化"就是借用物理学术语"共振"来说明网络舆情主体在情绪

---

① 杨芳芳,宋雪雁,张伟民. 国内信息茧房研究热点与演进趋势:兼论静态和动态双重视角[J/OL]. 情报科学,1-13[2024-7-2]. http://kns.cnki.net/kcms/detail/22.1264.G2.20240315.1633.012.html.

上的趋同和放大的过程,以及由这种共振引起的社会破坏力。① 之所以不使用社会学和心理学领域形容心理和情感方面的术语"共鸣",而是使用"共振",是因为"共振"不仅能够反映个体乃至群体在特定情绪刺激下的情绪趋同、情绪加强以及情绪放大,还能反映出这种加强、放大带来的社会危害力以及破坏力;而"共鸣"往往侧重于个体之间在情感上的共感以及相互理解,侧重于情感的连接以及连接的深度,在汉语词汇中,"共鸣"一词通常是指正面、积极的理解和感情,而网络舆情主体之间的情绪共鸣却不一定是正面、积极的。虽然已有的一些研究也将"共鸣"一词用于描述负面、消极的舆情情绪,本书却认为使用物理学中的"共振"或许更好。

作为情绪上的一种连锁反应,情绪"共振化"很好地描述了个体的情绪状态引发其他个体趋向相似的情绪状态,并且加强这种状态,从而导致整个群体的情绪同步、强化和放大的过程。情绪共振从以下三个方面体现了网络舆情本体的趋同性。

首先,情绪是伴随着意见而传播开来的,当舆情信息传递之时,情绪也在传递之中。用户的每次点赞、分享或评论都可能会加快诸如喜悦、悲伤、同情、愤慨和憎恨等情绪在网络上的传播速度,而网民对这些相似情绪的每一次"阅读"都可能加深对自身既有意见的肯定,从而呈现出相似的情绪反应和舆情意见,形成情绪本体的趋同。

其次,社交媒体运用的个性化推荐算法使网民往往只能接触到与自己的意见、情绪相似的信息,进而加剧了情绪共振的扩散。当网民越发被既有情绪包围的时候,网民彼此之间的情绪本体就越会走向趋同。

最后,情绪共振还能刺激引发包括公益活动以及抗议示威在内的集体行动,这些由情绪共振引发的集体行动反映了公众在舆情事件上表现出的意见和情绪方面的趋同性。

2.4.5 反应的敏捷性

反应的敏捷性是指网络舆情主体能够利用便利的网络工具,迅疾的对舆情信息进行反应和应对,强调信息能够在极短的时间内就被网民互相分享和广泛传播。尤其在智媒体时代,即时通信工具已经十分发达和普及,社交媒体平台的传播机制是非常高效的,可以做到将信息实时发布、实时传播和实时接收,信息传播的速度比以往任何时候都要快,甚至可以迅速演变为线上和线下齐头并进、共同发酵的现象。这样的传播速度能为民意表达提供非常有力的工具,能帮助政府和企业快速回应社会疑问,快速发布官方信息,但是,与此同时,也会因信息的高速传播而招致谣言,加快虚假信息的扩散,对个人名誉构成威胁,给社会管理带来挑战。

1. 事件反应的迅速性

事件反应的迅速性指的是某一舆情事件从刚发生到在社交网络上被网友广泛关

---

① 刘铁英. 基于社交网络统计分析的网络集群行为实证研究[D]. 上海:上海交通大学,2021. DOI:10. 27307/d. cnki. gsjtu. 2017. 001513.

注和讨论的时间可以非常短,这是因为互联网技术和社交媒体平台所具备的特性使得网民、媒体和组织机构等在遇到突发事件时可以快速做出反应,通过点赞、评论以及转发等形式,快速参与到信息的传播之中,形成舆情主体之间的实时互动。①

首先,前文说过,智媒时代,人手一管录音笔,人手一部摄像机,智能手机的普及使众多公众都拥有了自己的录音和录像设备,可以第一时间进行现场记录。这意味着一旦发生突发事件,公众有能力做到对线下事件的迅速反应。

其次,微博、微信等社交媒体平台的活跃用户数量非常庞大,朋友圈的存在也使公众处于相互的"监视"中,这意味着一旦某个人在网上发布热点或敏感话题,该信息很容易会被其他网民发现,公众有能力做到对线上话题的迅速反应。

2. 信息发布的即时性

信息发布的即时性指的是信息在社交媒体上可以被迅速发布,并可以做到立即被广大网民接收和传播。② 这种即时性主要取决于以下三个原因。

首先,移动互联的出现催生即时发布。在智媒时代,全球有数十亿的设备可以通过互联网相互连接,智能手机以及移动互联网也早已经实现普及,这些都使得公众可以摆脱地理位置的限制,跨过山海的阻隔,实现对事件信息的随时随地的发布,实现"一机在手,天下我有"。于是,网络舆情信息的发布实现了前所未有的即时性,信息如同驾上筋斗云,瞬间十万八千里,这边刚发布,那边就被全球用户知晓。

其次,媒体平台的制度支持即时发布。因为网络信息的良莠不齐,当下,几乎所有社交媒体平台都在管理制度中规定了一定的内容审核条款,但因为人工智能的出现极大提高了内容审核的效率,所以因内容审核而带来的时间延迟总体上出现减少趋势,更不要说线上直播这样的实时发布将发布的即时性体现得一览无遗。

最后,媒体平台的设计保证即时发布。社交媒体平台经过多年发展以后,如今已经非常人性化,用户只要轻点轻触,一键复制,一键剪切,一键粘贴,一键上传,就可以完成对舆情客体信息的发布,真是毫无阻碍,一蹴而就,连老人都能轻松驾驭。

3. 信息反馈的便捷性

信息反馈的便捷性指网络用户对信息进行反馈的操作过程较为方便和容易、简单和高效,能以前所未有的速度和便利获得和应对信息。③

首先,信息反馈的方法非常简单。网络上信息源众多,如论坛、博客、新闻网站、社交媒体平台等,这些媒体平台的功能会随着技术的进步而不断增加。譬如,点击微信朋友发来的英文信息,就会弹出"翻译"和"搜索"功能,很简单就能解决语言不通的尴尬,而微信朋友圈以及微信视频号提供的点赞功能、评论功能、转发功能、分享功能

---

① 张红光.网络舆情传播的七大特征[J].政策,2018(1):48.
② 张红光.网络舆情传播的七大特征[J].政策,2018(1):48.
③ 张红光.网络舆情传播的七大特征[J].政策,2018(1):48.

也可以实现一键提交,这些功能不仅激发了信息接收者的信息反馈热情,很好地回应了信息的发布者,也加速了舆情信息的传播速度。

其次,信息反馈的规模得到提高。智媒时代,不仅点赞和转发等可以非常容易,收集群众意见也变得非常容易。譬如,金山在线表格的多人协作填写、微信群的接龙功能,这些都极大地提高了收集反馈意见的速度,扩大了信息反馈的规模。

2.4.6　影响的显著性

影响的显著性是指网络舆情的传播会对个人、组织乃至整个社会产生显著的影响。譬如,"突发事件网络舆情中,机构领导者信息前台化行为对机构公信力有显著的正向作用"。[①]

1. 影响人数多

互联网技术的普及使得不同性别、年龄、职业以及身份背景的人都可以通过手机和电脑等设备轻松上网,网络舆情能够影响的人数量众多,同时,多元化的社交媒体平台又提供了包括文本、图片、视频等在内的多种交流方式,可以吸引兴趣、偏好各异的用户。[②] 毫无疑问,这极大地扩大了舆情的受众数量,势头难挡。

2. 影响范围广

网络无形,它可以打破地理限制,使信息可以跨区域、跨文化传播,影响到远比传统媒体所能影响的更广泛的受众。[③] 这算得上穿墙透壁,跨越山海。

3. 影响时间长

因为互联网信息所需空间很小、保存成本很低,所以互联网信息一经发布,就可以长期存储、存档,即使是过去的信息也可以随时被搜到和引用。而且,尽管某些舆情信息的影响在刚开始出现的时候并不显著,但随着信息此后不断被提及,其社会影响力会逐渐显现。真的是不仅能凿空空间,也能凿空时间。

① 武澎,冯冉,王海凝.突发事件网络舆情中信息前台化行为对机构公信力的影响:信息感知倾向和信息介入的中介作用[J/OL].情报杂志:1-9[2024-7-2].https://kns.cnki.net/kcms/detail/61.1167.G3.20230202.0949.004.html.
② 张红光.网络舆情传播的七大特征[J].政策,2018(1):48.
③ 张红光.网络舆情传播的七大特征[J].政策,2018(1):48.

第3章　网络舆情的数据技术

与传统的媒体时代相比,在社交媒体和移动网络高度发达的智媒体时代,网络舆情的传播环境可谓是发生了翻天覆地的变化。从网络舆情的潜伏、网络舆情的前驱、网络舆情的爆发、网络舆情的恢复、网络舆情的复发,到网络舆情的后遗症出现,网络舆情的发展模式表明,在最近二十年,尤其是智媒体飞速普及的这十年里,广大公众的互动已经变得快速频繁、方式多样,传统媒体的舆论引导能力在新媒体环境下已经难以应对爆炸式的信息增长环境以及各种飞快蔓延的网络舆情态势。当自媒体的声音盖过了主流媒体的声音时,自媒体就会堂而皇之地取代传统媒体,入驻网络舆情首发的主阵地;而当公众倾向于在社交媒体平台参与、讨论,使自己在各类社交媒体中进一步接触到数量更为庞大的舆情意见和信息时,网络舆情的发展就会变得难以把控。这种情况下,科学监测网络舆情数据,认真分析网络舆情传播环境,无论是对于政府机构高效领导、企业单位有效运营、事业单位正常运转,还是对于公众人物人设维护,都有独特的价值和深刻的意义。

3.1　网络舆情数据类型

网络舆情数据是指通过互联网收集的包括网民的意见和情绪在内的各种舆情信息。这类数据可以有多种来源,并以不同形式存在,每种类型的数据都可以用于分析和理解公众对某一主题或事件的反应。本小节将介绍一些常见的网络舆情数据类型。

3.1.1　元数据

在舆情数据中,元数据的地位并不十分突出,但作为数据的标识符,元数据提供了数据的来源、结构和使用方式。因此,元数据就像一座库房的门牌号,成为数据管理和使用中不可或缺的一部分。

1. 元数据的概念

元数据是关于数据的数据,主要是用于描述数据属性的信息。[1] 作为可以识别、查找、评价、追踪资源的重要数据,"元数据是描述信息资源或数据等对象的数据"。[2] 通过分析元数据,可以了解信息的发布时间(如舆情事件相关报道、评论或帖文的发

① 朱莉欣,李元元.数字时代元数据的安全问题及法律应对[J].信息安全与通信保密,2024(1):42-47.
② 张敏,张晓林.元数据(Metadata)的发展和相关格式[J].四川图书馆学报,2000(2):63-70.

布时间)、信息的发布者(如发布者的账户、个人或机构的背景信息)以及信息的来源地(如信息发布时的地理位置信息)。分析元数据有助于分析舆情主体的特点、舆情时间的分布以及变化趋势,有助于分析舆情信息源的可信度和影响力,有助于分析特定地区的舆情状态。

2. 元数据的意义

根据元数据的概念可以发现,元数据只是设计信息发布的时间和来源地等信息,并不是主要信息内容,但是随着数字技术的发展、数据汇聚的日益便利化,元数据变得越来越敏感,由这些并非主要信息内容的元数据推导出的信息也越来越多。譬如,元数据可以提供数据的背景信息,其中,无论是数据的来源,还是数据的质量等,都有助于用户更好地识别和理解数据的用途,提高数据的可用性、安全性和合规性。可以说,元数据对个人权利、国家安全以及行政执法等都有重大影响,应该尽快建立健全保护元数据的相关法律,将元数据纳入数据分类分级管理和保护制度中。[①]

3.1.2 文本数据

在如今的智媒体时代,多媒体内容(如图片、视频和音频)在网络交流中的地位越来越重要,但传统的文本仍然是网络交流中最直接和最普遍的形式,能够直接反映公众的意见和情绪。作为记录和交流意见的基本方式,即使在多媒体内容中,文本元素(如图片说明、视频文案等)也扮演着关键角色,对于人们理解整体信息和情境起重要作用。如今,大部分网络平台(论坛、社交媒体、新闻网站)都以文本为主要内容,文本数据成为舆情监测的主要数据来源。文本数据主要有以下三种。

1. 社交媒体帖文文本数据

在豆瓣、贴吧、微博等媒体平台有关于电影等的海量的用户帖子,从这些帖子的文字可以看到公众对某一事件或话题的即时意见和情绪,这对了解舆情有重要作用。

2. 新闻网站文章文本数据

在线新闻网站(如光明网)的报道是权威信息的来源之一,这类报道文章包含各种新闻热点事件的独家或者非独家信息来源,其中所描述的事件的起因、经过、发展以及文章的作者对该事件发表的评论,对分析网络舆情来源有较大帮助。

3. 论坛和博客文章文本数据

论坛讨论和博客上的文章与前述提到的豆瓣帖子等有些不同,通常比较专业化,是某些领域的专家或爱好者展示自己专业知识的工具。虽然这些文章通常更新比较慢,但文章中包含的深刻的个人意见,有助于使阅读者了解细分群体的意见和情绪。此外,平台的评价区留下的大量的阅读者对博主文章的评论,也有助于了解公众对某

---

① 朱莉欣,李元元.数字时代元数据的安全问题及法律应对[J].信息安全与通信保密,2024(1):42-47.

类事件的直接意见和情绪,从而帮助利益相关者或政府掌握舆情信息。

当前,文本数据分析技术已经相对成熟,技术分析工具可以相对有效地从大量文本数据中提取出不同的意见以及情感倾向等信息。此外,因为对于文本数据不需要像对多媒体数据一样进行非常复杂的预处理,所以处理文本数据的成本相对较低,效果较好。

3.1.3 多媒体数据

相较于文本数据分析,多媒体数据分析(如图像和视频处理)不仅需要更加复杂的技术,其准确率也更低,但在智媒时代,其影响力很大,必须予以重视。

1. 图片多媒体数据

自人工智能普及以来,人人都成了艺术家,摄影、画画变得非常方便。如今,在各大网站以及社交媒体平台上都有很多图片,很多公众发布的帖子中也附带着各式各样的图片信息。相较于文本信息,此类信息可能更抢眼、更敏感,更能激发舆情,分析此类信息可能会成为理解舆情事件的关键。

2. 音频和视频多媒体数据

除图片以外,音频和视频信息也是被公众广泛关注的多媒体内容。广大用户在抖音、快手、小红书、哔哩哔哩等播客、社交媒体上分享的音频和视频正在极大地丰富着公众的网络生活,甚至成为人们每日"必需"。此类数据对公众的情感塑造有着重要的影响,成为分析和理解公众情绪和意见的重要数据依据。

3.1.4 超链接数据

超链接是文章、帖子或者网站中包含的链接,可以指向相关的信息源或进一步的数据,用户通过点击链接可以从一个文档迅速跳转到另一个相关的文档,或者从一个文档跳转到一个网页。超链接数据是通过超链接相互连接的数据,在网络环境中发挥着核心作用,它不仅在人们日常的网络浏览中发挥作用,也是网站设计等领域的重要组成元素,因为无论是文章、帖子还是网站的超链接都可以提高信息的可信度、促进社交媒体分享、影响搜索引擎的排名、加速信息传播速度、扩大信息传播范围,对舆情的传播有显著影响。因为超链接往往指向那些与当前热点事件相关的文章和新闻等,所以分析这些超链接的点击和分享频次,有助于了解公众对某事件的关注程度,因此也是一种重要的舆情数据类型。作为网上信息传播的一个关键工具,超链接的数量以及分布能反映某舆情事件的强烈程度,对于深入分析舆情意义非凡。

超链接数据一般分为七种类型,这七种类型从不同侧面反映和介入了舆情情况:文本超链接数据(如点击新闻公告中的"点击了解详情"后跳转的数据)可能有助于访客访问和查阅与文本相关的内容和背景信息,能够提高舆情信息的可信度;图像超链接数据(如点击网页上的图标弹出的图像数据)可能激发强烈的情感反应;按钮超链接数据(如点击"提交"按钮后所提交的参与调查数据)可能会直接影响舆情主体的参与程度;锚点超链接数据(如点击网页上的"返回顶部"链接的数据)能帮助用户快速找到自己感兴趣的信息板块;邮件超链接数据(如点击"联系我们"后向给定的邮箱地址发出的邮件数据)有助于收集网民的反馈以及塑造公众意见;下载链接数据(如点击"下载链接"后下载的学术论文数据)有助于提高信息透明度;动态链接数据(如点击"添加到购物车"链接后购物车内更新的内容数据)有助于商家了解市场需求等。可以发现,以上这些超链接数据都可以提升网络舆情的传播速度和广度,优化用户体验,在管理网络舆情时,应该合理利用超链接的传播特性。[1]

3.1.5 用户互动数据

用户互动数据是因用户或公众在特定的网站、应用或社交媒体平台上的使用行为而产生的数据,这些数据也能反映出网络舆情的状况。譬如,用户的搜索、点击以及数据浏览(包括用户在网站或应用的搜索框中输入的查询词、用户在网站或应用中点击链接和图片等元素的历史记录、用户在网站或应用上的浏览路径轨迹集合等)有助于了解用户的网络使用习惯和话题偏好,探寻向用户推荐信息的通道等。再如,交互数据以及社交互动数据(用户在网上填写的表单、参与的调查、点赞、评论、分享以及发布的帖子等)有助于在了解用户意见的基础上改善客户服务,将用户的不满情绪提早"消化"。

用户互动数据能提供深入的见解,帮助个人和组织了解用户的偏好、行为模式和互动趋势。以微信为例,自微信普及以来,每天在微信上点赞、转发以及评论就像每天的饭菜一样成了国人的日常所需,于是以微信为代表的社交媒体平台上充斥着大量数据,这种用户互动数据在某种程度上反映了话题或事件的受关注程度及影响程度。当然,除了以上所述用户数据,视频号等关注者的数量也是 种很重要的舆情信息,通过研究社交媒体账号关注者的数量,也可以在一定程度上直观地了解特定信息源影响力的大小。

3.1.6 社交网络关系数据

在智媒体时代,随着社交媒体平台的流行,参与社交网络活动的公众越来越多,公众不仅因此加强了原有的线下社交关系,而且还建立起新型的网上社交关系,譬如,关注、粉丝、好友、群组成员等反映用户之间相互连接的关系,此即社交网络关系。简单来讲,智媒体时代的社交网络关系主要描述的是互联网公众之间的关系,能反映

① 张天丹.网站链接数据分析与优化研究[J].牡丹江师范学院学报(自然科学版),2014(4):9-11.DOI:10.13815/j.cnki.jmtc(ns).2014.04.005.

这种关系的强度、结构和互动情况的数据就是社交网络关系数据。社交网络关系数据作为涉及公众个体之间的联系、互动以及社交圈构成的数据,在社会网络分析以及用户行为研究中具有非常重要的意义。[①]

首先,社交网络关系数据隐藏了网络舆情的源头。例如,通过分析用户间的关注关系、转发链条或社交图谱,可以分析舆情的最初起点和传播路径。当然,因为社交网络关系数据一旦被人获取,可能会被用在对个人或公众构成威胁的用途上,所以必须提供针对社交网络的个性化的隐私保护措施。[②]

其次,社交网络关系有助于确定舆情中的意见领袖。网络交流可以突破时空界限,使用户的个人动态乃至社交状态很容易被外界看到(如微信朋友圈以及拼多多的"拼小圈"等)。相较于现实社会,网络社会中网民之间的交流动态在网上有迹可循,可为舆情研究提供数据,可为确定社交关系中不同人物的角色提供新的视角和方法。[③]譬如,在微信平台上,那些非常隐秘的人际关系以及情感纠葛都可以被记录为一种关系数据存在于平台上,通过分析这些关系数据,可以分析出舆情信息的传播路径以及找到那些在朋友圈中特别有话语权的人物。考虑到这些意见领袖在舆情传播中的重要作用,可以考虑在特殊时期向其推荐有针对性的定制内容来引导舆情。

3.2 网络舆情数据来源

在网络时代,尤其是在智媒体时代,随着各种社交媒体平台的使用和扩展,很多互联网工具都会促发舆情,舆情的爆发频率高、扩散速度快。因此,要想全面把握舆情数据的概况,有必要针对这些舆情数据的滋生之地进行研究。

3.2.1 新闻网站媒体

新闻网站媒体就是以新闻业务为主要业务的网站媒体,包括地方新闻网站媒体以及中央新闻网站媒体。新闻网站媒体一般是由各类官方组织组建,其从业者一般都具备较高的从业资质,因而该类网站媒体更加专业化,所受制度约束也比较多,发布的信息相对更加权威。

当前,新闻网站媒体获取信息的主要来源包括:通讯社众多记者的报道(如新华社拥有遍布全球的记者网络,能够在第一时间获取重大新闻事件的信息,在全国乃至全球的新闻生态中扮演着核心角色,是信息快速流动的关键节点)、专家分析、官方统计和报告、民意调查和研究、公共关系发布(政府机构和企业发布的新闻稿)、社交媒

① 杨业令.面向社交网络用户属性与关系的隐私数据保护[J].信息系统工程,2019(1):72.

② 张书旋,康海燕,闫涵.基于 Skyline 计算的社交网络关系数据隐私保护[J].计算机应用,2019,39(5):1394-1399.

③ 沈洪洲,袁勤俭.基于社交网络的社交关系强度分类研究[J].情报学报,2014,33(8):846-859.

体帖子。因为新闻网站媒体在利用前述信息来源之前需要进行事实核查和源头验证,所以其发布的新闻具有较高的准确性和公正性。

首先说说中央新闻网站媒体。中央媒体机构是政府的"喉舌",通常被视为政府的声音,具有高度的官方性质。诸如新华社、人民日报、中国日报、中央电视台、中国国际广播电台以及它们各自设立的网站,这些是中国政府管理和发布国内外公共信息的平台,在国内具有极大的影响力。这些主流新闻网站发布的官方新闻报道和评论非常权威,是了解网络舆情背景数据以及官方态度的极为重要的渠道。

其次说说地方新闻网站媒体。地方新闻网站一般诞生于传统媒体时期,虽然发布的信息相对也很权威,但在管理模式以及新闻内容的生产模式等方面不可避免地留有传统媒体的痕迹。譬如,管理模式相对传统,传播渠道比较单一,"互联网思维"与"大数据思维"相对欠缺,尤其是在老边穷地区,受资金和人才限制,地方新闻网站仍然面临着较大的创新困境。[①]

3.2.2　社交媒体平台

社交媒体平台是允许公众创造、分享、传播以及交流信息(主要以图文和音视频等为主要呈现形式)的互联网平台。该平台的内容是由用户生成的,是个人网络信息的集散地,是智媒体时代极其重要的网络舆情数据收集来源。[②]

那些常见的社交媒体平台,如微信等,每天都会生成难以计数的帖子、点赞及评论等数据,其中很多数据成为网络舆情的来源,引发大量讨论。豆瓣、贴吧、哔哩哔哩等主要针对专业人士或者特别爱好群体的社交网络和社区论坛也会每天发布大量关于电影、电视等的评论,这些评论同样能够体现公众的意见和情绪,也是特定行业舆情监测数据的重要来源。抖音、快手、小红书等短视频平台同样在大众群体中流行甚广,不仅为公众提供了很多帮助和信息,也成为舆情数据的新兴来源。

3.2.3　专业论坛博客

与用户基数庞大的社交媒体平台相比,专业论坛博客的用户虽然相对较少,但其通常集中于特定的主题或行业,是众多专业人士云集的平台。这些平台上有着大量的专业信息(如科技、金融和健康等方面),这些信息可以为特定的兴趣群体提供专业的内容、深度的交流以及专家的指导(许多论坛和博客就是由不同领域的专家或狂热爱好者来管理的,这保证了它的专、精、深)。

以著名的行业论坛豆瓣为例。该平台聚集了特定兴趣或行业的专业讨论,尤其

① 麻可.融媒体环境下地方新闻网站媒体的发展路径[J].视听,2020(9):168-169. DOI:10.19395/j.cnki. 1674-246x.2020.09.082.

② 庄蕾.社交媒体平台内容创作者影响力形成机理研究[D].上海:上海财经大学,2023.DOI:10.27296/d. cnki.gshcu.2023.000008.

在电影和电视剧评论方面脱颖而出，成为引领用户追剧追影的重要参考。很多个人博客和公众号等也因能在某些方面提供更加深入的分析和评论而吸引了固定的粉丝和读者。博客或公众号上的个人意见和情绪不仅能折射出相应粉丝和读者群体的偏好，也能引领粉丝、读者意见和情绪的走向，因此也成为舆情数据的重要来源。

3.2.4　基于评论的平台

上述几种数据来源提供的舆情数据包罗万象，门类甚广。除了这些平台以外，还有一些数据针对性很强的平台，这些平台主要是基于消费者的评论而存在和壮大的。该类平台可以通过让用户评价平台提供的商品、服务或内容，帮助其他用户做出更好的选择，从而收获大批消费者和粉丝。如提供外卖评价信息的美团、提供旅行酒店预订服务评价信息的携程、提供多种服务场所点评信息的大众点评等平台上公开的用户评价，使公众能了解到海量的餐饮以及旅游信息，极大地便利了消费者；这些平台上积累的评价尤其是负面评价，也因其会点燃舆情风暴，成为监测各种产品或服务在公众心中满意度的重要数据源。此外，京东、淘宝、拼多多也都提供了消费者评价区，这些购物平台上的海量评价数据一样可以帮助相关机构和组织了解舆情。

以上这些平台通过收集用户评价，为消费者以及市场研究者提供了宝贵的第一手信息；而评论区内容的主要贡献者也正是这些平台的消费者或者说是用户，他们的评论构成了这些平台网站和 APP 的主要内容，成为其存在的基础。可以说，这些基于评论的平台与消费者是相互成全、相互成就的关系。

3.2.5　数据库和报告

数据库作为信息系统不可或缺的组成部分，广泛用于商业、教育等不同领域，是依据某种数据模型组织、描述并储存在一起的，能被多个用户共享的一种数据集合。作为有序组织的数据集合，数据库能够用于存储和检索大量信息，也可以提供一定程度的舆情信息，[①]譬如政府及各种非政府组织发布的统计数据、针对某些事件或现象提供的分析和评论等。尽管数据库的建立者和管理者通常是权威机构，但因为数据库中的信息可能是自动化采集而来，也可能是第三方机构以及用户提交而来，因此，难以保证数据库中信息的真实性和完整性，在利用数据库进行网络舆情分析的时候对此不得不加以考虑。

报告，尤其是舆情报告、行业报告，通常由专业团队或机构根据所收集到的数据整理和分析而来，可能包括相关新闻报道以及社交媒体内容等，可以揭示某事件或某行业的内部动态变化以及外部影响因素，是分析某特定事件或特定行业的重要工具，

---

① 曾燕，李凤环，李薇. 发挥自建数据库作用 架起资源与需求的桥梁——以音视频数据库资源为例[J]. 图书情报工作，2011，55(S1)：57-60.

对于利益相关者具有重大的意义。舆情报告一般着眼于长期的事件报告，[①]因此在使用舆情报告的时候，要注意其数据的可靠性，注意审慎地利用报告中的数据，结合其他信息来源进行综合分析来保证分析结果的可靠性。

3.2.6　搜索引擎痕迹

数据痕迹产生于网络用户的网络活动，搜索引擎则是处理数据痕迹最常用的工具之一。[②]但搜索引擎也有痕迹。搜索引擎痕迹是指互联网用户在使用搜索引擎时在网上留下的，包括搜索关键词、浏览历史、停留时间、点击链接等在内的历史行为记录。搜索引擎可以根据这些使用痕迹对用户进行个性化的推荐和广告推送，帮助用户提升搜索结果的准确性，提高搜索效率。

但搜索引擎痕迹会引发关于个人隐私以及数据安全的争议，并且用户在搜索引擎上的点击、搜索和浏览行为也彰显出用户对特定事件的关注程度，这就为舆情研究机构提供了一些舆情数据信息。不过，在舆情数据的提供上，搜索引擎痕迹的贡献相对较小，这是因为用户的搜索行为受多种因素影响，其搜索的内容未必反映其真实想法或偏好。譬如，搜索行为通常受到特定情境和上下文的影响，就像学者们在工作中有时候需要查找与自己观点相反的信息，有时候在帮助他人解答问题时也要进行搜索，但这些搜索痕迹并不出于他们的个人信念或偏好。所以，利用搜索引擎研究网络舆情要相当注意。

3.3　舆情数据的运用需求

舆情数据在现代社会中有着重要的参考价值，在多个领域、多个行业、多个场合以及多个场景中都有广泛的应用需求，运用好舆情数据，可以帮助各类组织和机构更好地理解公众的想法和行为，最终提升决策质量。

3.3.1　活化市场研究需求

舆情数据对企业运营的意义深远。企业舆情监测部门经常通过各种手段和工具，系统地收集和分析公众在社交媒体、购物网站发表的对某种产品和服务的意见，从而为企业进行相关市场研究提供重要信息，最终达到满足企业活化市场和品牌的

---

① 李佳. 我们要用舆情报告做什么——基于我国舆情分析机构的发展现状分析[J]. 新闻研究导刊，2017，8(20)：100-101.

② 温昱. 搜索引擎数据痕迹处理中权利义务关系之反思——以两起百度涉诉案例为切入点[J]. 东方法学，2020(6)：34-46. DOI：10. 19404/j. cnki. dffx. 2020. 06. 001.

需要,①具体体现在以下三个方面。

1. 维护品牌形象

舆情数据监测对于维护和管理品牌形象具有重要意义。舆情监测可以使品牌厂商通过分析消费者在电商平台上的各种正面和负面的讨论,获悉消费者对自身品牌、产品的感情倾向和意见反馈,在理解消费者的需求及不满的基础上改进产品、优化服务。譬如,当发现负面评论或不利信息时,品牌厂商可以做到及时回应以及进行市场公关,从而避免事态严重、品牌形象崩塌;而当发现正面评论时,也可以在更好地理解品牌强项和市场接受度的基础上乘胜追击,从而称霸市场。②

2. 了解竞争对手

知己知彼,方能百战百胜。要占领市场,不仅要对自己的市场动态进行监测,还要对竞争对手的市场动态进行监测。譬如,小米可以分析消费者对华为产品和服务的评价来了解华为产品的优势和劣势,评估对手的技术和策略,为自己获得宝贵的市场竞争情报,并在此基础上调整或者制定更加有效的市场供给竞争策略。③

3. 进行趋势预测

舆情数据监测有助于企业了解消费者在需求方面的倾向,以此为基础进行市场发展趋势预测,并在预测的基础上进行产品改良或新产品研发。智媒时代的消费者,尤其是年轻消费者,消费行为逐渐走向兴趣消费以及数字化消费,这导致他们的消费需求变化较快,他们的消费意见和反馈也常常会在社交媒体平台上反馈出来,有必要通过分析他们的留言或者帖子等,来发现市场行情的变化,然后及时进行市场趋势预测,为企业进行产品调整以及新产品开发提供思路。譬如,高科技公司小米公司可通过分析自己在天猫、淘宝、京东、拼多多等电商平台的产品售卖信息来了解消费者对小米产品的评价和诉求,在此基础上改进产品、改进服务,也可以通过分析搜索引擎的搜索痕迹来了解潜在消费者的消费诉求,进而革新技术,制造新产品。

3.3.2　深化科学研究需求

在当今社会,成功的科学研究有时候也需要舆情监测数据的加持。学者和研究人员可以利用舆情数据进行因果分析,通过梳理和分析舆情数据来探索社会现象的

---

① 李忠强.如何加强市场监管舆情监测及应急管理工作[N].中国市场监管报,2021-11-23(3).DOI:10.28075/n.cnki.ncgsb.2021.003916.

② 吴秀娟.从"三只松鼠"舆情事件看品牌形象的维护[J].声屏世界,2023(6):76-78.

③ 张玉峰,徐海峰.基于数据挖掘的竞争对手关键成功因素分析研究[J].情报理论与实践,2011,34(10):48-51.DOI:10.16353/j.cnki.1000-7490.2011.10.013.

变化规律,从而为自己的科学研究提供思路。① 网络舆情监测对科学研究的影响主要体现在以下三个方面。

1. 发现研究课题

在智媒体时代,社交网络平台可以提供海量的数据,其中包含大量与科学话题探讨、专业问题认知相关的数据,对于科学研究者来说这无疑是非常宝贵的原始材料。对这些数据进行监测可以帮助研究人员追踪科学领域的热点话题,评估该话题的研究价值,探索其未来走向。譬如,监测和分析豆瓣评分数据,可以使研究者了解某电影爆火的社会背景、技术条件、心理因素,探寻电影背后的社会逻辑。所以说,舆情数据可提供研究角度和研究灵感,从而形成新的研究课题。②

2. 检验研究成果

网络舆情能反映社会公众对科学技术发展积极看好以及消极担忧的态度,这有助于对科学研究成果进行伦理等方面的考量,对评估科学研究成果的社会价值有重要意义。譬如,金立手机虽然曾经分过中国手机市场的很大一杯羹,但是电池膨胀带来的舆论反映出该产品制造技术的某些缺陷,最终导致多个机型停售。

3. 加强学科融合

网络数据分析集合了新闻学、传播学、心理学、社会学以及计算机科学等多学科的知识,本身就是一个跨学科领域,这就为跨学科的科学研究提供了新的视角和方法。譬如,某电影爆火后,在豆瓣评分中会有不同领域的专家的解读,这有利于公众从多个学科角度全面综合的看待问题,加强了学科的融合。

3.3.3　绿化舆论引导需求

舆论场内鱼龙混杂且舆情信息真假难辨,容易使公众走向自己本并不希望的"极化舆论"。要获得一个允许自由表达且又不失偏颇的环境,就需要对网络舆情进行监测,通过这种监测发现问题,并且引导公众科学、合理地利用网络,积极、健康地传播信息,从而实现网络环境的净化或者说绿化。③ 由此可见,网络舆情数据对相关机构引导舆论、绿化舆论场意义非凡。对网络舆情监测的这种需求具体体现在以下三个方面。

1. 发现消极舆情萌芽

因为舆情监测机构可以运用舆情监测工具和技术持续追踪和分析公众在社交平

① 戴元初.品牌舆情监测:另一个新闻视角[J].青年记者,2011(22):66-67.DOI:10.15997/j.cnki.qnjz.2011.22.040.
② 周红炜.课题查新中的信息发现与检索策略[J].情报杂志,2003(3):29-31.
③ 姚丁月.突发自然灾害网络舆情演变分析及引导策略研究[D].长春:长春师范大学,2023.DOI:10.27709/d.cnki.gccsf.2022.000334.

台表达的意见和情绪,所以相关组织或公众人物就可以第一时间了解公众关注的焦点,以及公众对某些特定事件的意见和情绪。尤其是那些社会影响消极的话题,一旦燃爆,就会对社会产生巨大负面影响,必须利用舆情监测技术将萌芽扼杀在摇篮之中。

2. 识别负面舆论意见

要扼杀消极舆情先要能识别负面意见。网络舆情监测机构通过使用检测工具和技术在社交平台上识别出的负面词汇和不实信息可以有效帮助相关机构“洞若观火”,通过人工以及非人工手段加强针对不实信息的辟谣工作,减少负面舆论。

3. 整顿无序信息空间

整顿无序信息空间就是优化信息呈现方式,就是要根据舆情监测的结果来调整网络信息展示的优先级,引导公众积极地发布正面信息,同时也使那些积极、正面的信息更容易被公众接触到,这样会影响公众的意见,使公众之间的讨论向着更加健康和积极的方向发展,如同“诸葛亮治蜀”,井井有条。[①]

3.3.4　强化危机治理需求

简单地说,危机治理就是指在面对危机时采取行动,控制或缓解危机过程。因为危机会影响到相关主体的形象以及社会的正常运转,所以需要得到快速和有效的治理使社会尽快恢复正常,这就引发了用网络舆情监测辅助危机治理的需求。[②]

1. 识别危机信号的需求

所谓“山雨欲来风满楼”,大雨来前总有征兆。舆情监测需要使用技术工具和手段持续追踪和分析社交媒体等公共平台上的公众意见和情绪变化,这可以帮助相关机构识别潜在的危机信号,发现潜在的危机问题。譬如,公众对某产品的负面评论突然增多的情况,可能就会被舆情监测工具识别为产品危机的前兆,这种早期的识别使得相关机构有更多的时间提前应对,从而减少危机可能造成的损害。

2. 进行危机管理的需求

首先是发现危机成因。舆情监测数据可以揭示公众的意见和情绪,帮助相关机构理解舆情主体的需求点和关注点,推动相关机构在了解这些信息的基础上制定行之有效的应对策略,回应公众的诉求。

其次是润滑沟通交流。舆情监测可以保证相关机构与舆情主体进行有效沟通。譬如,相关机构可根据舆情监测结果选择最合适的时间和渠道发布信息,确保信息能够及时、准确地传达给公众,从而减少误解和恐慌,最终重建威信。

最后是优化行动策略。舆情监测可以帮助相关机构评估危机响应措施,监控危

---

① 奚婷.网络新闻传播中多媒体信息呈现方式的传播探讨[J].新闻研究导刊,2018,9(18):153:155.
② 李志芳,徐静蕾.公共危机应对中数据治理的热点主题分析[J].中国应急管理科学,2023(9):95-105.

机管理效果,并根据实际情况及时调整行动,进而更有效地控制危机。可以说舆情监测不仅在危机发生初期很重要,甚至在整个危机的治理过程中都发挥着重要作用,通过跟踪公众的反应来优化管理行为已经成为很多机构进行危机治理的选择。

3. 反思危机教训的需求

亡羊补牢,为时已晚。即便可以安全度过危机,但危机带来的负面影响却是不可忽视的。只有不断反思,找出危机之下深层次的矛盾并加以解决,才能避免类似危机再次发生。相关机构利用舆情监测数据归纳出的危机成因可以对广大公众形成警示,提高其未来应对类似情况的能力。

3.3.5　优化政策制定需求

国家政策作为指导和管理国家事务等方面的法规、计划和行动指导原则的集合,涉及社会管理以及公民福祉等多个方面。因此,在制定国家政策时,需要确保政策的公正性、有效性以及可持续性;而要保证政策的公正、有效以及可持续,就要考虑公众的感觉和公众的需求,因此,网络舆情监测便显得非常重要。网络舆情监测对舆情数据的收集和分析可以满足政府政策制定方面对公正性、有效性以及可持续性的要求。①

1. 提升政策的公正性

通过网络舆情监测工具和技术手段可以收集来自各大社交平台的舆情数据,从这些数据中发现公众对于特定政策的意见以及态度,譬如支持、中立或反对,可以帮助政府在制定政策时考虑和平衡不同层次公众的需求,使政策尽可能符合大多数公众的利益,从而提升政策的公正性。

2. 提升政策的有效性

网络舆情监测工具是一种跨学科的工具,因为它综合运用了包括社会学、心理学等多学科的知识,所以据此做出的政策选择就可能是考虑全面且科学的,从而保证了政策的有效性。除此之外,网络舆情监测也可以通过问卷调查等方法帮助政府及时发现在政策执行过程中出现的各种问题,及时发现公众对于特定政策的不解与抵触,通过及时地解释、沟通乃至政策调整,就会减少公众的不安,提高政府公信力,使政策的执行更加顺利。

3. 增加政策可持续性

舆情监测不仅在政策制定和实施阶段很重要,在政策的评估阶段也很重要。通过持续监测公众在社交平台对政策效果的评价和建议,借助舆情分析工具对未来情势动态的分析,政府可以及时调整、优化和完善政策,确保政策能够应对新形势,使政

---

① 孙见.网络舆论与我国公共政策制定的关系研究[D].合肥:安徽大学,2012.

策具有可持续性。

3.3.6 孵化风险预警需求

风险存在于生活的各个方面,从个人决策到企业运营再到国家管理,处处都存在风险。作为在未来的某个时间点可能出现的不利结果或潜在损失,风险尽管具有不确定性,但通过使用各种工具和方法,可以对风险进行评估,也可以采取预防措施对风险进行控制和管理;而网络舆情监测机构恰恰可以提供这种工具和方法,使得风险可以被评估、被预警。[①] 网络舆情监测可以满足不同机构对风险预警的以下三种需求。

1. 分类风险

网络世界纷繁复杂,不仅不同的意见充斥于同一角落,多样的观点也可能隐藏在同一条信息中,仅通过人工很难从复杂的社交语言中高效提取出不同的风险点,但舆情监测系统通过使用特定工具可以轻松地将风险进行分类,通过将风险归类为财务风险、法律风险、技术风险等不同方面,就可以使管理人员能够更有针对性地实时监测不同类型的风险。[②]

2. 评估风险

麻雀开会,要有商量。尽管风险具有不确定性,但舆情监测系统可以对社会中的很多风险进行科学量化与评估。[③] 譬如,舆情监测系统可以分析收集到的大量数据,从突然增加的负面评论中辨别出潜在的风险信号;可以利用自然语言处理技术分析文本中的情感倾向,从隐含的文本中识别出负面情绪;还可以通过分析历史舆情数据预测未来的风险趋势。

3. 预警风险

预警风险,狡兔三窟。发现和评估风险不是目的,预警风险、应对风险才是进行舆情监测的目的。网络舆情监测系统可以根据不同的风险类型制定相应的定性(如负面情绪还是正面情绪)或者定量(如市场占有额的下降)的预警指标,然后再为每个预警指标设定阈值,当舆情监测系统实际监测到的数据超过这个阈值时,系统就会自动判定存在潜在风险,这时候,系统会自动发出预警信号,提醒相关机构快速反应,通过采取各种预防措施以及风险应对策略对风险进行处理。[④]

---

① 兰月新,张丽巍,王华伟,等.面向风险监测的网络舆情异常感知与实证研究[J].现代情报,2022,42(3):102-108.

② 赵菲菲.基于深度学习的农业舆情主题分类及其演化趋势的风险评估[D].哈尔滨:东北农业大学,2022.DOI:10.27010/d.cnki.gdbnu.2021.000941.

③ 邢超.以风险评估防范网络舆情风险[J].人民论坛,2019(15):118-119.

④ 邹莉萍,陈富汉.基于大数据分析技术的互联网安全风险分析以及预警研究[J].九江学院学报(自然科学版),2023,38(2):77-81;123.DOI:10.19717/j.cnki.jjun.2023.02.016.

3.4 舆情数据分析处理

3.3节已经提到,分析网络舆情数据有助于活化市场研究需求、深化科学研究需求以及优化政策制定需求等,对于政府机关以及企事业单位等都有着非常重要的意义。此外,科学有效的网络舆情分析还有助于帮助公众认清真相,克服"极化",保持独立,还网络清朗天空。① 各国政府已经先后认识到网络舆情监控的重要性,纷纷大力建设网络舆情的监控体系,在智媒体时代,更是借助于信息技术实现对网络舆情数据的自动化和智能化监测,力保网络舆情数据的科学性和准确性。

3.4.1 网络舆情数据的收集工具

在当今这个信息爆炸的时代,电子数据成了企业和政府机构决策过程中不可或缺的重要资源。为了有效进行网络舆情监测,就需要广泛收集多种多样的数据,确保捕捉到的公众意见和情绪全面、完整,确保所收集数据的质量。可以说,网络舆情数据的质量为科学预测网络舆情以及准确判断舆情风险提供了基础和保障,是洞察舆论波动以及制定有效应对策略的基石;② 而要保证数据的质量,就要保证数据的准确性、完整性、规范性和时效性,为后续的处理和分析打下坚实基础。③

1. 舆情数据的质量维度

(1) 准确性

打靶的巅峰是百发百中。准确性是对数据质量最基本的要求,是要保证收集到的数据是稳定可靠的,与原始数据之间没有偏差或不存在明显不合理之处。一个简单的错误就完全可能扭曲公众对舆情的理解,因此在实践中,要细致地选择相对权威的数据来源,使用高效的数据处理工具来减少误差的产生,提高数据的准确性。

(2) 完整性

所谓麻雀虽小,五脏俱全。舆情数据的完整性就是要求收集到的舆情数据是齐全、覆盖面广泛、不落分毫的,要做到不缺记录、不缺字段、不缺关键要素(譬如舆情的引发事件,发帖的时间、地点、人物、事件、主要意见,各个舆情节点等)。数据不完整,

---

① 詹姆斯·斯托纳在1961年的实验中发现,偏见或偏好是很常见的社会个体现象。当网络中的意见领袖或群体认同某偏见的时候,公众的意见就会朝着这个偏见的方向移动。而在网络中,有时候公众更难以保持独立、清醒的头脑,这导致出现一种奇怪的现象,那就是,越是经过群体讨论,群体成员所持的观点越会呈现出一种被称为"群体极化""沉默的更为沉默、冒险的更加愿意冒险"的极端化特征。正因为网络舆情中的许多声音是非理性的,并不能真实地反映公众的真实意愿,所以就产生了对网络舆情进行监测的需要。

② 李浩.网络舆情数据质量的评估[J].统计与决策,2017(8):3032. DOI:10.13546/j.cnki.tjyjc.2017.08.007.

③ 陈浩歌,王洪礼,杨聚福,等.勘探数据库数据完整性控制技术研究与应用[C].大庆油田有限责任公司.石油数据管理与应用国际学术研讨会优秀论文集.北京:石油工业出版社,2005:7.

舆情的分析就不准确;只有确保数据完整,才能更全面地把握舆情事件。

(3) 规范性

所谓没有规矩就不成方圆。舆情数据的规范性就是要保证舆情数据在格式上是规范统一的。只有确保舆情数据的格式统一才能减少数据在不同系统之间转换和处理的错误。譬如,不同平台的数据源可能采用不同的时间戳格式,如果不统一,会导致分析的不准确。所以,应该尽量规范数据的格式,提高跨平台协作和分析的质量。

(4) 时效性

所谓寸金难买寸光阴。注意舆情数据的时效性可以为舆情监测和预警工作提供更加科学的依据。这是因为在快速变化的网络世界里,如果不注意数据的时效和更新情况,所收集到的舆情数据很可能已经失去分析价值。只有持续不断地更新数据源,改善监测策略,保证数据的时效性,才能紧跟舆论的步伐,做到准确监测舆情。[①]

如此看来,数据的准确性等质量维度非常重要,而要准确地进行数据收集,选择好数据收集工具就是极其重要的一步。就当前来说,网络舆情数据收集工具主要有两种,即网络爬虫和 API。在实际选择和配置数据收集工具时,政府和企事业单位应该在考虑到自己的监测目标、财力预算以及技术能力的基础上,决定是采用一种方法还是将两种方法组合起来以达到最高效用。

2. 舆情数据的收集工具

(1) 网络爬虫

网络爬虫(也称网络蜘蛛)是一种可以使用 Python 等编程语言,根据特定需求开发和自定义的具有不同用途和特点的自动化网络数据收集工具。网络爬虫可以像蜘蛛一样在互联网上不断地搜索爬行来浏览、发现、抓取和采集互联网信息。[②] 在舆情监测方面,网络爬虫可以定向地从论坛、博客、社交媒体以及新闻网站等来源中收集与关键词相关的各种数据。这种数据收集工具常用的爬虫框架包括 Scrapy(该类爬虫具有高效的爬取能力和强大的封装功能,由引擎、调度器、下载器、数据解析以及管道构成,更加适合相对复杂的爬取任务[③])和 BeautifulSoup(该类爬虫是优秀的 Python 第三方库,主要用于解析 HTML 或 XML 数据,适合相对简单的网页数据提取[④]),这两种爬虫框架在网络舆情监测和收集中起到了重要的作用。

需要强调指出的是,在开发和部署网络爬虫时,一定要遵守目标网站中 robots.

① 秦康,张业武,张鹏,等.中国大陆三种流感监测数据的时效性比较[J].中华疾病控制杂志,2019,23(4):387-391. DOI:10.16462/j.cnki.zhjbkz.2019.04.004.

② 蔡皖东.网络舆情分析技术[M].北京:电子工业出版社,2018:26.

③ 郭向民,袁许龙,朱洛凌.基于 Scrapy 和 Elasticsesarch 的网站敏感词检测系统[J].网络空间安全,2024,15(1):70-75.

④ 沈承放,莫达隆.beautifulsoup 库在网络爬虫中的使用技巧及应用[J].电脑知识与技术,2019,15(28):13-16. DOI:10.14004/j.cnki.ckt.2019.3529.

txt 文件的规则,尊重相关网站的爬取政策,避免对网站服务器造成过重负担;此外,因为使用网络爬虫可能会出现涉嫌违法的数据抓取行为,所以还要重构网络爬虫使用上的法律规制,确保使用者在法律的框架内合法使用,避免出现涉嫌违法的数据抓取行为。[①]

（2）API 技术

API 技术(计算机应用编程接口)是基于全开放应用平台标准的接口技术,是一种在不同软件之间进行通信和交互的方式,可以通过将网络上的资源相互连接来实现资源的共享和人员的分工协作,大大简化了底层网络的复杂性,促进了系统之间的集成和互操作性。[②] API 技术在构建数字人文技术设施以及实现资源互联的过程中非常重要,是开发数字人文内容库、工具及平台时必须加以考虑的技术。[③]

API 技术相关内容包括:Web API(这是基于 Web 服务的轻型解决方案,通过其多种组合,能够创建高层次的应用,实现业务增值[④])、RESTful API(它提供了一种标准化的方法来构建网络程序,具有高内聚和低耦合的特点,有助于互联网上客户端和服务器之间的高效通信以及系统扩展和更新[⑤])、JSON - RPC(这是一种远程过程调用协议,这种协议就是要在两个通信实体之间建立起一种点对点的数据连接,在连接期间,一方可能用另一方给定的方法向客户端发送请求,再由服务器端做出响应[⑥])以及 API 访问权限和认证等。事实上,在智媒体时代,许多社交媒体平台和在线服务都会向使用者提供 API,使之能够用规范且高效的方式直接访问和收集数据(包括平台用户的公开发帖、公开评论以及话题标签等舆情信息)。此外,为保证使用者使用便捷,这些 API 甚至会提供比较详细的文本为使用者讲解如何调用数据。当然,使用这些 API 时,需要注意平台的使用限制要求(如请求频率限制和数据量限制等),使用者有可能还要承担因使用行为而产生的相应费用(一些高级 API 功能可能会设置访问权限和认证,这就需要付费访问)。

虽然利用网络爬虫以及 API 技术等工具获得的数据资源非常丰富,但获取的数据之庞大可能导致人们无法下手和洞察,只有采用一系列复杂的处理和分析技术(如数据处理、数据预处理、特征提取、情感分析和可视化等)将其简化成可以被直接洞察的、有意义的信息才可以做到。

① 姜岚.大数据时代下网络爬虫行为的刑法规制[J].中阿科技论坛(中英文),2024(4):163-167.

② 孙静.基于 API 技术的综合智能网体系架构研究[J].无线互联科技,2022,19(12):19-21.

③ 鲁丹,李欣,陈金传.基于 API 技术的数字人文基础设施的构建[J].图书馆学研究,2019(13):42-46;57. DOI:10.15941/j.cnki.issn1001-0424.2019.13.006.

④ 段云浩,武浩.基于特征表示增强的 Web API 推荐[J].云南大学学报(自然科学版),2021,43(5):877-886.

⑤ 姜建武,李景文,陆妍玲,等.基于 RESTful API 的智慧旅游系统设计与实现[J].测绘与空间地理信息,2017,40(7):57-61.

⑥ 李德贤,陆歌皓,姚绍文.JSON - RPC 协议分析、扩展及其应用[J].中国科技论文在线,2008(2):125-130.

因为上述处理和分析技术相对有些难度,在解释这些技术之前,有必要先用通俗的方法说明一下,以利于接下来进行分析。假如把数据处理过程想象成是大厨准备大餐,将食材转换成菜肴的过程,可以做以下类比:"数据预处理"就是将"数据食材"切换成一种更利于分析的格式(譬如,将一大段"文本食材"分割切块成以单词或短语的形式存在的"食材")的过程;"数据清洗"或者"去除噪声"就是像剥皮去籽一样剥去那些重复数据、错误信息及不相干的数据,从而确保最终用于分析的"数据食材"是干净和无毒的;"特征提取"就是从所有可能的"数据食材"中挑选出最能反映食材的精髓或特色的部分,譬如关键词,并使之成为主菜或主食;"情感分析"就是评估"菜肴成本"是积极的(味道好)、中性的(味道一般)还是消极的(味道不好);"可视化"就是将处理好的"数据食材"以图表或图形的形式艺术摆放,让顾客一目了然地看清"数据菜肴"的特色,达到提升"食欲"的目的。

综上,对舆情数据进行处理和预处理非常重要,尤其是对舆情数据的预处理。作为数据处理的重要组成部分,作为数据处理的子集,舆情数据预处理不是关注舆情治理的决策,而是关注舆情数据的准备,专注于为数据分析以及模型训练等后续数据处理活动提供干净及准确的数据。具体来说,数据预处理就是通过对数据进行清理、变换等方式减小原始数据中混杂的不准确数据(即错误的、重复的、过时的、不完整的、格式有误的数据)对建模的影响,使收集到的数据更容易被挖掘,从而提高舆情数据的质量。如同洗菜和切菜工作做不好会影响菜品,数据预处理工作做不好,后期的数据处理工作就可能是低效和不准确的。基于以上原因,本书将首先介绍数据预处理技术,继而再介绍数据处理技术(当然,数据预处理涉及的内容非常复杂以及庞杂,由于篇幅所限,本书只能选取数据预处理中的除噪清洗和规范文本两个要点进行简单介绍)。

3.4.2 数据预处理之除噪清洗

在对数据的收集和整理过程中,来自外界的干扰难以避免,总会产生一定偏离正确数据范围的无关数据,即"噪声"或"脏数据",这会影响到数据挖掘结果的准确性,因此要加以去除。[①] 概括来讲,去除噪声或数据清洗就是要去除文本中的无用元素,包括移除不相关的信息(如网页的 HTML 标签和广告内容)、标点符号以及特殊字符等。去除噪声的常用技术和方法有正则表达式、字符串操作、HTML 解析器、Unicode 范围过滤、数据转换和编码处理以及定制清洗函数等。只要能够恰当地使用或结合使用上述方法,并在实际操作中根据数据的特点和分析需求进行调整,就可以有效地去除被监测文本数据中的噪声,为后续的数据处理提供标准化的文本。下面将简单介绍除噪清洗的几种方法。

---

① 唐成龙,谌颜,唐海春,等. 大数据背景下数据预处理方法研究运用[J]. 信息记录材料,2021,22(9):199-200. DOI:10.16009/j.cnki.cn13-1295/tq.2021.09.094.

1. 通过统一字符除噪清洗

统一字符用以实现数据的标准化和统一化,其在数据预处理中非常重要,因为规范化输入的文本数据具有一致性和准确性,很容易被筛选和处理。譬如,在处理文本数据时,统一字符的大小写是常见需求之一,利用一定的数据预处理工具,如正则表达式,就可以轻松实现全文小写或大写,帮助后续进行文本比较或处理时不受大小写差异的影响。正则表达式作为一种可以通过统一字符去除噪声的工具,通常被用来检索、识别、替换或者删除符合特定模式的文本内容,在对电子存储介质的数据勘验分析中快速发现并提取相关文本、图片、视频等,[①]如网址 URL、邮箱地址、HTML 标签等,通过定义具体的正则表达式规则,可以快速匹配相关数据,然后根据需要,精确地清除不需要的文本片段。

2. 基于停用词表除噪清洗

停用词是指出现频率较高但检索意义甚微的词。有些停用词的有用文本信息非常少,却在文本中高频出现,这会分散研究者的注意力和时间,对其他词语产生一定的抑制作用,不利于舆情数据文本挖掘;[②]而构建停用词表则是可供选择的去除停用词噪声的方法,类似于从"全部食材"中挑出"无用食材"的过程,这种方法是使用预定义的词表来识别和过滤文本中可有可无的词,可以使分类算法更聚焦于真正具有区分性的敏感词或者关键词,使得后续的文本分析或机器学习更有效。

(1) 使用现有停用词列表去除停用词

具体来说,去除停用词就是指去掉一些对于文章内容来说表现力不强的字词(如"of""the""and""的"等功能词),[③]虽然这些词对语义的正确表达很重要,但在舆情监测和识别中,它们对于捕捉文本的主要意义帮助不大,因此需要采取一些常见的做法与步骤去除这些停用词。[④]

因为英文停用词表方面的研究开始得比较早,目前已取得一定成果,所以当前有很多自然语言处理(NLP)库和工具(如 NLTK、SpaCy、Gensim 等)都提供了预定义的英文停用词列表,方便舆情研究者直接使用这些列表来过滤文本中的英文停用词;但中文停用词表研究起步晚,即便出现了诸如百度停用词表以及哈尔滨工业大学停用词表等主流停用词表,依然未得到广泛认可。[⑤]

(2) 持续更新停用词列表去除停用词

从古到今,人类语言从未停止过变化,到了智媒体时代,这种变化更加明显。在

---

① 李军建.正则表达式在公安业务数据分析中的作用[J].网络安全技术与应用,2015(12):85;87.
② 官琴,邓三鸿,王昊.中文文本聚类常用停用词表对比研究[J].数据分析与知识发现,2017,1(3):72-80.
③ 李英.基于词性选择的文本预处理方法研究[J].情报科学,2009,27(5):717-719;738.
④ 李英.基于词性选择的文本预处理方法研究[J].情报科学,2009,27(5):717-719;738.
⑤ 官琴,邓三鸿,王昊.中文文本聚类常用停用词表对比研究[J].数据分析与知识发现,2017,1(3):72-80.

网络上,很多经典的字词被束之高阁,很多表情符号、新词乃至缩写却大行其道。譬如"蓝瘦香菇"(难受想哭)和"LOL"(Laughing Out Loud)等就曾一度甚至一直流行。人类语言的变化要求旧有的停用词列表必须与时俱进地同时变化,因此需要定期回顾、调整和更新停用词列表,以适应新的形势和新的需求。

(3)联系上下文具体语境去除停用词

需要注意的是,虽然有些停用词在某些情况或场景下对理解数据文本的意义甚微,但在其他情况或场景下可能很有意义,因此,是否去除这些停用词,可能需要考虑上下文信息再下决定。例如,单字"不"在很多使用场景下都被视为停用词,但在否定句中,它是非常重要、不可或缺的。因此,在自动去除停用词时需要非常谨慎,要通过上下文的对比、文本数据中词汇频率分布的分析来帮助自己选择和判断哪些词应该被视为停用词,哪些词不可以被视为停用词。

3. 定制函数除噪清洗

在建立舆情数据库时,数据清洗与噪声处理只是第一步,利用停用词表等方式进行数据预处理的方式也多局限于文本数据,但智媒时代的数据量不仅过大,还包括海量的图像、音频和视频等数据类型,因此上述除噪清洗的方式就显得有些捉襟见肘,定制函数除噪清洗的方式就可以大显身手了。

概括来说,定制函数除噪清洗就是根据数据特点和需求编写一些特定的自定义处理函数,设计一系列处理步骤,通过这些自定义的函数和处理步骤有效地去除数据中的噪声或无用信息。该方式不仅对文本数据有用,对图像、音频、时间序列等多种数据类型同样会发挥作用,对数据质量的提高意义重大。一些基于函数依赖的数据清洗方法可以根据具体需求,针对文本中的特定模式、字符或结构,结合正则表达式、字符串操作等方法,针对特定的噪声类型进行有效清理,从而有效提升数据质量。[①]譬如,有人利用特定函数的性质设计了一种可以降低白噪声的算法,并且在软件仿真中证明该算法不但易于实现,还容易进行有效识别。[②]

3.4.3 数据预处理之规范文本

在进行数据除噪清洗前,通常要进行文本规范处理。文本规范技术可以减少词汇的多样性、提高数据的一致性、保持语义的完整性,有利于改善算法的性能,帮助机器学习以及其他自然语言处理进行特征提取和模型训练,从而使数据预处理更为有效。大体来说,规范文本可分为以下两种。

1. 文本分词

文本分词就是将连续的文本分割成单独的、有意义的、最小的词汇单元(通常是

---

① 梁睿,张扬,何凡,等.一种基于函数依赖的数据清洗方法[J].信息通信,2017(4):249-250.
② 刘剑.相关函数在噪声去除方面的优劣点分析[J].科技经济市场,2010(6):15;14.

词语、短语或字符)的过程。① 这是除噪清洗的必要步骤,因为去除停用词噪声要用到词汇表,而词汇表是基于单词级别建立的。文本分词对很多语言(譬如,一些亚洲语言)的数据处理非常重要,这是因为包含汉语在内的许多亚洲语言的词语之间没有明显的分界符号,所以在挖掘这些语言文本数据之前要将长句切割成词语或短语。正确地分词对后续的情感分析和主题建模等非常有益。要选择合适的分词工具、采取合适的分词步骤进行分词。

(1) 选择合适的分词工具

对于使用空格作为自然词边界的语言(如英语)来说,分词相对简单,可以直观地通过空格、标点符号等进行基本的分词,而对于汉语、日语等语言来说,因为字词之间是连接起来的,缺少空格,所以需使用专门且复杂的分词工具识别词汇边界,如 Han-LP(对汉语进行分词)②和 Mecab(对日语进行分词)。③ 当前我国在汉语分词领域已经取得了丰硕的成果,大规模的语料、现代汉语分词的有效工具已经被成功构建,超过 3 000 万字符的《大规模现代汉语分词语料库构建及应用》——迄今规模最大的精加工现代汉语通用分词语料库已经向全球学术界开放,为大规模通用语料库在图书情报学科的领域化应用提供了学习样板。④

(2) 构建自定义专业词典

基于词典的分词方法即机械分词方法,是按照既定策略把待切分的字符串与分词词典中的词进行比对,如果在词典中找到待切分的字符串则意味着匹配成功,可以按词典分词。⑤ 分词词典是汉语分词系统的基本组成部分,其查询速度与分词系统的处理速度高度相关。⑥ 一些学科领域有着特定的专业术语和表达方式,如医疗领域和金融领域等,在预处理这些领域的数据信息时,有必要构建并维护一个自定义的专业词典,再将这些特定词汇添加到分词工具中,便可以显著提高分词的准确性。此外,分词时需要特别注意一些专有名词、人名、地名以及新词等,这些词很可能是标准词典中没有的,需要使用自定义的词典或使用最新的分词工具来处理。

(3) 基于统计方法进行分词

基于统计的分词方法依赖于统计数据,需要计算训练语料中相邻字的紧密结合程度(当紧密程度高于某一阈值时,可认为相邻的字组成了一个词组),也就是以相邻

① 卞德忠.基于机器学习的文本信息抽取方法研究[J].网络安全和信息化,2024(2):56-59.
② 张贝贝.HanLP:一触即发 叩响自主创新之门[J].软件和集成电路,2019(Z1):64-68.DOI:10.19609/j.cnki.cn10-1339/tn.2019.zl.023.
③ 刘芬宏.基于 MeCab 的高中日语交际功能词汇表的构建[D].长沙:湖南师范大学,2021.DOI:10.27137/d.cnki.ghusu.2020.002471.
④ 王知津.大规模语料库 现代汉语分词的有效工具——大规模现代汉语分词语料库构建及应用荐读[J].情报理论与实践,2024,47(2):200.
⑤ 梁喜涛,顾磊.中文分词与词性标注研究[J].计算机技术与发展,2015,25(2):175-180.
⑥ 孙茂松,左正平,黄昌宁.汉语自动分词词典机制的实验研究[J].中文信息学报,2000(1):1-6.

词语共同出现的概率来确定词边界,进行分词。作为自然语言处理中的重要文本分析技术,基于统计的分词方法对诸如汉语和日语等没有明显词边界的语言来说比较适用。[①]

当然,通过计算待切分文档中组合词的词频以及相邻词语共同出现的概率和稳定性来分词也有明显的弊端,尤其是可能会切分出经常一同出现却不是词汇的词,如"我的"等,因此在使用该方法的过程中,需要改进传统的统计模型,提高分词的准确率。[②]

除了要选择合适的分词工具构建自定义专业词典进行分词以及利用统计方法进行分词之外,还要根据数据的具体语言和应用场景进行灵活调整,从而保证选择到最适合的分词工具、方法和参数。简单来讲,就是要在进行了初步分词后,根据实际情况进行二次分词或校正,譬如,可以基于词频、上下文等信息对分词结果进行优化和调整;然后,可以使用一些标准的数据集或手工标注的样本进行测试,再根据测试结果评估是否要继续进行分词以及如何调整参数、更换分词工具等,必要的时候,多轮分词和校正也是不可少的。

2. 词干提取、词形还原以及词性标注

词干提取、词形还原和词性标注可以统一归类为自然语言处理中的文本规范化技术,因为这些技术可以优化文本数据的结构,提高文本数据的一致性,因而便于对舆情数据进行更有效的分析和处理。与大厨根据顾客的需要调整食材味道的过程类似,词干提取和词性标注可以被视为对"食材"进行"调味"。

(1) 词干提取和词形还原

词干提取是词形规范化处理中比较浅层但比较重要的技术,其主要处理对象为语言中的词,需要在了解语言词汇结构的基础上,根据语言形态中的规律,去除语素单元中的屈折[③]或派生[④]形态的词缀,从而将一个词的不同形式统一为一种具有代表性的标准形式,即词干。[⑤]在信息检索系统中,对文本中的词进行词干提取处理,不仅能够缩减索引文件的占用空间,还能使检索不受特定词形的限制,提高检索系统找到查询内容并返回所有相关文档的能力。

[①] 梁喜涛,顾磊.中文分词与词性标注研究[J].计算机技术与发展,2015,25(2):175-180.

[②] 梁喜涛,顾磊.中文分词与词性标注研究[J].计算机技术与发展,2015,25(2):175-180.

[③] 屈折作为一种语言变化形态相对简单,经过屈折变化后的词虽然词形发生了变化,但词性基本不发生改变。以英语为例,其屈折变化主要包括动词过去式(添加"ed")、现在进行时(添加"ing")、名词复数(添加后缀"s"和"es")等。

[④] 派生作为一种语言变化形态相对复杂,经过派生变化后形成的单词词形发生了变化,词性也发生变化。还是以英语为例,将动词 report(报告)加上"ion"变成名词形式"reportion"以后,就有了可以表示舆情研究中的"汇报过程"之意。

[⑤] 吴思竹,钱庆,胡铁军,等.词干提取方法及工具的对比分析研究[J].图书情报工作,2012,56(15):109-115;142.

　　词干提取涉及将单词还原为其基本形式(例如,将"reading"还原为"read"),这需要运用一定的方法和工具。NLTK库就是一个很好的工具,可以对包括英语、俄语、德语、西班牙语、葡萄牙语在内的一些语种进行词干提取和词形还原。词干提取是通过去除单词的前缀和后缀来找到单词的词根,可以使用NLTK库中的相应功能实现这种提取处理。词形还原则考虑了单词的词性和更复杂的变形规则,返回单词的基本形式,例如,将"am""is""are"进行词形还原后都变为"be",可以使用NLTK库的相应功能来实现这种词形的还原。

(2) 词性标注

　　词性标注就是为每个单词分配一个词性标签,标记它的语法角色,确定该词属于名词、动词、形容词还是其他词性的过程。因为词性标注可以标记每个词语的语法角色,所以对于深化理解文本含义很有意义。中文词性标注方法主要包括两种,即基于统计的方法和基于规则的方法。[①]　在词性标注过程中也要注意两个方面:选择好最适合的自然语言处理库以及词性标注的实现方法。关于如何选择最适合的自然语言处理库,一些自然语言文本处理库,如NLTK库,提供了自动词性标注功能,为文本中的每个单词分配一个词性(名词、动词、副词、形容词等),但NLTK库提供的词性标注模型比较传统,相对缺少准确性,而SpaCy则是一个流行的Python自然语言处理库,该库提供的词性标注模型更加准确和现代化。具体选择哪个库需要视具体情况来具体分析。关于词性标注的实现方法,在NLTK库中,可以使用pos_tag函数来进行词性标注;而在SpaCy库中,在加载完相应的语言模型后,可以通过访问Token对象的pos_属性来获取词性。

　　可以发现,经过除噪清洗以及文本规范处理以后,得到的舆情数据已相对简单和规范化,接下来就可以通过关键词(敏感词)识别以及机器学习来进行舆情数据处理了。

3.4.4　数据处理之敏感词识别

　　敏感词识别(关键词识别)是指通过自动化或半自动化的技术手段识别与过滤在线文本中的指定词汇和表达。作为网络舆情数据监测中的一种基础技术,关键词识别的优缺点都比较明显。就优点来说,相比于更为复杂的分析技术,关键词识别所需要的时间、算力和人力远低于其他复杂技术,在捕捉与关键词相关的意见和情绪时,其响应相对更快,更加易于实现,监测的相关性和精确度更高,数据分析结果非常直观,非常适用于技术人员和非技术人员。当然,相比于更复杂的分析技术,关键词识别也有明显的缺点,包括对于隐喻、类比、网络黑话等表达方式,关键词识别可能无法准确捕捉到其中的真实含义,如果关键词选择不当,还可能错过重要信息或捕捉大量

[①] 梁喜涛,顾磊.中文分词与词性标注研究[J].计算机技术与发展,2015,25(2):175-180.

无关信息;当话题发展以后,关键词可能会发生变化,还需要工作人员进行更新。

可以用于关键词识别的技术手段有很多,本小节通过对 BF 算法、KMP 算法、BM 算法以及正则表达式匹配的简单介绍来讲解关键词的匹配和识别过程。

1. BF 算法

BF 算法(即暴力匹配算法或朴素匹配算法,也可称为简单字符串匹配算法)是依据预先定义的关键词列表进行文本识别和匹配的算法,即在进行简单字符串匹配检测时,通过扫描目标文本来检查文本中是否含有列表中的词,是最简单、最基础同时效率也最低的算法。[①] 假设要搜寻的模式有 m 个字符,整个文本有 n 个字符(假设 $n>m$),该算法在最坏情况下要进行 $m \times (n-m+1)$ 次比较,时间的复杂度高达 $O(m \times n)$ 。[②]

具体来说,BF 算法的逻辑是:从文本的第一个字符开始,将模式的第一个字符与之对齐比较,如果当前两个字符相匹配,就继续比较下一对,如果不匹配,就将模式向后移动一位,再从模式的第一个字符开始与文本的下一个字符进行比较;如果模式中的所有字符都与文本中的某连续段字符依次相匹配,即为匹配成功;找到了一个匹配后,还可以继续搜索下一个可能的匹配,直到文本的末尾。

2. KMP 算法

KMP 算法(即 KMP 字符串匹配算法),它的核心思想是在匹配失败时,无须回溯正文,只需要利用前面已经获得的部分匹配结果将模式串尽量右移到有效位置后再继续比较。[③] 假设要搜寻的模式有 m 个字符,整个文本有 n 个字符(假设 $n>m$),则 KMP 算法的时间复杂度是 $O(m+n)$,在最坏情况下的时间复杂度才是 $O(m \times n)$ 。很明显,这种算法比 BF 算法要快很多,[④]是一种更高效的字符串搜索算法。之所以更高效,是因为 BF 算法需要逐一检查数据集中的每一个元素,直到找到目标项为止(或者确定目标项不存在),而 KMP 算法则是利用已经部分匹配的信息来避免从头开始匹配,可以在很大程度上提高搜索效率。[⑤]

简单来讲,KMP 算法的基本思想是从左侧将被搜索的正文 P 和要搜寻的模式 T 对齐后进行比较。匹配 P_i 和 T_j 时,若 $P_i = T_j$,则继续向前匹配比较;若 $P_i \neq$

---

① CORMEN THOMAS H, LEISERSON CHARLES E, RIVEST RONALD L, STEIN CLIFFORD. 算法导论[M].原书第 3 版.殷建平,徐云,王刚,刘晓光,苏明,邹恒明,王宏志,译.北京:机械工业出版社,2012:577-579.

② 母泽平.字符串匹配算法探讨[J].重庆工商大学学报(自然科学版),2014,31(8):79-82.

③ BASSIA P, PITAS I, NIKOLAIDIS N. Robust Audio Watermarking in the Time Domain[J].//母泽平.字符串匹配算法探讨[J].重庆工商大学学报(自然科学版),2014,31(8):79-82.

④ 母泽平.字符串匹配算法探讨[J].重庆工商大学学报(自然科学版),2014,31(8):79-82.

⑤ CORMEN THOMAS H, LEISERSON CHARLES E, RIVEST RONALD L,STEIN CLIFFORD. 算法导论[M].原书第 3 版.殷建平,徐云,王刚,刘晓光,苏明,邹恒明,王宏志,译.北京:机械工业出版社,2012:588-593.

T_j,则正文中 i 不变,模式中 j 指向 next[j]所指示的位置。next[j]表示当搜索模式中第 j 个字符与正文中相应字符匹配失败时,在需要搜寻的模式中重新确定和正文中该字符进行比较的字符的位置。[1]

3. BM 算法

BM(Boyer-Moore)算法是一种相对高效的字符串搜索算法,这种算法的基本思想是利用已匹配的字符串信息以及模式串本身的信息以尽可能地跳过某些无用的字符,或者说利用字符比较不匹配时的信息来跳过尽可能多的字符,最终做到快速定位至可能匹配的位置,从而提高搜索效率。[2] 假设要搜寻的模式有 m 个字符,整个文本有 n 个字符(假设 $n > m$),BM 算法完成搜索的时间复杂度为 $O(nr+m)$(n 为文本长度,m 为模式串长度,r 是模式字符串在文本串中出现的次数),在最好的情况下,这种算法的时间复杂度在最理想的时候可以达到 $O(n/m)$,高于简单字符串搜索算法。[3]

BM 算法大体可以分为四步。

第一步,预处理。在实际搜索开始前,要对模式串进行预处理,计算"坏字符"规则和"好后缀"规则所需的信息(当模式串非常长或模式串与目标文本的匹配度非常高时,BM 算法就会显得相当麻烦,这时候,KMP 算法等其他算法就更为可取)。

第二步,比较。从目标文本的最右侧开始比较,将模式串放置在文本的起始位置。

第三步,匹配。如果模式串中的字符与目标文本中的对应字符不匹配,应该用"坏字符"规则和"好后缀"规则[4](这是 BM 算法中两个并行的规则,这两个规则的目的就是让模式串在失配时向右移动尽可能大的距离[5])中能使模式串滑动更远的那一个。如果所有字符都匹配,则找到一个匹配位置,将它记录下来,然后将模式串向右移动一位继续搜索。更进一步讲,就是当模式串中的某个字符与目标文本中的对应字符不相匹配时,这个字符就被称为"坏字符",这时,算法会查找模式串中最右侧能匹配到该"坏字符"的位置,然后将模式串向右移动,使该位置对齐文本中"坏字符"位置的下一个字符;如果模式串中没有"坏字符",则将模式串整体向右移动到"坏字符"的下一个位置。当模式串与目标文本的一个子串匹配后发现下一个字符不匹配时,已匹配的子串称为"好后缀",这时,算法会寻找模式串中最右侧的另一个子串(该

① 闵联营,赵婷婷.BM 算法的研究与改进[J].武汉理工大学学报(交通科学与工程版),2006(3):528-530.

② 母泽平.字符串匹配算法探讨[J].重庆工商大学学报(自然科学版),2014,31(8):79-82.

③ 庄彦,王勇.对 Boyer-Moore 模式匹配算法的优化研究[J].重庆三峡学院学报,2016,32(3):38-42.DOI:10.13743/j.cnki.issn.1009-8135.2016.03.010.

④ 马锐彦.KMP 算法的优化与应用[J].电脑知识与技术,2023,19(20):73-75.DOI:10.14004/j.cnki.ckt.2023.1008.

⑤ 叶煜.一种基于 KMP 的高效字符串匹配算法[J].西南民族大学学报(自然科学版),2010,36(5):844-848.

子串应与"好后缀"相同),并将模式串滑动,使该子串对齐好后缀的位置;如果模式串中不存在另一个等同于"好后缀"的子串,算法则会寻找"好后缀"中的最长前缀(该前缀也是模式串的一个后缀),并进行相应的移动。如果都不存在,算法则直接将模式串移动到"好后缀"之后的位置。

第四步,重复匹配。重复上述过程,一直到模式串移动到目标文本的末尾为止。

4. 正则表达式匹配

正则表达式是一种语言,由一些普通字符(包括大小写的字母和数字)和一些元字符(一些具有特殊含义的字符)组成,[①]是描述一定匹配规则的特殊文本字符或字符串,用于判断字符串格式或者提取字符串内容。[②] 正则表达式匹配严格来说不是一种算法,而是一种基于特定的模式来搜索、替换和分析文本中特定内容的强大的文本搜索和匹配工具。[③] 这种工具类似于用一张画着桃子和李子的图片(正则表达式)在画满了各种水果的地图(文本)上搜索,以期在地图上找到桃子或李子的位置。可以发现,正则表达式描述了数据收集者所需寻找数据的内容特征(包括文字、数字、符号,或者它们的组合方式和位置关系),而正则表达式引擎则像是一种搜索引擎一样在文本中去匹配和找到符合条件的内容。表 3-1 归纳了正则表达式中特殊字符和组合的含义。

表 3-1 正则表达式中特殊字符和组合的含义

特殊字符	含　义
.	匹配任意单个字符,除了换行符
[xyz]	匹配方括号内的任意字符
[˄xyz]	匹配不在方括号内的任意字符
\s	匹配任何空白字符,如空格、制表符、换行符
\S	匹配任何非空白字符
\w	匹配任何字母、数字字符(包括下划线),等价于[A-Za-z0-9]
\W	匹配任何非字母、数字字符,等价于[˄A-Za-z0-9]
\d	匹配数字字符,等价于[0-9]
\D	匹配非数字字符,等价于[˄0-9]

① 马永萍. 正则表达式及其应用[J]. 电脑编程技巧与维护,2012(4):13-14;38. DOI:10.16184/j. cnki. comprg. 2012.04.022.

② 徐帅,许海. 正则表达式快速入门[J]. 电脑知识与技术,2019,15(29):269-270. DOI:10.14004/j. cnki. ckt. 2019.3513.

③ 正则表达式匹配与简单字符串匹配算法都属于较为直接和简单的基于词典的方法,但前者更加强大,可以用于搜索、替换和分析等相对复杂的文本操作。

续表 3－1

特殊字符	含　义
^	匹配输入字符串的开始位置
\	匹配下一个字符,或向后引用,也可作为转义字符使用
|	匹配两项之一,如匹配 $x\|y$ 中的 x 或 y
\$	匹配输入字符串的结束位置
?	匹配前面的子表达式零或一次
*	匹配前面的子表达式零或多次
+	匹配前面的子表达式一或多次
{n}	匹配前面的子表达式 n 次
{n,}	匹配前面的子表达式至少 n 次
{n,m}	匹配前面的子表达式至少 n 次,但不超过 m 次
[a－z]	匹配任一小写字母
[^a－z]	匹配任一除小写字母之外的字符
\f	换页符
\n	换行符
\r	回车符
\s	匹配任何空白(不可见)字符,如空格、制表符、换行符
\S	匹配任何非空白(可见)字符
\t	制表符

常见的正则表达式用法可以表示 IP 地址、日期、HTML 标签、手机号码、电子邮件地址以及用于密码强度验证。

3.4.5　数据处理之浅层学习

机器学习是近年来随着人工智能的热度高涨而逐渐被公众所熟悉的一个词,诸如现在经常用到的面部识别等功能就是机器学习进步的结果。与人工智能力图让机器获得和人类一样的思考能力不同,机器学习是让计算机拥有在没有被明确编程的情况下进行学习的能力,也就是通过算法使机器能从大量数据中学习其中的规律,从而拥有一定的样本分析和处理能力。机器学习的发展阶段可以分为两个时期,即小数据时代的浅层学习以及大数据时代的深度学习;①但无论是哪个时期的机器学习都较为复杂,难以被非专业人士理解,因此本小节以教孩子学习识别图片上的桃子和

---

① 詹骐源.机器学习的发展史及应用前景[J].科技传播,2018,10(21):138-139.DOI:10.16607/j.cnki.1674-6708.2018.21.069.

李子的过程进行类比来解析机器的浅层学习。

1. 浅层学习的作用

1949 年,赫布解释了学习过程中大脑神经元的变化,这标志着机器学习领域的开端。自此之后直到 20 世纪 80 年代,人们经过漫长的过程和瓶颈期才接纳机器学习,并发现有一种 BP 算法可以帮助机器通过大量数据统计整理规律从而对未知的事件做出推测。虽然这时的感知机模型只具有较低的模型层数,只能算是一个单层的神经网络,但总算给机器学习带来了希望。随后很多浅层学习模型被相继提出并在实际运用中取得巨大成功。[①] 这一时期的机器学习算法就是让计算机学习一整套数据(数据集)中的"共同点",根据数据中的模式和特征来识别文本是否包含敏感内容,从而最终能够以自动化的形式进行运作和完成任务。这就相当于教一个孩子区分桃子和李子的过程。在学习之初,可以先给孩子看很多种桃子或李子的图片,并告诉孩子每张图片上画的是桃子还是李子。在看过足够多的照片后,孩子就能够慢慢理解并记住哪些特征是桃子特有的,哪些特征是李子特有的,这样,即使面对没见过的桃子或李子的图片,孩子也基本能正确地将它们分类。浅层学习的原理与之类似,只不过不是教孩子学习区分桃子和李子,而是教计算机"学习"区分包含敏感内容和不包含敏感内容的文本,让计算机通过大量的例子来"理解"或"识别"文本中的哪些特征表明了敏感内容的存在,从而使计算机获得能自动检测敏感内容的能力(这种检测方法的准确性和效率会随着时间的推移以及数据的积累而逐渐提高)。

2. 浅层学习的步骤

机器进行浅层学习的步骤可以分为五步。

第一步,收集数据(相当于提前收集大量的画着桃子或李子的图片)。这一步需要收集大量的文本数据,这些文本数据中有些包含敏感内容,有些则不包含敏感内容。数据收集的多少会影响到后续的学习效果。

第二步,标注数据(相当于手动在每张图片上标注是桃子还是李子)。这一步需要人工检查第一步收集到的文本,并分门别类地标注文本是"包含敏感内容的"还是"不包含敏感内容的"。这一步为后续学习提供了大量带有标签的素材。

第三步,提取特征(相当于归纳出桃子或李子的形状和表面特征,例如桃子的表皮往往有绒毛,李子的表皮往往是光滑的)。因为计算机不能理解文本的直接含义,所以需要将文本转换成计算机能理解的格式,譬如数字,这就涉及对文本特征的提取,如文本使用的词语、句子长度、使用频率高的词等。提取特征很关键。

第四步,训练模型(相当于教孩子识别桃子或李子的规则这一过程,例如不断强化孩子对"桃子的表皮往往有绒毛,李子的表皮往往是光滑的"的认识)。有了第二、

---

① 詹骐源.机器学习的发展史及应用前景[J].科技传播,2018,10(21):138-139. DOI:10. 16607/j. cnki. 1674-6708. 2018. 21. 069.

三步标注好的数据和对应的特征后,就可以使用机器学习算法来"训练"一个模型,计算机会通过学习数据中的模式来总结何种文本可能包含敏感内容。这一步是核心。

第五步,测试、评估与优化(相当于测试孩子是否已经能够正确识别出桃子或李子)。在模型完成训练后,就要使用一些新的数据来测试模型的表现,确保模型在实际操作中能够精准地识别出包含敏感内容的文本(如果效果不佳,就需要回到提取特征和训练模型的步骤有针对性地进行调整和优化),在模型最终通过评估后,就可以用来自动检测新文本中的敏感内容了。譬如,识别同一个词在不同上下文中的不同含义,或是解读网络中新出现的网络黑话和隐语等。优化后的模型能更从容、更灵活、更智能地应对各种新情况。所以相比于简单的词典匹配方法,浅层学习能更好地应对语言的复杂性和变化性。

3.4.6　数据处理之深度学习

深度(机器)学习是机器学习的一个子集,是通过对低层特征的组合形成更抽象的高层特征,用以发现数据的属性和分布,其网络模型层数一般多于两层,模型更复杂、更强大,能够让机器学习文本或数据的深层特征。[①]

1. 深度学习的作用

深度学习过程也相当于教一个孩子区分桃子和李子的过程,只是这个过程更加复杂。现在想象家长不仅需要教孩子区分桃子和李子,还要教孩子识别桃子的品种以及李子的品种,理解每种水果内部更细微的差别,很明显,这时候孩子的学习任务变得复杂了。深度学习正是为处理更复杂的学习任务而生的。深度学习就像给计算机装上了一个更强的大脑,使其通过构建多层(深层)的神经网络模型来捕捉和学习数据中的深层次特征和模式,从而更深入地理解文本内容,更有效地检测敏感内容(随着技术的进步和数据的积累,它的能力还可以不断提升)。

2. 深度学习的步骤

机器进行深度学习的步骤也可以分为五步。

第一步,收集数据。该步骤与浅层学习第一步区别不大,此处省略。

第二步,标注数据。该步骤与浅层学习第二步区别不大,此处省略。

第三步,提取特征。和浅层学习不同,深度学习中无须再手动设计和选择特征(类比来说,无须大人自己提前提取桃子和李子的特征),机器模型能自动学习到数据的特征(相当于让孩子根据自己的喜好和认识对桃子和李子进行分类)。

第四步,训练模型。使用复杂神经网络提炼出学习文本中的复杂模式,再向模型输入大量的已标注文本数据,这时候模型就会开始学习和识别的过程(在这个过程中,模型内部的"神经元"会自动调整,以便更好地预测文本是否包含敏感词)。深度

① 刘弋锋.基于浅层学习引导深度学习的行人检测[D].武汉:武汉大学,2017.

学习需要更多的数据和更长时间的训练,其实质便是在海量的数据背景下进行更有效的训练,从而使得分类或预测更加精准。

第五步,测评优化。这一步与浅层学习的第五步区别也不大,此处省略。

可以发现,深度学习模型能够处理和理解大量复杂数据,能够理解上下文、词语变化甚至是双关语,无论是在准确性还是在灵活性方面都远远优于传统机器学习模型,因此备受用户欢迎。但浅层学习也有其优点,譬如,在样本量较少的情况下,其计算量小、训练时间短、学习效果好。因此,浅层学习和深度学习没有绝对的孰优孰劣之分,需要在不同的场景下视不同情况具体分析。①

---

① 刘弋锋.基于浅层学习引导深度学习的行人检测[D].武汉:武汉大学,2017.

中篇　网络舆情图谱构建及生态治理

"积羽沉舟,群轻折轴,众口铄金,积毁销骨",张仪的短短十六字,已经将羽毛的举足轻重、舆情的力量之大一语道破。不过,即便我们知道"众口铄金,积毁销骨",却难以将众口铄金以及积毁销骨的作用机制形象地表示出来,难以将舆情主体与舆情本体之间的联系和机理一一道破。而知识图谱恰恰向我们提供了展示这个过程的可能,具体到网络舆情问题上,就是可以针对网络舆情的数据进行可视化的分析,说明舆情发展的内在机理。本篇将立足于生态视角,通过构建多维图谱,打造网络舆情的七色功能区间以及城市聚焦地,实现网络空间的生态化。

第4章　网络舆情图谱构建

第3章简单介绍了网络舆情的监测技术,这些技术包括数据爬取、关键词提取以及文本分析等,通过从互联网上的海量数据中监测、收集和分析公众的意见以及情绪变化方面的数据,能够帮助企业或其他非企业组织实时了解公众意见及情绪,对症下药;但通过网络舆情监测技术收集到的数据以及对数据进行分析得到的结果只有以可视化的形式表达出来,才能得到更好的解读,这就需要多维图谱。网络舆情多维图谱是提供可视化表现形式以及解读的工具,它能够通过图、表等多种形式展现舆情的话题分类、情感倾向、时间变化、地理分布等,能够非常直观地将复杂的舆情数据呈现出来,提高了数据的可读性以及可用性,有利于分析人员快速把握舆情的整体态势,从而做出更有针对性的决策和应对策略。总之,网络舆情多维图谱与网络舆情监测技术加在一起才能共同构建成一个完整的舆情分析和管理体系,使舆情分析结果更全面、更深入、更简易。本节即从网络舆情的主体、客体以及环境空间等维度对网络舆情数据进行多维解析。

4.1　网络舆情多维图谱的维度解析

网络舆情多维图谱就是基于不同的维度对网络舆情图谱进行刻画,从而能够深层次揭示不同图谱之间存在的关联关系,为网络舆情的治理及舆情的引导和调控提供支撑。

4.1.1　多维图谱的维度划分

在网络舆情的要素中,主体、客体和本体对构建多维图谱非常重要,但因客体和本体常被学者混淆且在图谱的构建中难以进行分割操作,故从后文开始,本体与客体合并称为客体,与主体和外体(时空)一起构建多维图谱,如图4-1所示。

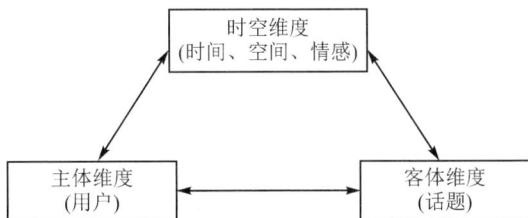

图 4-1　网络舆情图谱各维度之间的关系

1. 主体维度

主体维度就是从舆情参与者的维度去谈。突发事件网络舆情主体分类较为多样化,不仅包括社交媒体中的活跃用户、"大V",同时也包括参与舆情讨论的个人以及官方账号等。参与网络舆情的各个主体在媒体平台上都具有重要的作用,普通网民是引发突发事件的网络舆情传播主力军。由于普通网民在网络中的身份具有匿名性和虚拟性,因此,网民能够在网络空间中随意发表自己的观点和看法。大量意见发表在网络空间中极容易出现谣言和群体极化现象,因此会推动网络舆情的态势不断壮大。[①]

意见领袖在网络群体中具有更高的地位,并且在网络空间中占据着重要的位置,他们能够从多种渠道接触全面的舆情信息,发表的言论对于其他用户而言更具影响力和说服力,对突发舆情事件的看法也更加深入和准确。

网络媒体在舆情事件的发展过程中同样扮演着十分重要的角色。媒体具有较为明确的角色定位,并承担一定的社会责任,因此,媒体发布的信息具有较高的权威性和影响力,并且在舆情的发展和演变中发挥着重要的作用。[②]

政府在突发网络舆情的发展过程中一直扮演着守门人的角色,与其他参与网络舆情的主体相比,政府是最可信的部门机关。[③] 在网络舆情管理中,政府的作用是控制舆情的进一步发展。政府这类舆情主体主要基于网络,与不同的用户进行信息的沟通和传递,在整个网络中也占据着传播的核心位置。

此外,在网络环境中,也会出现一些舆论小组,这些小组也是网络中的重要力量,在整个网络环境中的地位和角色都很重要,它们相互依存、相互区分,是网络舆情的重要组成部分。

在网络空间中,不同的舆论主体通过评论、点赞、转发等形式传播舆论。他们随时随地参与重大舆情事件的讨论,切实关系整个舆情事件的走向,在社交媒体中频繁发表自己的看法,带动舆情的演进方向。[④]

2. 客体维度

随着舆论媒体时代的到来,人们对舆情的关注度也在持续提高,舆情已经成为整个社会各个领域普遍关注且必不可少的要素,舆情客体是通过舆论持续发酵而产生的一系列舆论事件,并最终形成舆情议题。[⑤]

① 李明.多主体协同视域下短视频网络舆情导控机理及因果机制研究[J].现代情报,2023,43(1):131-140.
② 张琳,陈荔.多主体干预的微博舆情话题交互传播模型研究[J].情报科学,2022,40(11):49-55.
③ 郭富莲.突发公共卫生事件网络舆情多主体仿真研究[D].长春:吉林大学,2024.DOI:10.27162/d.cnki.gjlin.2023.004718.
④ 张立凡,唐露,朱恒民,禤炳光.情绪博弈下舆情主体情绪与决策行为互动模型研究[J].情报资料工作,2022,43(2):56-65.
⑤ 卢国强,黄微,孙悦,刘毅洲.基于舆情客体与本体剥离的重大突发事件网络舆情本体演化强度研究[J].图书情报工作,2023,67(5):119-129.

（1）垄断性质的央企议题

垄断性质央企议题主要涉及和民生相关的部门或者相关企业,因央企是国家资源的具体化符号且与衣食住行息息相关,很容易引起网民关注并导致热点事件爆发。一旦某一事件刺激到网民的神经,将会引起剧烈的应激性反应,从而导致情绪方面的宣泄,很多参与到该事件的网民与该事件并无切身利益关系,主要是通过参与该事件的讨论使他们得到了共鸣和情感上的共识,并通过表达自身看法使更多的人关注到该事件。

（2）衣食住行等民生问题

衣食住行这类问题涉及房改、税费改革、养老保险改革、医疗改革以及高考改革等涉及人民切身利益的民生相关重大问题,这些问题的发生极易引发网民的关注以及公众的参与和讨论。[①]

（3）突发性的国际事件

突发性的国际事件主要指国家之间的冲突事件,这些突发性的国际事件极易引起群体的关注,当知名媒体或"大V"通过互联网发表观点和看法时,其他用户就会针对突发性国际事件进行讨论,进而上升为网络舆情。

（4）公众人物的热点事件

公众人物的热点事件的影响力通常很大,且具有冲突性,容易出现舆情的反转。该类舆情事件具有传播速度快、传播范围较广的特点,且易于被人们所接受,人们也愿意针对此类事件发表自己的看法。在公众人物热点事件中,会经常产生一些口语化的短语和流行语,这些流行语很容易被网民记住和传播,所以经常成为反映社会的敏感细胞,成为反映社会变迁的镜像。[②]

3. 时空维度

网络舆情中的数据具有明显的时间和空间特征,时空数据是舆情用户的行为与关系在现实情境中的具象化呈现。[③] 时空维度是指客观事物在时空中的位置和变化,可被智能技术记录或存储。网络舆情的时空维度涉及其在不同时间和空间中的传播与分布,可以用时空演化分析追踪舆情在时空中的变化过程和规律。

网络舆情多平台的互动会产生较为强烈的时空伴随性,其演化随时间和空间呈现不同的布局和聚集特性。时空视域下的用户参与行为将对社交网络舆情多平台的

① 李杰,王雪可,刘力宾,等. 医保欺诈事件舆情传播的情感焦点与情感倾向演化研究——基于舆情客体视角[J]. 情报科学,2020,38(4):77-82. DOI:10.13833/j. issn. 1007-7634. 2020.04.012.

② 李杰,王雪可,刘力宾,等. 医保欺诈事件舆情传播的情感焦点与情感倾向演化研究——基于舆情客体视角[J]. 情报科学,2020,38(4):77-82. DOI:10.13833/j. issn. 1007-7634. 2020.04.012.

③ STIEGLITZ S, MIRBABAIE M, ROSS B, et al. Social Media Analytics—Challenges in Topic Discovery,Data Collection,and Data Preparation[J]. International Journal of Information Management,2018,39:156-168.

演进产生至关重要的影响,在时空布局下产生舆情演化、热点聚集以及舆情事件因果导向等结果。通过对舆情多平台的时空特征进行分析,可以确定网络舆情时空布局的演化属性。与此同时,从社交网络舆情时空大数据的结构和异常情况以及聚集现象等情况能够发现,舆情话题在不同平台上传播扩散的时空异质性以及舆情多平台整体所包含的关键节点和空间社团为网络舆情方面的多角度分析提供了基础。①

4.1.2 知识图谱的内涵及架构

1. 知识图谱的内涵

知识图谱最早是由 Google 公司研发并首次提出的,是一种基于语义关系的网络知识库,主要由节点和边两部分组成。知识图谱的主要目标是描述世界中实体概念与属性之间的关系,图谱中的每一个点都代表一个"实体",图谱中的每一条边代表"实体"与"实体"之间的联系。使用知识图谱能够清晰地揭示出不同实体之间的联系方式,将所有不同种类的知识资源或者信息内容联系在一起,呈现一种基于图的数据结构,形成整体的知识网络。因为知识图谱尝试提出从"关系"视角分析和解决问题的图示化表示方法,因此,本书将基于知识图谱的理论与方法对主体-客体-时空三者之间的关系进行可视化描绘,进一步勾勒出三者之间存在的内部联系。② 知识图谱构建流程如图 4-2 所示。

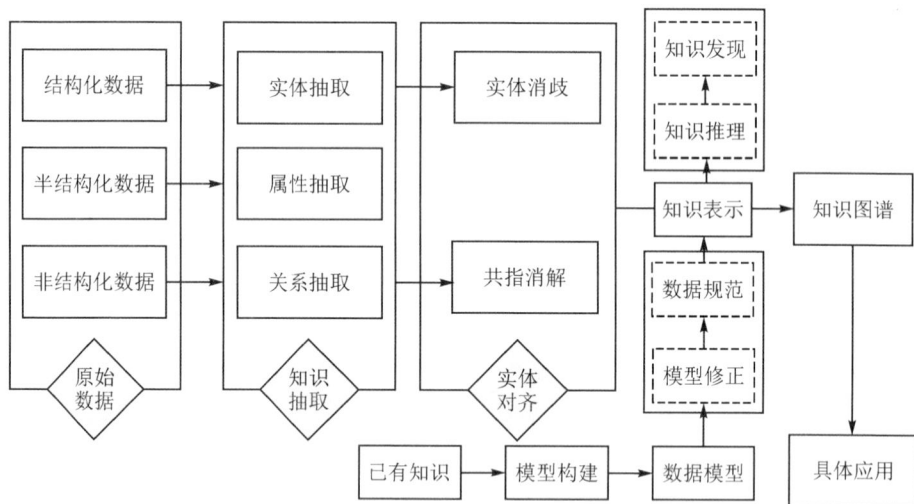

图 4-2 知识图谱构建流程

① 丁乐蓉,李阳.重大传染病疫情情境下网络舆情时空分异规律研究[J].现代情报,2023,43(1):120-130;176.

② 祝现威,刘伟,刘自豪,等.基于知识图谱的网络安全事件数据推荐算法[J].网络与信息安全学报,2023,9(6):116-126.

知识图谱是以结构化的形式描述客观世界中实体和属性之间的关联关系,从而将网络中的信息表达成利于人类认知的形式,为知识的有效组织和信息的海量管理提供了一种新的选择。知识图谱不仅通过构建本体的形式将互联网上的信息资源进行重组和编排,为语义检索带来了新的契机,而且也在智能问答中显示出了超强的能力,因此,知识图谱已成为推动互联网知识驱动和智能应用方面基础的、关键的理论方法。知识图谱与大数据融合在一起,成为推动互联网和人工智能快速发展的核心驱动力。[①]

2. 知识图谱的逻辑结构

知识图谱是通过将认知计算、知识表示与推理、信息检索与提取以及深度学习与自然语言处理等多学科知识交叉融合而建立和应用的科学技术,它能将知识集成到计算机系统,通过认知计算完成只有特定领域的专家才能够完成的复杂任务。[②] 在智媒时代到来的今天,知识图谱可以自动或半自动化地从大数据中提取知识信息,建立知识系统,从而为互联网平台提供更为优质的知识服务。换句话说,智媒时代下知识服务的需求已经显著变化,已经从单纯地获取和搜集信息为社区平台服务,转变为智能化的知识服务。这要求利用庞大的工程和有效的工具为数据添加光彩,使"数据"说话,使数据更加智能,进而完成数据到知识再到数据智能化应用的过程,以实现数据的清晰阐述和洞察,帮助提供用户感兴趣的知识内容,培养用户黏性,改进用户体验,实现知识的价值增值和价值创造。[③] 知识图谱在逻辑上可以分为两个层次,分别是数据层和模式层。在知识图谱的数据层,知识主要以一系列的事实为单位存储在图数据库中,并且以〈实体1、关系、实体2〉或〈实体、属性、属性值〉的三元组形式来表达事实,利用图数据库作为存储介质,如 Neo4j、Twitter 的 FlockDB、Sones 的 GraphDB 等,将存储在图数据库中的大量数据构成数目庞大的实体关系网络,从而形成知识图谱。模式层是构建知识图谱的核心层,它主要通过对知识进行加工和提取凝练出知识类数据。人们常常采用本体库的形式来管理知识图谱的模式层,借助本体构建的规则和约束条件的支撑能力规范实体内容,并构建实体之间的关系以及实体的类型和属性对象之间的联系。在知识图谱中,本体库相当于知识库的模板,可基于模板使更多的知识分门别类地聚集在一起,因此,基于本体库构建知识能够使知识库的冗余知识减少,如图 4-3 所示。[④]

① 卢恒,陈章杰,周知.基于知识图谱的虚拟学术社区用户生成内容知识共聚框架研究[J].情报理论与实践,2023,46(12):157-166;192.DOI:10.16353/j.cnki.1000-7490.2023.12.020.

② 刘成山,杜怡然,汪圳.基于细粒度知识图谱的科技文献主题发现与热点分析[J/OL].情报理论与实践:1-11[2024-03-07].https://kns.cnki.net/kcms/detail/11.1762.G3.20231206.1704.003.html.

③ 范俊杰,马海群,刘兴丽.智智时代下开源情报的军事知识图谱问答智能服务研究[J/OL].数据分析与知识发现:1-15[2024-03-07].https://kns.cnki.net/kcms/detail/10.1478.G2.20231026.1305.002.html.

④ 何巍.社交网络舆情多模态知识图谱构建框架研究[J].情报杂志,2024,43(1):160-166.

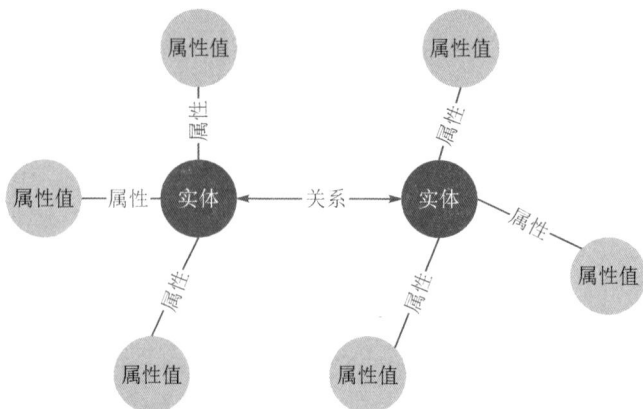

图 4-3　知识图谱三元组的关系

3. 知识图谱的体系架构

知识图谱的体系架构主要是指构建的模式结构,图 4-4 为构建知识图谱的全过程。知识图谱在构建之初,主要是从最原始的数据出发,数据的类型主要包括结构化数据、半结构化数据和非结构化数据,通过采用一系列半自动化或自动化的技术和方法,从原始数据库中提取知识事实,并将其存放在知识库的数据层和模式层,基于实体抽取、属性抽取与关系抽取等一系列过程实现知识图谱整体的构建,并在此过程中,应用图数据库处理技术实现知识图谱的可视化呈现。[①]

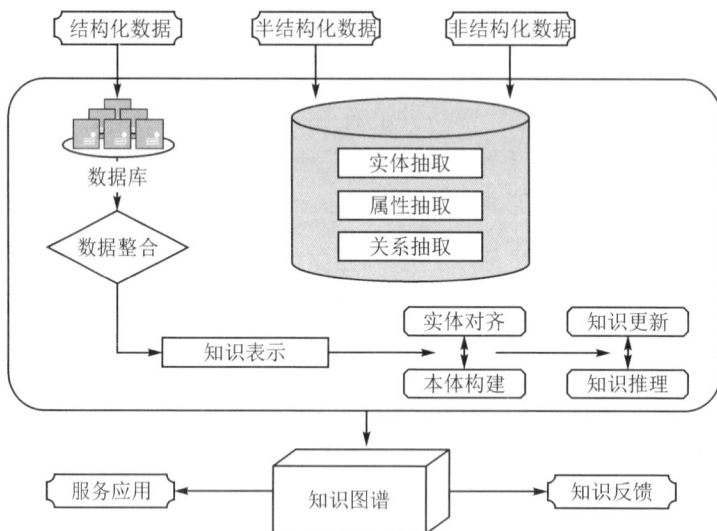

图 4-4　知识图谱体系架构

① 徐海玲. 虚拟知识社区知识生态及场景化服务研究[D]. 长春:吉林大学,2020. DOI:10.27162/d. cnki. gjlin. 2020.000678.

知识图谱的体系架构构建流程大致分为两种方式,即自上向下的构建方式和自下向上的构建方式。所谓自上向下构建,就是借助网站和社区平台的结构化数据源,基于 Python 爬虫的形式提取本体和知识信息,放入知识库中,进行知识图谱的构建;自下向上的构建方式是借助一定的技术编程手段实现的,是从公开的数据中提取想要获取的知识资源,并通过筛选获取置信度较高的信息,经过人工检验与审核后,加入知识库中,构建知识图谱。[①]

4.1.3　网络舆情的维度关联

Neo4j 是基于 Java 平台开发的一种开源非关系型图数据库,该数据库能够将数据灵活地存储到网络结构中而不是数据表格中,实现专业数据库级别的图数据库模型存储。[②] 图数据库有很多优点,主要体现在以下几个方面:首先,采用了具有自由邻接的图存储结构,能提供更快的数据处理能力以及链接能力;其次,能添加、删除和更改数据,缩短研究者开发的时间;再次,Neo4j 使用 Cypher 查询可提供一种人性化的表达方式;从次,Neo4j 对半结构化数据的处理较灵活,未经过过多时间限制;最后,在 Neo4j 图数据库中,所有数据之间的关系附加在节点上,无论数据的关系如何,都能够保证零延迟和实时性能,如图 4-5 所示。[③]

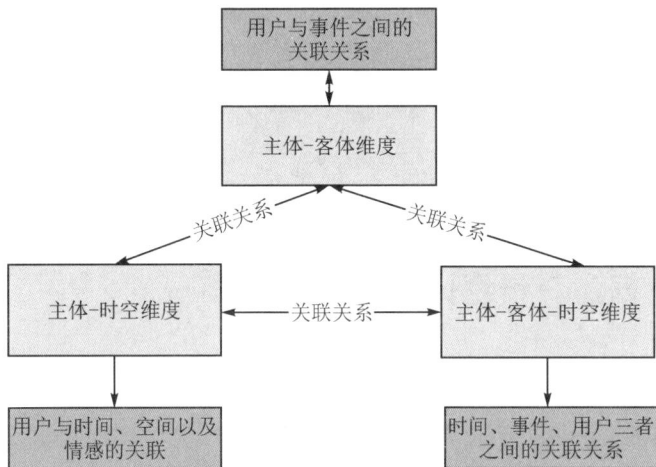

图 4-5　网络舆情不同维度的关联关系

① 张诗莹,李阳.融合事理知识图谱与网络舆情分析的突发事件情报支持路径及实证研究——以危化品事故为例[J].信息资源管理学报,2023,13(4):60-71. DOI:10.13365/j.jirm.2023.04.060.

② 唐思宇,李赛飞,张丽杰.基于 Neo4j 的网络安全知识图谱构建分析[J].信息安全与通信保密,2022(8):60-70.

③ 陆枫.基于 Neo4j 的人员关系知识图谱构建及应用[J].软件工程,2022,25(9):5-8. DOI:10.19644/j.cnki.issn2096-1472.2022.009.002.

1. 主体-客体维度

网络舆情主体与客体的关系就是网民与话题或事件之间的联系。在网络舆情发展的过程中,网民对事件的评论、点赞和转发行为,展示出网络舆情主体(网民)与事件和话题之间的关联。在获悉话题或事件与网民之间的联系后,可应用知识图谱构建二者之间的关联关系,从而体现舆情主体与客体之间的联系。[①]

2. 主体-时空维度

网络舆情的主体和时空的关系就是网民受时空因素的影响而形成的空间分布。网络舆情主体在特定的时空维度内,通过网络平台进行互动,形成不同的舆论动态。可以基于不同的时间节点,刻画舆情主体时空维度演化图谱,实现对舆情时空与网民之间关联关系的揭示。[②]

3. 主体-客体-时空维度

网络舆情主体-客体-时空之间的关系就是舆情主体、舆情话题和事件及事件发生的时间和地点之间的关系。可通过舆情话题和事件、舆情事件参与者及舆情发生时空之间的关系建立事件、时间、地点及网民之间的联系。舆情事件会随着时间的推移、舆情事件参与者人数的增加而发生显著变化,最终影响舆情态势、使舆情发生剧烈改变。[③]

4.2 网络舆情主体图谱构建

网络舆情主体图谱主要从构成要素、构建方法以及属性抽取等几个方面对其进行构建,进而实现主体图谱的可视化呈现。

4.2.1 网络舆情主体图谱构成要素

1. 用户身份确定

社交媒体聚集了大量具有不同身份的网络用户,通过识别网络用户的信息,能够对用户行为进行准确有效的判断,凭借精准及时的网络用户身份识别,能够找出舆情信息的发布者,从而对后期的舆情管控提供思路和建议。以往确定用户身份的研究方法都是根据注册信息进行用户身份识别,经常忽略舆情文本中所携带的关键信息,

① 孙建军.链接分析:知识基础、研究主体、研究热点与前沿综述——基于科学知识图谱的途径[J].情报学报,2014,33(6):659-672.

② 雷新强.基于知识图谱的互联网金融研究主体、研究热点与演进分析[J].辽宁工业大学学报(社会科学版),2019,21(6):39-42.DOI:10.15916/j.issn1674-327x.2019.06.011.

③ 魏明珠,张海涛,周红磊.信息生态视角下网络舆情生态多维图谱构建研究[J].情报科学,2021,39(6):10-18;54.DOI:10.13833/j.issn.1007-7634.2021.06.002.

但事实上,网络用户所发布的文本信息常会暗含一些重要的话题,其中会蕴含大量的用户身份信息。因此,通过信息人所关注的话题、所发布的信息以及信息人之间的交互行为进行差异化区分,对准确识别舆情主体的身份信息,确定网络舆情参与者身份尤为必要。①

2. 用户身份特征和关注人数

社交媒体平台的社交属性使得网络用户能够以简单快捷的方式传播舆情信息,基于评论、点赞、转发等互动机制能够刺激舆情的二次传播,从而使得整个舆情传播的网络半径延长,影响力能够得到更大提升。除了舆情信息本身的语义内涵外,网络用户的属性信息也需要了解,该信息包括两个主要部分:一部分是发布舆情信息的用户的身份信息,主要包括平台认证的数目、粉丝数、关注数和本人已经发布的舆情条目;另外一部分是该舆情信息的传播数量,如该条舆情信息的转发数、评论数和点赞数。通过对用户的关注人数多加分析,也能够在第一时间知晓用户的身份信息。②

3. 舆情主体关联思想

舆情主体通过接受信息来适应社会,并通过生成、传播、消费信息来改变社会,从而实现自身价值的增值。舆情主体作为需要信息并参与信息活动的信息人,也可以分为信息生产者、信息传递者、信息组织者、信息消费者和信息分解者五种类型,如图 4-6 所示。③ 不断流转的信息资源是联系信息人的纽带,信息的传播和互动促使不同信息人之间建立联系,并且在此基础上实现相互作用(没有关联的信息人是不可能发生相互作用的)。因此,只有通过这种联系,信息人才能在网络上进行社交,并且共同成为网络舆情的主体。

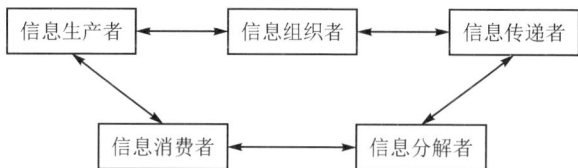

图 4-6　信息人的五种类型

4.2.2　网络舆情主体图谱构建方法

1. 贝叶斯分类

朴素贝叶斯分类器作为一种生成式模型,是基于属性条件独立性假设和贝叶斯

---

① 张柳.社交网络舆情用户主题图谱构建及舆情引导策略研究[D].吉林大学,2022.

② 尹熙成,朱恒民,马静,等.微博舆情话题传播的耦合网络模型——分析话题衍生性特征与用户阅读心理[J].情报理论与实践,2015,38(11):82-86.

③ 肖勇,张沅哲.扬弃与超越:从信息用户到信息人[J].大学图书馆学报,2014,32(1):44-48.

公式,由先验概率评估出后验概率。相较于其他机器学习分类器,朴素贝叶斯分类器具有可解释性强、分类复杂度较低、速度相对较快等特点。由于朴素贝叶斯分类器先验概率计算的特性比较适用于自然语言处理中的短文本处理场景,因此,应用该方法能够较快实现对舆情主体的分类。[①]

2. 图数据库构建

图数据库(Graph Database)一直被认为是非关系型数据库的典型代表,因为图数据库不仅存储知识图谱中的概念、属性及关系,同时也能够基于节点、属性、关系进行网络数据存储,并能够基于数据结构进行图数据库查询和数据挖掘。因此,图数据库已经成为存储网络数据的主流数据库之一,并且在越来越复杂的网络结构中起着至关重要的作用。

图数据库与传统的关系数据库,即二维表的存储方式相比较,具有很多优势:① 图数据库在存储的过程中能够以图的形式存储,并且各个节点之间相互连接,通过查询节点与节点之间的关系能够找出它们之间的联系;② 图数据库的数据处理能力十分强大,能够更快地展示数据之间的关系并且实现快速查询;③ 图数据库能够减少编码决策,快速并重复提取复杂网络结构的信息资源;④ 图数据库的网络模型便于推广和应用;⑤ 图数据库能够快速搭建不同主体之间的映射关系。[②] 图 4-7 为 Database Information 操作界面。

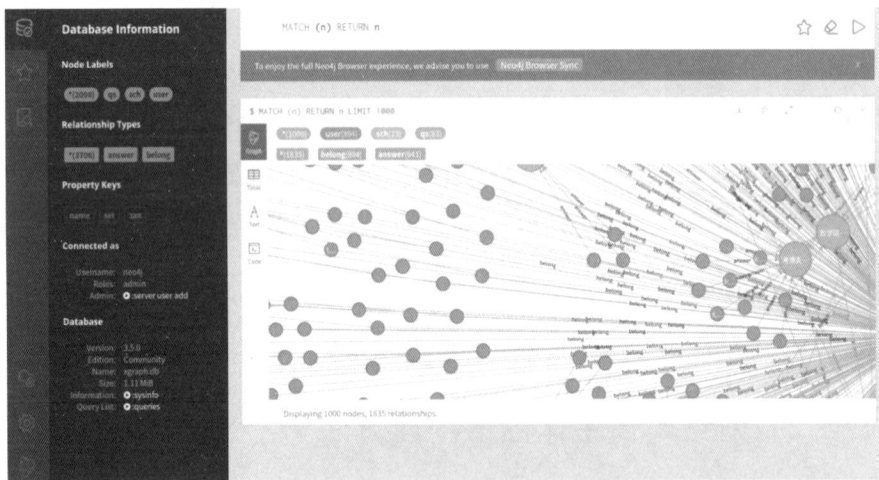

图 4-7　Database Information 操作界面

① 李文丽.基于朴素贝叶斯分类的网络谣言识别研究[J].计算机工程与科学,2022,44(3):495-501.
② 刘春江,李姝影,胡汗林,方曙.图数据库在复杂网络分析中的研究与应用进展[J].数据分析与知识发现,2022,6(7):1-11.

4.2.3 网络舆情主体图谱属性抽取

1. 实体抽取

实体抽取就是基于自然语言处理技术和机器学习等实体进行抽取的基本方法。该方法从数据集中提取所需要的各种实体类型,譬如文章或社交媒体中的关键信息,包括人物、昵称、产品等实体信息。这些实体信息被抽取之后,再使用关系抽取技术从文本数据中提取实体之间的关联关系,这些关系可能具有明确的联系,也可能存在隐含的关联,对这些内容进行抽取以后,将为后续的研究奠定基础。[①]

2. 属性抽取

属性抽取的目的就是从信息源中采集实体信息,并将其抽象为能够描述实体的属性集合。实体属性可以看作实体与属性之间的名词性关系,而属性抽取则可以看作是一种抽象的描述任务。通过属性抽取,可以从社交网络中的海量非结构化信息中抽象出实体对象及其特征,从而更好地理解和利用非结构化信息。[②] 以网络舆情参与者中的某个公众人物为例,可从网络舆情的公开信息中可以得到其昵称、年龄、性别、地域以及认证与否等信息,属性抽取能够从多种数据来源中整合并处理这些信息,使得属性能够对实体进行客观准确的描述。[③]

3. 关系抽取

根据数据源的不同,关系抽取可以分为面向结构化文本的关系抽取、面向非结构化文本的关系抽取以及面向半结构化文本的关系抽取三类。结构化文本主要包括表单数据、XML文档以及数据库中的数据;这类数据具备较好的二维布局,有清晰的字段标识,抽取信息也比较容易。非结构化文本一般指自然语言中的纯文本,由于自然语言处理具有特殊性,对于非结构化文本的关系抽取难度较高,需要专业的自然语言处理技术来给予支持。对网络舆情参与者的关系抽取可以定义为面向半结构化文本的关系抽取:网络舆情参与者的属性值是纯结构化文本,而参与者所发布的舆情信息属于非结构化文本的范畴。关系抽取需要识别出具备某种关系的实体对,在网络舆情中,一般可由网络用户之间的评论、转发、点赞关系来进行有效的关系替代,因此,通过利用网络舆情参与者的固有属性值进行网络舆情主体图谱关系的抽取,能够挖掘出大量的舆情信息,从而进行更为有效的研究分析。

① 姜彬峰.基于知识图谱的大数据实体识别方法[J].电脑知识与技术,2023,19(22):74-77.
② SORTE L X B,FERRAZ C T,FAMBRINI F,et al. Coffee Leaf Disease Recognition Based on Deep Learning and Texture Attributes[J]. Procedia Computer Science,2019,159:135-144.
③ 刘宁.属性抽取及属性级情感分类方法研究[D].北京:北京交通大学,2022.DOI:10.26944/d.cnki.gbfju.2022.000213.

4. 构建过程

如图 4-8 所示,网络舆情主体图谱的构建主要包括以下三个方面:① 从社交媒体中爬取结构化、半结构化和非结构化数据,并对数据内容进行清洗、处理;② 应用自然语言处理技术和深度学习等方法,将用户年龄、昵称、性别和地域等内容进行抽取,并基于评论、点赞、转发等数据信息,构建不同主体之间的关联关系,从而构建主体图谱。

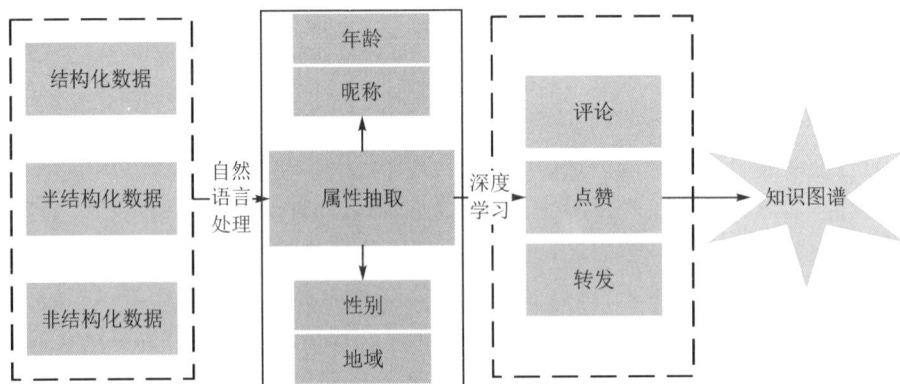

图 4-8　主体知识图谱构建

4.3　网络舆情客体图谱构建

在网络舆情客体图谱的构建过程中,首先需要明确网络舆情客体图谱的相关内容,其次对网络舆情客体图谱的关系进行抽取,并最终对其模型进行构建。

4.3.1　网络舆情客体图谱理论概述

1. 网络舆情客体图谱的内涵

网络舆情客体图谱的概念来源于知识图谱,是指基于社交网络舆情信息的数据化、动态化、多维度等特征,应用社交网络舆情大数据获取的新技术和新方法,对突发事件、热点话题等某一特定领域的事件信息进行图谱可视化展示,从而构建该类事件的客体图谱。网络舆情客体图谱就是通过应用大数据技术的相关思路和方法对网络舆情的观点和节点进行挖掘、分析舆情传播链路、把控舆情演化态势,为动态收集网络舆情信息,进行舆情监控、预警及管控提供参考。[①]

---

① 冯子桓,梁循,牛思敏. 大数据时代的社交网络舆情主题图谱研究[J]. 电子科技大学学报(社科版),2022,24(2):19-28. DOI:10.14071/j.1008-8105(2021)-1008.

2. 网络舆情客体图谱的构成要素

这里所说的网络舆情客体不仅包括舆情事件,还包括与之相关的话题信息,即主体参与舆情所发布、评论及转发的信息内容。基于一定的时间和空间环境形成的与网络舆情有关的话题内容,在不同的子话题聚集下,逐渐汇总在一起,从而能够体现出舆情所包含的所有话题信息。因此,通过动态跟踪舆情话题所讨论的具体内容,总结网络舆情的演化和发展规律,深层次挖掘舆情话题背后所隐藏和反映的舆情文化,能够提高对舆情的精准管控,并有利于政府的管理和调控以及生态文明建设。[①]

在社交网络领域,公众以社交网络为平台和载体,围绕着已经发生的事件进行观点、想法、情感以及态度方面的表达和交流。因此,社交网络舆情客体是在社交网络空间发生的,涉及多个利益主体的,并具有一定时序性和发展规律的热点事件。

3. 要素与事件关系解析

(1) 要素与事件关系解析的必要性

由于社交网络具有开放性、虚拟性和匿名性,以网络舆情事件为中心衍生的媒体报道、网络评论等事件信息在平台中发酵、演变和传播,加之呈现的演化路径不明确、信息结构复杂多变、主体繁多等情况,给了解舆情事件以及引导和管理舆情事件造成了较多的障碍。因此,为了获取对网络舆情事件的全面了解,需要对事件的基本信息、事件涉及的主要人物以及话题相关内容进行解析,建立它们之间的基本联系,从而便于对舆情事件的整体进行分析。[②]

(2) 关联关系解析

网络舆情是整个舆情生态系统的一个重要单元,其舆情的传播和演化受到较多因素的影响和制约。网络舆情事件的实质是舆情信息在多元复合关系的主体间进行流动和能量转化。遵循一定的时序特征和发展规律,在网络舆情传播的过程中,舆情经常受到较多因素的影响和制约。网络舆情是由不同的子事件以及事件要素构成,网络舆情事件与子事件之间构成整体和部分的关系,子事件又同时包含多种事件的参与要素。[③]

4.3.2 网络舆情客体图谱的关系抽取

1. 网络舆情客体图谱实体及实体抽取

网络舆情客体图谱的实体就是关于舆情中的语义对象以及该对象所描述的属性

---

① 魏明珠. 基于多维图谱的网络舆情生态及文化引领机制研究[D]. 长春:吉林大学,2020. DOI:10.27162/d. cnki. gjlin. 2020.003522.

② 李刚. 基于要素关系图的案件舆情摘要方法研究[D]. 昆明:昆明理工大学,2022. DOI:10. 27200/d. cnki. gkmlu. 2022.002156.

③ 张侃. 基于自组织理论的网络舆情系统研究[D]. 成都:电子科技大学,2013.

的集合。网络舆情的客体图谱实体包括诸如事件实体、人物实体、机构实体和地点实体等多种类型。其中,事件实体指网民所讨论的事件本身;人物实体指以个体形式参与舆情事件的参与对象(如普通网民和关键节点等);机构实体指以机构或组织的形式参与事件的对象(如政府和网络媒体等);地点实体指舆情事件发生的地点或舆情参与者所在的地点。网络舆情客体图谱的实体抽取就是基于舆情信息中的实体以及关系,并以〈实体、属性、关系〉三元组的形式对实体的固有特征进行表达的过程,即通过对网络舆情客体图谱实体的抽取,基于网络爬虫技术从网络舆情媒体平台获得相关舆情事件话题下的数据信息,并利用实体技术从上述字段中获取相关实体内容。[①]

具体来说,网络舆情客体图谱实体抽取的方法主要有三种形式,即基于规则模板、基于统计的方法以及二者混合的方法。其中,基于规则模板的方法就是依赖知识库和词典,以字符串匹配的方式为主要手段;基于统计的方法是利用人工标注的语料进行训练;二者混合的方法是将机器学习和人工标注结合起来,如图 4-9 所示。

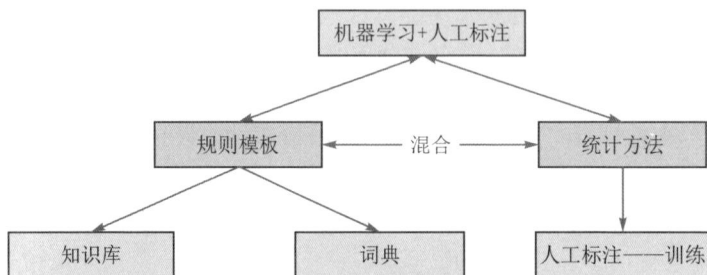

图 4-9 网络舆情客体图谱实体抽取的主要形式

2. 网络舆情客体图谱属性及属性抽取

属性是对实体和关系的描述,属性能够揭示实体的概念和特性,并能够描述实体之间的关系。属性可以通过两种方式体现出来,第一种是以〈实体-关系〉的形式体现,例如归属地属性能够通过人物实体与地点实体之间的关系体现出来;第二种是通过对实体进行描述来直接体现。属性抽取的目的就是从各种信息中采集特定实体的属性信息,从而对实体进行完整描述。

目前,属性抽取的方式主要有三种形式,分别为基于规则模板的方法、基于机器学习的方法和基于深度学习的方法,如图 4-10 所示。基于规则模板的方法主要依赖规则模板的方式来实现对属性的抽取;基于传统机器学习的方法是将抽取任务指定为序列标注任务,通过机器训练和实体学习实现对属性的抽取,该方法多依赖人工标注的形式进行抽取;基于深度学习的方法是利用自动学习特征的层次结构完成对网络舆情事件客体图谱属性的抽取,通过从网络爬虫抓取到的信息中获取事件的基

---

① 李玥琪. 社交网络舆情多平台主题图谱构建及风险识别研究[D]. 长春:吉林大学,2023. DOI:10. 27162/d.cnki.gjlin.2023.000084.

本信息,利用属性抽取技术从对应字段获取相应属性信息。[①]

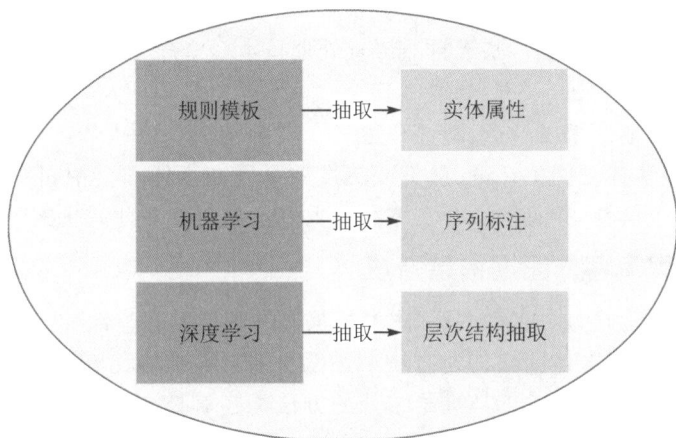

图 4 - 10　网络舆情客体图谱属性抽取的主要方式

3. 网络舆情客体图谱关系及关系抽取

网络舆情客体图谱的关系是指参与舆情事件的各类实体之间的各种语义关系,而关系抽取是指在实体抽取的基础上,从非结构化数据中抽取实体之间存在的各类语义关系类别,并用〈实体、关系类型、实体〉的结构化形式表示出来的过程。目前常用的关系抽取方法主要包括基于模式匹配的方法和基于机器学习的方法:基于模式匹配的关系抽取是通过人工构造实体关系的词典和规则,通过匹配模式识别实体间的语义关系;基于机器学习的关系抽取是使用算法建模并在标注语料数据集中进行学习,从而实现对某个特定事件中的实体关系进行预测。

舆情事件与事件之间存在着因果、顺承等多种关系,因此,对网络舆情事件客体图谱的关系进行抽取,能够精准描绘客体图谱的演化脉络和演化路径,为网络舆情事件管控提供基础和支撑。

4.3.3　网络舆情客体图谱模型构建

1. 网络舆情客体图谱的本质

网络舆情客体图谱的本质就是以知识图谱的形式将舆情话题和事件表示出来。网络舆情事件会涉及多种不同的要素,而这些要素本质上就是现实世界中的语义对象以及该对象所描述的属性的集合。通过应用知识图谱的理论和方法能够揭示实体与属性之间的关联关系,通过有向图的形式构建结构知识库,通过自然语言处理技术

---

① 张西硕,柳林,王海龙,等.知识图谱中实体关系抽取方法研究[J/OL].计算机科学与探索,2024,18(3):574-596.

对概念与属性进行表示和存储,通过可视化的形式展示实体和属性之间的关系,这些都能够更好地描述出实体与概念之间的联系,并理解对象与对象之间的关系,从而进行概述、归纳、抽象和推理。基于自然语言处理技术对概念与属性的关系进行表示和存储。

网络舆情客体图谱由节点、属性和边三个要素构成,其中,节点表示舆情事件中的实体,边代表实体之间的评论、点赞或转发关系。在客体图谱中,每个实体和边包含着一个或多个属性,并且同一个实体之间也可以包含着多种关联关系。[①]

2. 网络舆情客体图谱构建方法

客体图谱的构建方法多种多样,本书根据客体图谱的完整性、准确性以及数据本身的完整度要求,将客体图谱构建方法归纳为两种:① 结构化客体图谱构建。基于结构化的数据文本,通过人工与机器结合的方法构建客体图谱。[②] ② 半结构化客体图谱构建方法。基于半结构化数据,通过人工和机器学习等方法抽取所需要的属性信息,从而构建客体图谱。这两种知识图谱的构建方法都是将人工和机器相结合,通过手动制定抽取规则,将两者之间的关联关系进行匹配,从而实现知识图谱的构建。客体图谱的构建比较适合采用"人工+机器"相结合的方法,通过人工制定规则,建立实体、属性以及语义之间的关系,并基于自然语言处理等方法和技术对舆情事件进行分析和研究并最终整合起来,实现网络舆情客体图谱的科学构建。[③]

4.4 网络舆情时空演化图谱

4.4.1 时空演化图谱概述

1. 时空演化图谱的内涵

时空演化图谱并非一个简单的"增强型"开放域知识图谱,而是需要结合场景知识,并针对时空知识自身的特点,对知识的概念、实体、属性之间的关系进行语义化和时空化拓展的图谱。时空演化图谱除了要描述语义关系外,还要考虑对空间关系与时间关系的描述,以及如何建立时空关系和语义关系的映射,这也是构建时空演化图谱的关键问题。目前已有关于知识图谱的研究大多数都关注静态知识图谱,对知识图谱时序动态变化方面的研究相对较少。由于结构化的知识仅存在于特定的时间段

---

① 张莉曼,张向先,吴雅威,等.基于语义主题图谱的学术 APP 用户信息需求发现研究[J].情报理论与实践,2021,44(12):133-140.DOI:10.16353/j.cnki.1000-7490.2021.12.017.

② 李翔.面向信息装备知识图谱构建的信息抽取方法研究[D].长沙:中国人民解放军国防科技大学,2021.DOI:10.27052/d.cnki.gzgju.2021.001366.

③ 盛泳潘.面向知识图谱的学习算法研究与应用[D].成都:电子科技大学,2021.DOI:10.27005/d.cnki.gdzku.2020.004504.

内,因此时序信息显得尤为重要,而事实的演化也会遵循一个时间序列而进行。近期出炉的研究开始将时序信息引入知识表征学习和知识图谱补全任务中,为了与之前的静态时空演化图谱形成对比,我们称引入时序信息的知识图谱为"时空演化图谱"。①

2. 网络舆情时空演化图谱

在网络舆情事件中,社交媒体中的信息由于具有时间、空间等多个维度,当舆情事件发生时,其内容信息也会在不同的时间和地点被不同区域的用户在不同阶段所发布,因此,通过对个人的地理坐标和发布信息的时间等方面进行研究,能够在第一时间了解该网络用户的活动模式,包括其流动性和聚集性等。与此同时,与该用户有关的情感态度、观点立场等信息都会随着对时间、空间等信息数据的挖掘而得到进一步的阐释。用户个人的位置数据会为剖析、观察舆情事件以及舆情事件整体的演化提供一个全新的视角。从细粒度也可以看出,对舆情用户的时空数据进行挖掘、分析和汇总也有助于更好地了解和发现舆情用户的情感态度,并基于用户的情感态度来描绘舆情的演化态势。

4.4.2　事件时空图谱构建

对时空图谱的构建遵循时空知识抽取、时空知识融合与关联、时空知识推理与计算、时空知识场景应用的基本流程,即从海量半结构化、非结构化和结构化的时空数据中抽取实体、关系和属性方面的信息,通过实体对齐和指代消解实现时空数据的知识融合,并将知识存储到知识库中,最后进行进一步的知识推理、计算和图谱应用。

构建网络舆情事件的时空演化图谱,主要是将舆情事件与网络空间进行映射,将与舆情用户的时间、空间和社交网络关系相关的数据汇聚在一起,从时间、空间和时空交叉的视角出发来分析舆情事件的发展变化和演进态势,挖掘网络舆情事件随时间变化而演变的发展过程。与此同时,随着舆情事件的发展,地理空间的分布格局模式会发生变化,用户间的社交关系也会随着时间的变化而发生显著变化。② 因此,通过分析社交网络中的时间和空间数据,能够全面揭示并描述用户在舆情事件中的反应以及舆情事件发展的整体演变态势,将社交关系作为地区节点的边,讨论热度作为节点间边的权重,空间聚集类型作为节点的属性标签,从而得出实体、属性、关系三者之间的关系,随后构建图数据库,并进一步基于图算法分析时空网络结构,如图4-11所示。

① 邢云菲,王晰巍.基于时空大数据的社交网络舆情演化图谱研究——以"天和核心舱发射"话题为例[J].情报资料工作,2022,43(2):46-55.
② 姜赢.基于知识图谱技术的香山文化时空演化数字化服务应用示范[Z].珠海:北京师范大学珠海分校,2020-12-28.

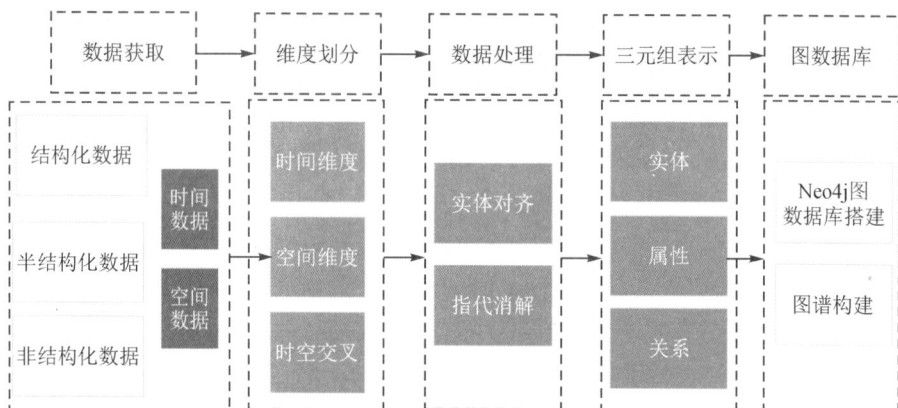

图 4 - 11　时空图谱构建流程

1．时序信息嵌入及实体动态

时序信息嵌入就是通过将时序三元组扩展到时序四元组,从而进一步考虑时序信息,其中,时间提供了关于事实何时成立的额外时序信息。为了提升时间范围预测的性能,需要将上下文时序剖面模型的时序范围预测形式定位为状态变化,并利用上下文学习状态以及相应的关系和状态变化向量进一步改变实体的状态。

2．时序关系及时序推理

时序关系是在关系链中沿着时间线存在的时序依赖关系,基于时间的嵌入,在带有时序正则化的联合学习框架中引入时间顺序和一致性的时间信息。譬如,在非确定性时序知识图谱上进行推理的马尔科夫逻辑网络和概率逻辑,有助于在知识图谱中学习规则的架构并进行知识的推理。

4.4.3　舆情时空结构分析

时空数据指的是既具有时间,同时也包含空间属性的数据,其数据结构也是多种多样,不仅包括实体的数量、结构和空间分布特征,还包括文本和图像等。时空数据结构同时具有数据量庞大、非线性以及时变的特征。现有研究大多把时空数据表述为时间、空间和属性等多方因素组合在一起而形成的数据。时空数据模型是在时间、空间以及属性语义等方面能够更加完整地模拟客观世界特征的数据结构模型。

1．时间特征

网络舆情数据是人类在社交网络平台通过用户的信息行为留存下来的数据资源,其自身就具有时间属性的基本特征,如用户评论的时间、用户发布信息的时间、用户点赞的时间、用户转发的时间等,这些信息都体现了时间资源的基本特征。[①] 可以认为,时间属性在整个网络舆情数据的收集和管理中具有极为重要的意义。通过对舆情数据进行挖掘,能够明确用户发布信息的时间,了解该时间用户随时间变化的情感特征,时间属性具有确定性,如舆情的形成时间、发展时间以及爆发时间等,这些数据能够明确记载舆情的走向,对于了解舆情的演进态势、洞察舆情的基本走向具有重要的意义。[②]

2. 空间特征

舆情的爆发伴随着形成、萌芽、爆发、衰退的过程,从事件的空间分布格局就能够看出,空间分布格局呈现出空间聚集的特征,并且,随着空间分布态势的不断扩张,舆情事件的发展也在不断壮大。尤其是官方媒体和意见领袖等关键用户的加入对于整个舆情的发展将产生至关重要的影响,舆情事件的接受度以及舆情受关注程度的提升对于舆情的空间分布特征也具有较大的影响。在网络舆情发展的不同阶段,舆情用户的参与会展现出不同的信息需求和信息行为,这些同时又会对舆情的热度和舆情事件产生重要的影响。在事件初期,政府和官方媒体方面对有关事件的信息和报道都是有限的,而随着时间的推移,有影响力的用户不断参与到事件的发展过程中,并不断对事情进行干预,可能会导致事件的参与度上升,吸引更多人的关注,同时也吸引更多的用户参与到事件的讨论中。在事件中期,关键用户的粉丝基础和影响力导致他们能够影响和提高用户对于事件信息的接受和关注程度,并且鉴于之前形成的空间聚集而对相同和邻近空间的其他用户产生直接或间接影响,从而导致空间聚集的程度不断加强。此外,子事件的发生和持续的时间并不是很长,在此期间,舆情热度已经产生了明显的回落,而之后事件的时间间隔又重新变得较小,舆情热度和空间聚集程度因此会不断地积累和攀升,与此同时,随着舆情关注人数的下降,舆情的走势也在持续降低。[③]

3. 属性特征

属性特征是对事物的描述性分析,如舆情的名称、舆情类型、舆情的性质等,与时间、空间无关的任何属性都可以被归纳为此类。通过局部相关分析结果也能够预测事件的热点区域,由于其本身具有的特点,舆情事件表现出较大的地域性和规划化,在重点的城市区域能够表现出明显的聚集性特征,例如,北京、天津等重点区域。有相关研究显示,地区的经济水平越高,该地区的公众就越有可能通过在线网络表达自己对于某一事件的态度。同时,在热点区域,空间热点的分布能够显示这些地区的发

① 孙一贺,于浏洋,郭志刚,等.时空知识图谱的构建与应用[J].信息工程大学学报,2020,21(4):464-469.

② 王琪.面向城市交通的时空知识图谱构建与可视分析[D].武汉:武汉大学,2023.DOI:10.27379/d.cnki.gwhdu.2020.001472.

③ 傅浩,李俊,黄爱芝,等.基于时空信息的军事事件图谱构建方法研究[J].网络安全与数据治理,2023,42(S2):189-192.DOI:10.19358/j.issn.2097-1788.2023.S1.075.

达程度以及人口密集程度,如新疆、内蒙古等人口密度较低的地域,其空间聚集就属于低值区类型。

4.4.4 舆情时空网络模式

1. 舆情时空网络

时空网络呈现以个人节点为核心的发散结构,事件传播的范围覆盖全国以及海外地区。

首先,地理事件的传播所造成的影响是与其他自然地理和空间距离直接相关的。事件是在现实时空中发生的地理事件,但是该地理事件引发的舆情在时空覆盖范围方面则体现了一定的全面性,网络舆情传播的情况与地理事件实际覆盖的时空范围出现了分歧,这也体现了网络舆情信息的跨时空特点。网络舆情事件虽因地理事件而起,其传播形式和传播规律却与一般的地理事件不同。

其次,时空网络也体现了在舆情的传播和扩散的过程中信息所展现出的时空收缩效应。网络舆情在地理事件发生后的短期内就出现了传播距离远、传播范围广的特点。因此,根据节点的标签及其在网络中的核心位置可知,除了几个显著的城市,部分不显著的聚集城市也处于时空网络中的核心位置,在事件的传播过程中起到至关重要的作用,此类城市节点也会成为舆情事件管控和舆情生态治理的重要关注对象,这一发现也会对空间自相关分析的结论产生重要影响。[①]

2. 事件时空演化模型

时空演化图谱的构建主要包括两个方面:① 时空结构可视化。通过网络爬虫进行舆情事件话题方面的数据采集,并对采集到的时空数据进行清洗,根据事件的发展过程和事件的内容划分子事件;对子事件发生的时间顺序进行事件时间尺度方面的划分,根据行政区划对收集到的位置数据进行事件空间尺度方面的划分,从而构建事件时空演化图谱。[②] ② 构建事件时空网络。基于有关事件参与用户的时空数据和社交关系构建时空网络图谱,并通过算法分析时空网络中的关键区域,使用空间自相关分析并结合事件相关的时间数据对事件结构做时空可视化处理。具体而言,就是通过全局自相关分析确定事件的时空分布全局,即事件在空间上呈现的聚集、分散或随机的分布格局,以及空间分布格局随着时间的变化呈现的演变趋势和规律等。[③] 在此基础上,通过对局部自相关的分析确定事件的空间聚集类型,找到事件的热点、冷

① 李玥琪. 社交网络舆情多平台主题图谱构建及风险识别研究[D]. 长春:吉林大学,2023. DOI:10.27162/d.cnki.gjlin.2023.000084.

② 余瑶. 基于数据挖掘的微博舆情事件情感时空演化分析[D]. 湘潭:湘潭大学,2022.

③ 贾若男. 社交网络舆情事件主题图谱构建及舆情生态治理研究[D]. 长春:吉林大学,2023. DOI:10.27162/d.cnki.gjlin.2022.000382.

点和异常点,并探寻其随时间而变化的模式和规律,在构建事件时空演化图谱的基础上,对事件的时空分布格局和时空网络模式进行分析。[①]

4.5　网络舆情的种群概述

在介绍网络舆情的种群图谱之前,本节首先需要对种群图谱的内涵进行解析,对网络舆情的种群行为进行详细论述,进而分析网络舆情种群图谱的组成,并最终对其种群图谱进行构建。

4.5.1　种群图谱的内涵

1. 网络舆情中种群的内涵

自然界中的种群是指同一时间生活在一定自然区域内,同种生物的所有个体。[②]由此定义可知,形成种群需要具备两个要素,即一定区域内和同种生物。将种群的定义引入网络舆情中,网络舆情中的种群是指在网络舆情生态系统中,具备相同功能、立场、利益导向的舆情个体的集合。

2. 种群图谱关系的内涵

种群图谱关系的内涵主要从信息主体的视角出发(见图 4 - 12),对舆情事件进行详细论述,通过分析舆情事件中种群的定位以及用户种群关系的发现等问题,从而

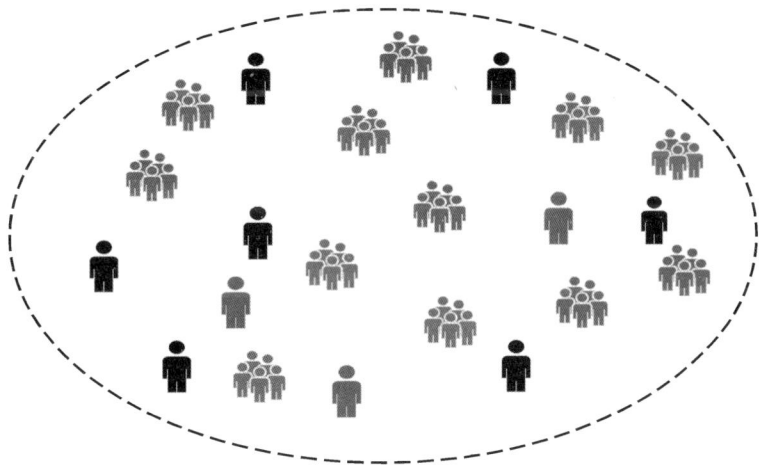

图 4 - 12　种群主体的关系结构

① 陆雨涵. 突发公共卫生事件网络舆情主题及情感时空演化研究[D]. 武汉:武汉大学,2023. DOI:10. 27379/d. cnki. gwhdu. 2023.000195.

② 罗珉. 组织理论的新发展——种群生态学理论的贡献[J]. 外国经济与管理,2001(10):34-37.

对用户的种群关系内涵进行界定。网络舆情事件的明显特性是用户的群体性,由用户个体组成的用户群体是舆情传播的最基本单元。在网络舆情生态系统中,由于用户个体在舆情传播的过程中聚集成用户群体,因此,在舆情信息传递过程中,具有相似立场、意见和属性特征的用户会聚集在一起形成特定的用户种群,并在舆情事件的场域中扮演至关重要的角色,如领导种群等。由于舆情传播具有迅速性和便捷性,用户在获取信息、观察信息时,也会使其他用户的态度和行为发生改变,从而影响整个舆情事件的发展态势。[①]

3. 网络舆情中种群的分类

参与网络舆情的种群呈现多元化,本节选取政府种群、意见领袖种群、网络推手种群以及普通网民种群作为研究对象进行探讨(见图4-13)。

图4-13 网络舆情种群分类

(1) 政府种群

政府是可以行使国家权力的所有公共机关,是舆情的管理者,目的是维护国家利益和社会稳定,有权对威胁社会秩序的不稳定因素进行治理。[②] 政府监管部门作为社会服务的管理者,有责任应用各种手段对网络中出现的舆情事件进行引导和管控,从而净化网络环境和网络空间。政府部门有权对社交媒体或网络推手的行为进行规范,随时监管网络舆情。政府部门可以通过开通网络平台、微信公众号,向公众发布权威消息,保持网络舆论环境的公开性和透明性,并能够在一定程度上缓解公众的极端情绪,防范和化解危机事件,维持社会的稳定。因此,政府监管部门在对网络舆情

① 唐立婷.关于网络舆情生态系统的构建与运行机理研究[J].现代经济信息,2019(15):403;405.
② 朱晓峰,黄晓婷,吴志祥.基于种群演化的政府数据开放实证研究[J].情报科学,2020,38(7):123-131.DOI:10.13833/j.issn.1007-7634.2020.07.018.

的引导和管控中发挥着至关重要的作用。[1]

（2）意见领袖种群

意见领袖是指在突发事件网络舆情中能够影响普通网民对于该突发事件的认知和态度、促进正向舆情传播的个人和组织，他们将突发事件中原本无序、杂乱和虚假的信息进行加工后传递给广大网民，从而对舆情事件中的普通网民在行为和思想上起到正向引导作用。[2]

（3）网络推手种群

网络推手是指出于自身经济利益或政治利益而借助网络有目的、有计划地进行炒作，从而获取网络流量的个人和组织。[3] 网络推手可以对网络舆情的传播产生重要的影响。网络推手通过炒作热点舆论创造巨大的利润，利用不正当手段打击竞争对手、制造虚假民意、吸引网民的注意力和诱导网民的行为，恶意引导舆情，从而威胁社会稳定。[4]

（4）普通网民种群

普通网民是指不具有特殊背景和功能，通过网络参与突发事件网络舆情的普通民众。广大网民积极参与社交媒体平台的网络舆情，具有传播迅速、影响力广等特点，他们是引发突发事件网络舆情的主要力量。普通网民数量众多，文化、年龄和背景等各有差异，且处于突发事件信息传播的末端。

4.5.2　网络舆情种群的行为

种群生态学指出，种群的行为主要包括生产、消费、分解和组织。考虑到网络舆情中各种群都存在信息传播的行为，因此，本节将从信息生产、信息传播、信息消费以及信息组织的视角来分析网络舆情中种群的行为。

1．政府种群行为分析

政府种群行为主要是通过准确、及时发布网络舆情事件的原因和过程等相关信息以回应网民关切的问题。政府种群通过将突发事件的网络舆情信息本身及时公布，针对网民关注的具体问题设置议题，说明具体的应对措施，引导舆情良性发展；针对舆情热点事件的复杂信息进行加工、组织，删除有害信息，基于政府的影响力对其他种群进行舆论管控，对网上的极端言论进行剔除和屏蔽，且对原本松散、零碎的信息进行过滤和组织，基于舆情事件和网络舆情演化阶段采取相应的引导方案和措施，

---

① 林玲,陈福集.网络推手参与的社交媒体舆情传播四方演化博弈[J].系统科学与数学,2023,43(2):379-398.

② 毕宏音.网民的网络舆情主体特征研究[J].广西社会科学,2008(7):166-169.

③ 燕道成.网络推手的传播学反思[J].中国青年研究,2012(4):60-64.

④ 林玲,陈福集.网络推手参与的社交媒体舆情传播四方演化博弈[J].系统科学与数学,2023,43(2):379-398.

遏制虚假舆情信息的产生和传播,避免引起公众的恐慌情绪。[1]

2. 网络推手种群行为分析

网络推手种群行为主要是生产虚假信息。与政府种群生产真实信息不同,网络推手种群所生产的信息主要是不实信息,出于利益考虑,其生产谣言类信息的行为是有限理性行为。此外,网络推手种群行为是通过网络对虚假信息、负面宣传等进行传播和扩散,基于评论、点赞、转发等行为操控网络舆论,扰乱市场的经济秩序,破坏社会的稳定,如图 4 - 14 所示,网络推手在这种情况下扮演着"舆论传播者"的角色。

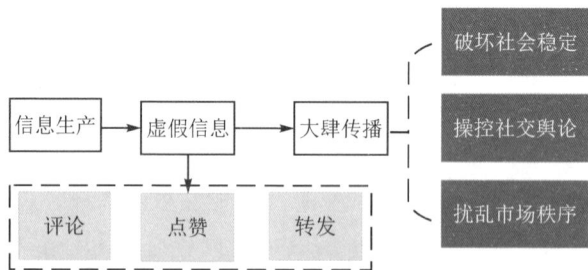

图 4 - 14　网络推手种群行为的产生过程

3. 意见领袖种群行为分析

意见领袖种群行为是指通过信息传播、评论、点赞、转发等形式,传播自身关于某舆情事件的观点、意见、情感和态度。意见领袖本身具有大量的粉丝和关注群体,可以直接引导舆情的走向,使事件迅速成为公众关注的焦点;同时,意见领袖通过信息传播表达自身的情绪感受和看法。[2] 意见领袖往往会对原始信息进行加工和组织,在原有信息的基础上提供专业的知识和合理的预判,从而使自己的观点被大众所认可。

4. 普通网民种群行为分析

普通网民种群的行为首先是信息消费,通过浏览、点赞、阅读、评论、转发等方式对舆情事件相关信息进行消费。普通网民种群处在信息传播链末端,在舆情事件发生后,他们迫切希望了解舆情事件真相;在信息传播方面,将所接触到的信息通过网络进行转发和扩散。[3] 普通网民种群会通过复制、转载等方式传播舆情,导致舆情的扩散,因此,在信息不断传播的过程中,非常容易产生"跟队"现象,跟风相信其他

① 黄心一. 政府协助下产业集群的种群动力系统研究[D]. 南京:南京信息工程大学,2015.

② 张卫东,李松涛,毛秀梅. 角色演变视角下辟谣信息对社交媒体意见领袖形成的影响——基于舆论领导法则[J]. 情报理论与实践,2024,47(1):110-119. DOI:10.16353/j.cnki.1000-7490.2024.01.014.

③ 侯艳辉,孟帆,王家坤,等. 后真相时代考虑信息熵的网民观点演化与舆情研判引导研究[J]. 情报杂志,2022,41(7):116-123;150.

种群。

4.5.3 种群图谱的组成及构建

1. 用户种群图谱

在网络舆情生态系统中,舆情主体通过各种手段和方式获取所关注舆情事件的信息,并就舆情事件发表自己的观点和看法,体现为舆情个体对事件所持观点、态度、意见、立场的总和。由于网络舆情事件具有群体性,随着事件的不断发展以及用户之间社交互动的加深,具有相同特征以及需求的用户个体聚集起来,从而形成不同的舆情事件用户种群,如图 4-15 所示,这些具有直接和间接关系的用户所表达的舆情信息成为核心的舆情事件群落。[①]

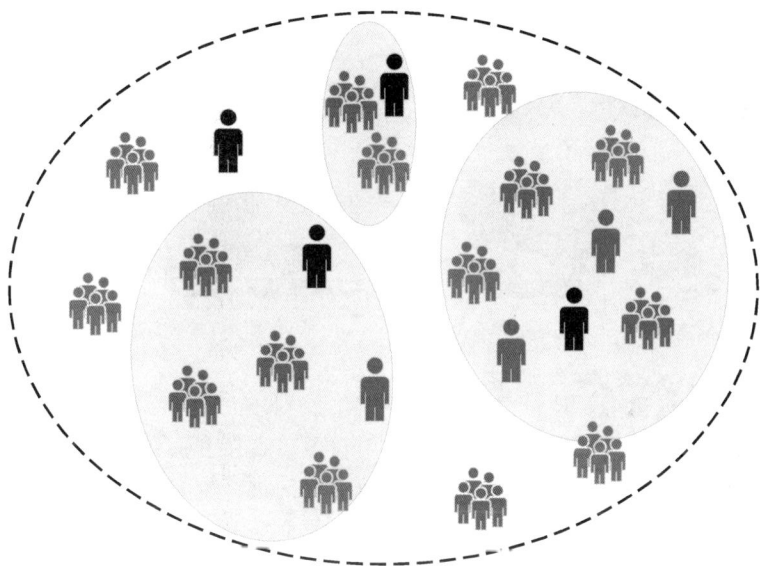

图 4-15 用户种群图谱的关系结构

2. 种群图谱的构建

从微观层面构建舆情事件中的用户种群图谱,主要通过以下几个步骤进行:① 基于信息人构建网络舆情事件用户种群图谱,从微观层面剖析舆情事件中的用户及用户聚集而成的用户种群。通过网络爬虫对参与事件的用户就其资料信息进行爬取和量化处理。② 对用户属性和特征、行为属性进行选取和量化分析。用户属性和特征能够从客观视角显示出种群的组成情况,包括用户发布的微博数量、关注数、粉

---

① 贾若男.社交网络舆情事件主题图谱构建及舆情生态治理研究[D].长春:吉林大学,2023. DOI:10. 27162/d. cnki. gjlin. 2022.000382.

丝数和微博等级,通过网络爬虫从用户的基本资料中获取。行为属性包括用户的情感和影响力,能够反映用户对舆情事件的主观态度和用户在事件传播中的作用。用户情感方面采用卷积神经网络进行情感分类,影响力通过 PageRank 算法得到,之后采用 K-means 算法进行用户群体聚类,在得到不同的用户种群后,通过对组成群体的个性特征进行分析和研究,达到解释群体特征的目的。此外,通过分析用户所在种群的内部结构和种群间的关系,揭示用户种群对事件进程和走向的影响,用户所在群体对用户参与事件、采取行动的影响。③ 基于用户行为特征属性信息构建群体图谱,如图 4-16 所示。①

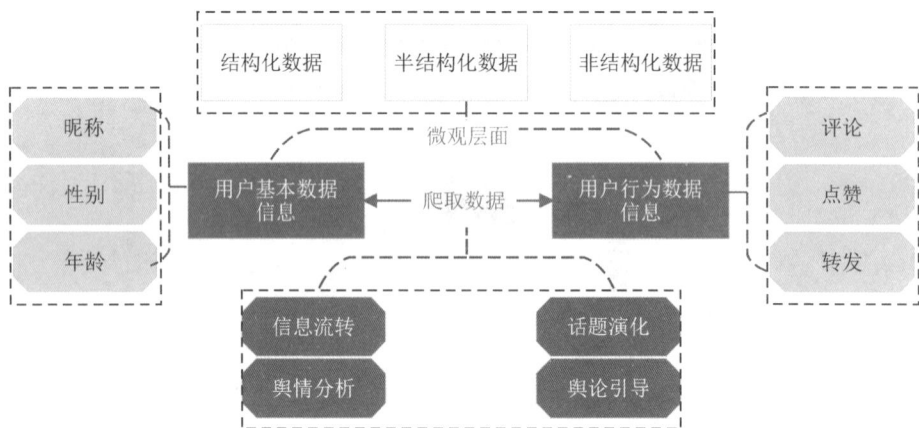

图 4-16 构建种群图谱

种群图谱的构建主要从信息生态的角度出发对事件进行深层次剖析,从而解决舆情事件信息流转的问题。网络舆情中的用户通过直接和间接的社交关系实现信息的流传,与此同时,舆情信息、观点、态度和情感之间进行交互和碰撞,因此,具有特定组织方式的信息集合在一起就形成了不同种群群落。由于舆情事件传播的范围广、速度快且内容较为丰富,这使得相关部门对舆情的控制难度较大。然而,网络舆情平台的普及为公众获取、评论、转发和传播信息提供了较大的便利,同时也降低了种群间信息流转的成本。网络的匿名特性和言论自由特性使得用户能够根据自身的感受和好恶来发布信息,舆情事件信息的传播既有正面性也有负面性,信息内容涵盖了有关事件参与者的观点、态度和立场方面的信息。因此,对种群群落进行挖掘和分析,一是能够直观展示事件的主要内容,并且在信息特征分析的基础上,通过进一步的分析获得事件讨论中的热点话题;二是了解事件话题的演化和发展过程,更好地揭示和理解事件;三是通过对群落图谱的构建和分析,发现舆情信息的特点和规律,并以此为依据对舆情事件进行及时、有效地控制和干预。

① 张柳.社交网络舆情用户主题图谱构建及舆情引导策略研究[D].长春:吉林大学,2022.DOI:10.27162/d.cnki.gjlin.2021.000137.

4.6　网络舆情的信息群落图谱

在构建网络舆情信息群落图谱的过程中,首先需要了解信息及信息群落的内涵,其次对信息的特征、热点话题及演变态势进行分析,最终进行信息群落图谱构建。

4.6.1　信息及信息群落概述

网络舆情事件中的信息是用户参与和关注舆情事件的重要表现形式,能够反映出不同的舆情用户和用户群体的观点、立场及态度。随着在线社交网络的蓬勃发展,网络信息很容易受到影响,此类信息在塑造公众观点和态度方面发挥着越来越重要的作用。当舆情事件发生时,公众可以通过社交网络快速、广泛地传播信息和表达意见,并能在短期内构建复杂的信息沟通网络。在社交网络中,舆情事件信息的传播往往伴随着话题的传播,通过对社交网络舆情事件中文本信息的挖掘与分析,可以有效地了解舆情事件发展过程中的舆论关注点、焦点话题、关键主题、信息语义关联等,从而有利于对事件进行多维感知和应急管理,维护公共安全和社会稳定。因此,对舆情事件信息的分析与监测对于管理和调控舆情事件具有重要的作用。

1. 信息的基本内涵

在信息生态理论中,信息的收集、传播和利用是信息生态能够顺利运行的前提和基础,是信息生态系统中各个信息生态要素相互联系的中介,维持着整个生态系统的运行,信息的流转和传递是整个信息生态系统运作的主要表现形式。[①] 信息生态系统是一个多层次的体系,其最底层的信息个体通过某些形式,譬如相同的信息特征、信息需求和信息结构等,聚集在一起形成信息人种群。他们在一定的时空、技术和政策条件下,通过具有直接或间接关系的多个信息人种群进行信息的交互,实现信息的流转。[②]

2. 信息群落的内涵

处于信息生态系统底层的信息人种群会围绕某个特定的信息需求和信息资源,通过直接或间接的关系产生种群之间的信息交互,从而形成复合体。这些复合体在特定的时空、技术和政策条件下,通过信息的交互与流转以及资源的整合,形成具有

① 谢媛,李本乾.新媒体环境下突发环境事件网络舆情风险信息感知模型[J].现代情报,2023,43(6):158-165.

② 邓舒予.突发事件微博舆情意见领袖对网民情感倾向影响研究[D].哈尔滨:哈尔滨理工大学,2023.DOI:10.27063/d.cnki.ghlgu.2023.000371.

一定结构、规律和相互作用的特定功能复合体,即信息群落,如图4-17所示。[①] 信息群落的组成单位是不同角色的信息种群,信息群落形成的原则是根据特定的规律连接起来,特点是群落的内部结构更加紧密且群落的信息链相对独立。

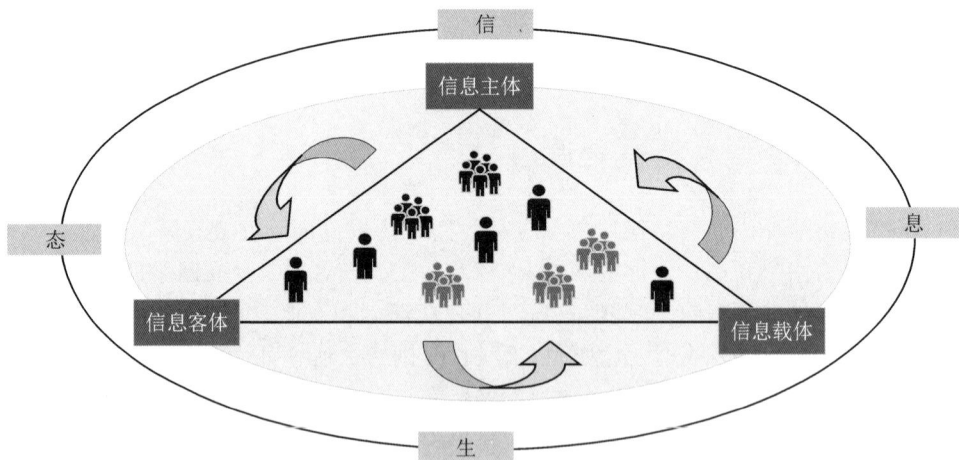

图 4-17 信息群落

信息群落属于生态系统的中观层面,就舆情事件而言,信息群落就是基于舆情事件中某些信息出现的关键信息方面的语义联系,准确、及时地发现舆论话题和焦点的变化与转移,从而对舆情话题的演变态势进行动态跟踪,对舆情事件的情况和特点进行深入分析,达到更加完整地描述网络舆情事件、把握事件热点的目的。

信息群落是以具有特定信息需求的舆情主体所表达的信息为核心,且具备一定的信息结构、规律并能够相互作用的复合体。根据信息系统层级理论,信息群落属于信息生态系统的一部分,属于其中观层面。在突发网络舆情事件传播过程中,分析信息群落之间的联系,挖掘信息规律,分析关键信息之间的语义联系,可以及时、准确、客观地挖掘出舆情话题以及焦点变化的轨迹和规律,实现对舆情演变态势的动态跟踪,舆情话题事件的完整描述,以及对舆情话题热度更好把控。因此,对信息群落的分析是网络舆情管理至关重要的内容,对于良好地构建网络舆情生态具有至关重要的意义。[②] 因此,以信息生态中的信息因子为基础,通过构建网络舆情事件中的信息群落图谱,从理论视角出发,构建社交网络舆情事件的群落图谱,对舆情事件信息进行文本挖掘,结合舆情管控部门的建议和分析结果,能够为舆情用户识别关键节点确定舆情话题的热度,以及相应的治理策略的提出提供参考及借鉴,为后续研究提供

① 王晰巍,杨梦晴,王楠阿雪,等.新媒体环境下网络社群情境信息共享影响因素实证研究——基于信息生态群落视角[J].情报学报,2017,36(10):1050-1057.

② 田世海,张家毓,孙美琪.基于改进SIR的网络舆情信息生态群落衍生研究[J].情报科学,2020,38(1):3-9;16. DOI:10.13833/j.issn.1007-7634.2020.01.001.

服务。

4.6.2 信息特征及热点话题

1. 信息特征分析

在突发事件网络舆情的发展过程中,信息在社交媒体平台上的持续传播在很大程度上都依赖于群体信息传播活动,通过该类型事件,也能够看出关键用户群体在事件传播中体现出的信息特征。有些事件更趋近于官方化,有些事件在发展的过程中趋近于零碎化以及客观化,普通群众获取的舆情信息相对碎片化和情绪化,而这两者之间存在较大差别的原因是关键用户的种群所包括的信息主体较多,主要包含官方媒体、主流媒体等,当官方媒体参与到舆情事件中时,就会对舆情事件中的主流媒体产生至关重要的影响,[1]其舆情信息以及参与人数将会持续增多,而官方媒体的信息内容则更具权威性。正确、客观、严谨的信息源会对公众有正向引导作用,而且多种类型的舆情信息也能够使公众不断地进行交流和互动,从而促进事件参与主体的多方面沟通,同时能够加深公众对事件的多方位认知,有利于舆情向着较好的发展态势演变。

2. 热点话题分析

随着网络舆情事件的持续发酵以及参与主体的不断增多,很多与事件主体相关或已经发生的事件将会再次引发舆情主体的关注,从而可能会衍生出新的舆情话题。这些舆情话题具有三个方面的特征:① 网络舆论环境的复杂化、参与主体的多元化以及热点话题数量的持续增加极易出现舆论反转现象,从而使事件的详情模糊不清,呈现互动性和自主性的特征;② 从不同舆情热点事件的话题来看,普通用户种群作为信息的接受者和消费者,会为关键用户种群带来大量有关舆情事件的信息,并导致信息的大规模传播,由于普通用户在社交媒体中存在广泛性,用户组成在信息素养、受教育程度以及生活方式和工作背景等方面都会十分丰富,这将导致对信息内容的理解和群体观点呈现出较为显著的差异性,也决定了舆情事件热点话题的演化呈现多样性和丰富性的特征;③ 关键用户的种群比较多样,他们在舆情事件的传播中扮演着极其重要的角色,为保证事件的还原度和真实性、可靠性,需要包括官方媒体和主流媒体在内的关键用户群体扮演信息的生产者、加工者、交换者以及消费者等角色,这决定了舆情事件主题的内容呈现集中化和鲜明化的特征。

3. 演化态势分析

在网络舆情传播的过程中,随着网民关注度的提高,舆情事件不断发展,舆情会

---

① 林云,曾振华,曾林浩.微博社区网络结构特征对舆情信息传播的影响研究[J].情报科学,2019,37(3):55-59.DOI:10.13833/j.issn.1007-7634.2019.03.010.

不断演进,其演化态势也会发生较大的变化。舆情事件中下一个话题的产生往往是由上一个事件发展演变而来,并且其间可能会穿插不同的子事件,这也使得舆情话题向横向和纵深不断扩展。舆情话题的发展不再拘泥于事件本身,话题的扩散代表着舆情信息的流动方向,各子事件不断被讨论,且话题不断繁衍、升级,从而使一些话题成为重点话题。[①] 因此,舆情管理部门在进行管控的过程中,要时刻注意舆情的演化态势,关注每一个节点的加入对整个舆论环境造成的影响,同时舆情管理部门需要针对这些话题进行重点监测和分析,及时进行引导和做出决策,并进一步调控舆论的发展方向,从而确保舆情向着健康和良性的方向发展。

4.6.3　信息群落图谱构建

1. 信息群落图谱构建流程

在构建图谱时,首先应进行数据采集与预处理,通过网络爬虫的方法采集舆情事件话题的文本数据,并对数据进行清洗和处理,在此基础上,根据事件的内容和发展过程划分子事件,并根据事件用户的信息特征划分用户种群,利用用户生成的文本信息构建信息群落图谱。信息群落图谱主要由三个方面组成,即事件信息特征演化图谱、事件话题社区图谱和话题演化图谱。其中,事件信息特征演化图谱主要通过TF - IDF 的文本特征提取方法从文本信息中提取特征关键词,并以此为表征信息,从不同用户种群的角度构建事件信息特征演化图谱,从而直观地展示舆情事件中的焦点信息及其动态变化,突出用户种群在事件发展中的作用和关注点。

通过构建和分析事件信息特征演化图谱,得到舆情事件中的关键信息特征。由于无法确定这些信息特征之间的关系,通过构建事件的共词网络,进一步展示关键信息特征之间的关联关系,并且采用 Louvain 社区检测算法更深层次地识别和划分出共词网络社区,得到事件话题社区图谱和话题演化图谱,从而在一定程度上揭示舆情事件的热点话题及其演化发展过程,并分别针对信息群落图谱的结构、规模和信息特征以及话题及其演变进行讨论和分析。[②]

2. 信息群落图谱构建方法

(1) TF - IDF 特征提取

TF - IDF 是一种统计量度,能够反映一个词对一个文档集合或语料库中某一个文档的重要程度。在进行文本分析时,TF - IDF 也是一种加权技术,能够对给定词在文本中的出现频率进行分析,并可以度量该词的重要性。TF - IDF 的核心思想是

---

① 孙钦莹,任晓丽.基于双重失衡环境的网络舆情演化机理与治理策略研究[J].情报杂志,2023,42(4):98-106.

② 田世海,张家毓,孙美琪.基于改进 SIR 的网络舆情信息生态群落衍生研究[J].情报科学,2020,38(1):3-9;16.DOI:10.13833/j.issn.1007-7634.2020.01.001.

对一个文档中的词频进行分析,当文本中的某个词出现的频率较高时,说明该词具有较高的区分能力,能够很好地代表该文档的核心主题。譬如,包含词语 T 的文档越少,n 越小,IDF 越大,说明词条 T 具有很好的类别区分能力。TF - IDF 作为一种发现话题的统计方法,能够通过计算文档中关键词的权重来选取最能代表该文档主题的关键词。因此,为了减少文本中噪声的干扰,采用 TF - IDF 方法对不同用户种群的文本信息进行特征提取,能够更好地解决关键词筛选概率不高的缺点。

TF - IDF 方法的第一步是计算词频,即 TF（term frequency）,公式如下:

$$TF(t,d) = \frac{n(t,d)}{\sum_{t' \in d} n(t',d)} \tag{4-1}$$

式中,t 表示词语,d 表示文档,$n(t,d)$ 是词 t 在文档 d 中出现的次数。

第二步是计算逆向文档频率,即 IDF（inverse document frequency）,根据 IDF 的定义,其是一个词语普遍重要性的度量,某一特定词语的 IDF,可以由总文档数目除以包含该词语文档的数目,再将得到的商取以 10 为底的对数得到。公式如下:

$$IDF(t,D) = \lg\left(\frac{N}{|\{d \in D : t \in d\}|}\right) \tag{4-2}$$

式中,t 表示词语,D 表示语料库中的所有文档集合,N 是文档集合中总的文档数,$|\{d \in D : t \in d\}|$ 是包含词 t 的文档数。

第三步是计算 IF - IDF 的值,其值是词频与逆向文档频率的乘积,公式如下:

$$TF - IDF(t,d,D) = TF(t,d) \times IDF(t,D) \tag{4-3}$$

（2）共词网络构建

共词网络最早由米歇尔·卡隆（Michel Callon）提出,该方法主要研究关键词共现所形成的层次与结构。[①] 相较于共引分析能够有效、深入地分析文献,卡隆则是利用文本分析来预测其未来的发展趋势。舆情事件参与用户生成的文本信息包括了用户对事件的观点和态度、立场以及焦点等多种信息,随着文本分析的进一步发展,基于文本分析的可视化技术已经被越来越多地运用于对信息内容以及关系的呈现等方面,如饼状图、网络图等。因此,在网络舆情事件中,对事件特征进行提取的技术已经被用户群体所关注,并且这些特征词之间的信息流动和变化也能够通过应用各种图谱展示出来,然而,在这些焦点之间的关联关系、可视化的呈现方面则需要进一步地研究和分析,此时共词网络的构建就显得尤为重要。

共词网络的主要优点在于其明确性,能够从频率和关系等视角来解释单词与文本,而文本可以被理解为单词网络。文本中的共现关系基于三个基本概念,主要包括在上下文中出现、处于句法关系中、在单词的连续序列内。构建共词网络的具体方法为:① 分别对不同事件中用户种群的文本信息提取高频词,生成高频词表;② 过滤

---

① CALLON M,COURTIAL J P,TURNER W A,et al. From Translations to Problematic Networks: An Introduction to Coword Analysis[J]. Social Science Information,1983,22(2):191-235.

停用词;③ 基于热点词频,建立共线关系,从而构建共词网络;④ 将共词网络图谱进行可视化呈现,进一步揭示共词网络的演变过程。[①]

(3) Louvain 算法

Louvain 算法是一种快速的模块化算法,能够基于不同规模的网络层次对网络结构进行分析和理解。一般而言,在网络节点中的各个组彼此之间连接以及与其他的点进行再连接。网络节点就是依据节点及节点之间的关系将网络中的若干群体组成一个群落。在共词网络话题发现的方法中,Louvain 算法是一种十分重要的识别话题的方法,对于识别关键主题具有十分重要的意义。很多学者已经将该算法应用到了网络舆情传播等话题中。为了更好地理解舆情事件的信息文本内容,可以采用 Louvain 算法对共词网络进行分区,从而发现事件话题。Louvain 算法能够在信息群落构成的过程中发挥重要的作用,并能够基于不同的分析内容获取有价值的信息,加深对舆情事件信息语义和结构的理解。

(4) 网络结构测度

网络结构分析是一种以节点和节点之间的关系为基本研究对象的算法,通过对网络中的结构进行测度,能够直接展示网络中各个节点之间的关系,从而挖掘出网络中的子群以及关键节点。对网络中的节点进行中心性度量能解释节点在网络中的地位和作用。具有较高中心度的节点能够与其他节点更好地连接,通常这个节点也被称为网络中的重要节点和枢纽。网络结构分析主要是通过共词网络中关键词之间建立的共词关系来计算关键词的中心度,并通过计算度来衡量节点对于其所属话题的重要程度。

---

① 刘自强,岳丽欣,许海云,等.时序共词网络构建及其动态可视化研究[J].情报学报,2020,39(2):186-198.

第 5 章　网络舆情关键节点识别

网络舆情关键节点研究是对网络舆情传播机制的深入探讨，对于理解和管理社会信息流非常重要。该种研究通过提供有效的管理工具，让各种机构和主体能够更好地识别意见领袖，进行定向沟通，诊断网络健康情况，理解和影响社会信息流，理解社会结构，对于提升信息传播效果、优化沟通策略作用颇大。

5.1　网络舆情关键节点识别概述

网络舆情关系到整个生态环境的好坏，对于维护社会秩序的稳定和公民的切身利益具有重要的意义。近年来，随着政府等部门对舆情事件越发重视，即使是简单的事件也会有产生较大风险的倾向，加之有以往舆情事件发生的典型案例，能够看出，网络舆情事件的爆发会给社会、给整个网络环境带来较为严重的问题。

5.1.1　关键节点的主要分类

1. 意见领袖

(1) 意见领袖的主要内涵

20 世纪 40 年代，保罗·F. 拉扎斯菲尔德（Paul F. Lazarsfeld）等人提出了两级信息传播理论，首次提出"意见领袖"的学术概念。该概念认为信息是从广播和印刷媒介流向意见领袖，再从意见领袖传递给那些不太活跃的人群的。[①] 拉扎斯菲尔德基于传播学事件将意见领袖定义为处于人际关系传播网络的关键节点，是通过积极地从大众传媒上获取信息，并将其传递给公众的"积极分子"。可以指出，意见领袖通过在信息获取和讨论方面为他人提供意见和建议，能够对他人产生较大影响。意见领袖并不会因为其社会地位、财富多少以及岗位而有所区别，他们更多的是通过积极主动地获取信息，与官方媒体进行沟通和传导信息，从而保持所在群体与外界之间的联系。与此同时，他们也会基于个人因素，积极影响其他人的思想，从而成为在官方媒体与不活跃分子之间传递信息的桥梁。[②]

---

① 拉扎斯菲尔德,贝雷尔森,高德特.人民的选择——选民如何在总统选战中做决定[M].唐茜,译.北京:中国人民大学出版社,2012:128.

② 张卫东,李松涛,毛秀梅.角色演变视角下辟谣信息对社交媒体意见领袖形成的影响——基于舆论领导法则[J].情报理论与实践,2024,47(1):110-119.DOI:10.16353/j.cnki.1000-7490.2024.01.014.

（2）网络意见领袖的内涵

随着互联网络时代的到来，意见领袖成了"网络意见领袖"，他们成为在网络上发表观点和看法的那部分群体。然而，由于每一个网民都能够自由地在网络上发表心声，众声喧哗，因此引发了信息爆炸现象，各种各样的观点令全网陷入焦虑和认知失衡状态。不知所措的网民渴望通过权威信息来为公众指引认知方向，于是，少数活跃于网络社区且熟悉、掌握网络发言技巧的网民便脱颖而出，他们能够对信息或者某一议题进行个性化的解读，从而为网民提供简约、高质量的关键意见。

人们往往将网络意见领袖视为处于网络场域信息传播的关键节点，这些人物能够为网民提供富有想象空间的信息，尤其在当前的网络媒体时代中，网络意见领袖在信息传递方面占据着至关重要的位置，在推动信息流动方面颇具影响力。与传统意义上的网络意见领袖相比，占据网络资源的意见领袖，将会呈现出更加丰富的特点，主要包括以下几个方面：① 他们活跃于各大网络社区中，以微博、论坛和问答社区等为主，并以这些社区为活动载体；② 他们有自己的专业和特长，且多数意见领袖会受到领域的限制，极少数领袖是跨领域的；③ 他们能够保持较高的发言频率，并积极地通过网络传递消息和表达自己的观点；④ 他们的发言质量很高，能够应用语言上的表达技巧获取大批量的追随者，能够使其发言内容被大众所接受和认同。因此，网络意见领袖非常活跃且具有较大的影响力，只是现有的网络环境对其有了更具体的要求。

网络意见领袖是能够为网民提供富有想象力的信息和观点的主要人物。[①] 在当前互联网普及、社交媒体盛行的时代环境中，网络意见领袖占据了信息流和影响信息传递的主导地位，其定义在传统意见领袖定义的基础上，结合网络特点而更为丰富。总而言之，网络意见领袖的核心特点同样是活跃且具有影响力，只是网络环境对其更新了具体要求。[②]

网络意见领袖是网络媒介时代引导和塑造社会价值认同的群体。网络虚拟世界并不是意识形态领域的真空，而是新时代意识形态的前沿战略高地，在网络舆论场，网络意见领袖占据了信息传递的关键节点，能够详细应用个性化的语言解读信息，从而为网民提供独特的意见和建议，进而影响网民的价值观念。在网络中还存在着一类知识分享型意见领袖群体。该类群体最主要的特征是其知识存量较为丰富且具有较多的经验。他们的受众群体一般也都是各个领域的兴趣爱好者。该类群体所涉及的平台多以知乎为主，他们不断在网络上分享知识，通过积累粉丝，不断扩大自己的影响力，并逐步成为这一领域的知名公众人物。[③]

---

① 陈锦萍.网络意见领袖道德想象力研究［D］.大连：大连理工大学，2022.DOI：10.26991/d.cnki.gdllu.2021.004034.

② 张霁阳，张鹏，李思佳，等.基于实时社会网络分析的突发舆情事件动态意见领袖识别方法研究［J］.情报杂志，2023，42（9）：109-116；126.

③ 王晰巍，毕樱瑛，李玥琪.社交网络中意见领袖节点影响力指数模型及实证研究——以自然灾害"7·20"河南暴雨为例［J］.图书情报工作，2022，66（16）：24-35.DOI：10.13266/j.issn.0252-3116.2022.16.003.

（3）意见领袖与网络红人的区别

意见领袖是社交媒体网络平台的主要节点,在社交媒体中扮演着至关重要的角色,他们在网络上发表自己的观点、看法等言论后,会对其他群体的认知、行为和态度产生重要的影响。网络红人这类群体在网络中也具有一定的知名度,他们的粉丝规模也很大,但是该类群体与意见领袖之间存在着较大的不同。网络红人的网络地位是社交媒体平台赋予他们的,其在促进知识流动等方面具有重要作用;但是该类群体除了具有关注度以外,其言论并不会对其他人员产生关键性的影响。

（4）网络意见领袖和网络意见领袖帖

网络意见领袖是指该群体因为自身的身份特点而为大多数人所关注,包括他们的社会地位、受教育程度以及他们从事的职业等,这些都是网络意见领袖群体本身所具有的优势。他们往往在一个领域或者在几个领域里具有一定的影响力,能够利用互联网传达自己的言论并广泛扩展于网络空间中,他们的影响力继而也会得到一定程度的提升。网络意见领袖帖的影响力主要来源于文章的基本内容,其内容往往针对特殊的事件或特殊的话题,主要体现为个人在分析视角以及言语文字表述等方面所具有的优势。这些帖子通过在网络空间中传播,受到较多人的关注,但其时效性也很明显,因此,帖子所带来的对意见领袖身份方面的影响会随之动态地变化,并具有明显的不确定性。[①]

2. 公众人物

公众人物基于自身的知识背景、学术影响等原因具有较高的影响力和知名度,他们即使不在网络中发表看法,其想法依然会影响很多人;但只要他们开始在网络中运营个人账号,便能够自带流量且迅速在网络中带动粉丝进行交流和互动,并极容易成为网络舆情话题的生产者。

3. 自媒体

大多数自媒体指网络用户,这类网络用户倾向于针对一些发生的社会问题或者大多数人关注的焦点问题率先在网络上发表看法,并且主要是以发布评论的形式,因为自媒体具有一定的感染力和传播力,所以在网络上瞬间就能引发集聚效应,引起网络中大量媒体的关注。在这种情况下,自媒体账号将会逐步商业化,通过广告等方式成为商业媒体,并逐步提升自身的影响力。

4. 非媒体性质的企事业单位

非媒体性质的企事业单位主要从2013年的政务微博开始兴起,该类媒体官方账号不断涌入互联网平台中,虽然其不承担媒体职能,但是会以官方账号的形式向社会

---

① 刘迪,张会来.网络舆情治理中意见领袖舆论引导的研究热点和前沿探析[J].现代情报,2020,40(9):144-155.

公众表达他们的观点。这类群体通过开通账号,不仅能够拉近官方与个人的距离,甚至还能针对一些网络上的留言进行回复,从而服务于群众,而这些官方账号通过在网络上获得较大规模的关注,在关键时刻甚至能够引导网络舆情的走向和发展态势。由于该类账号服务的对象和用户较为广泛,因此,他们注册的媒体平台也较为广泛。

5.1.2 关键节点的影响因素

1. 影响力

在意见领袖的基本概念中,具有影响力是意见领袖具有的天然属性,同时也是意见领袖能够对网民产生影响的基本因素。意见领袖在网络舆情中的影响力越大,对网民在情感倾向方面产生的影响自然也就越大。不同的学者在各自的研究中也表明意见领袖的影响力对网络舆情的走势会产生较为深远的影响。在突发事件网络舆情中,影响力高的知名博主或"大 V"在参与舆情传播时,其情感倾向也更加容易对其他用户产生较大影响。

2. 认证性

认证是指社交平台针对用户身份进行的官方认证策略,包括有一定知名度的演员、歌手,甚至在一定领域内具有知名度和影响力的人以及企业和机构等。在社交平台上,"大 V"用户往往能够得到大多数人的关注,他们的影响力能够辐射到各个领域,被认证用户的观点和态度往往能够消除网民因信息不确定而产生的焦虑,权威性较高的认证用户在突发事件中能够起到抑制负面情绪的作用,因此,认证用户对网民的情感倾向也会产生较大的影响。认证时间的长短对于整个网络环境而言同样具有十分重要的作用。

3. 参与时间

参与时间指突发事件爆发后,"大 V"或意见领袖第一次在社交平台发表该事件相关内容的时间,对突发事件持积极态度的知名博主介入该话题的时间越早,对网民的情感调节作用会越明显。意见领袖的积极作用也有助于提高持正面情感的网民在整个网民中的比例。由于网民接收到突发事件相关信息的途径多以社交网络为主,且网民从意识上更容易接受最先接收到的信息,因此,能够在突发事件发生后第一时间提供相关信息的知名博主更容易获得网民的信赖和支持。

4. 参与频率

参与频率是指在突发事件发生后,知名博主在网络舆情演化的单位时间内发布的微博数量以及涉及的相关反应,譬如,评论、点赞、转发等互动行为,这些参与行为的频率会对整个舆情的走向产生重要影响,能够进一步吸引其他用户参与其中并大大提高用户的参与频率。因此,当某一知名博主持续就某一事件进行发帖、评论、转发活动时,不仅能够帮助网民更加全面地了解突发事件,还能进一步提升该博主自身的影响力,同时对网民的引导作用也将会更加显著。

5.1.3　关键节点的内容特性

对网络舆情事件信息的收集、分析和利用是本体建模的前提和基础,通过对网络中的数据信息进行收集和整理,并明确信息的特性,可以及时发现信息源的表现形式,便于准确把握信息的内容。由于网络舆情信息的来源和获取途径较为多元化,且舆情信息具有多模态性以及异构性等特点,因此给精准把控网络舆情和舆情治理都带来了较大的挑战。

1. 多模态性

多模态性主要指网络舆情的呈现方式较为多样化,在网络舆情的传播过程中,舆情空间载体所承载的舆情信息类型是多种多样的,舆情信息源的表现形式主要包括文本、图像、音频以及视频等多种形式。不同的新闻媒体所发布的信息内容千差万别,譬如,机构网站发布的舆情信息多以文本为主、图片为辅。

2. 异构性

异构性是指网络舆情的信息来源不一样,且信息在显示的内容上呈现出较多差异。在网络媒体空间中,信息的异构性数据源主要包括三种形式,分别是结构化数据、半结构化数据以及非结构化数据。异构性的数据不仅存在于异源性数据中,在同源性数据中也能够有所体现。譬如,机构网站以及新闻网站等提供原创性权威报道的信息媒体由于隶属于官方机构,要求其报道内容遵守较为规范的公文写作格式和行为模板,这些信息的更新频率较固定;而其他新闻媒体对内容的格式要求则较为多样化,没有固定的模板,文本的信息内容也较为多样化,没有统一发声渠道和公文格式。[①]

5.1.4　关键节点的识别方法

1. 层次分析法

层次分析法(Analytic Hierarchy Process,AHP)是一种定性和定量相结合的、系统的、层次性的分析方法,是由美国运筹学家托马斯·L.萨蒂(Thomas L. Saaty)于20世纪70年代初期提出的一种简便、灵活又实用的主观赋值评价方法。层次分析法将与决策有关的元素分解成目标、准则、方案等多个层次,并在此基础上进行定性

---

① 王世文,刘劲.基于本体的重大突发事件网络舆情案例数据库数据模型研究[J].情报理论与实践,2023,46(10):163-173. DOI:10.16353/j.cnki.1000-7490.2023.10.021.

和定量分析,①定性计算单个级别评级的最终结果,计算结果用于优化包含多个目标计划的决策计划。②

如图5-1所示,层次分析法的主要流程是:首先对总目标进行分解,然后在每一层级通过两两比较的方式来确定该层级中每一个维度的权重,在进行最终评价时,对最下层目标加权进行计算,最终得到总目标的综合评分。这个方法适用于一些无法完全采用定量分析的问题,并且最终通过一致性检测来帮助确定权重的一致性,防止权重之间存在矛盾。③ 基于层次分析法的关键节点识别是通过对节点的多属性特征分析实现的,即依据对意见领袖在特征和定义方面的分析,构建关键节点的影响力指标体系,将综合影响力较高的节点识别为网络中的关键节点。

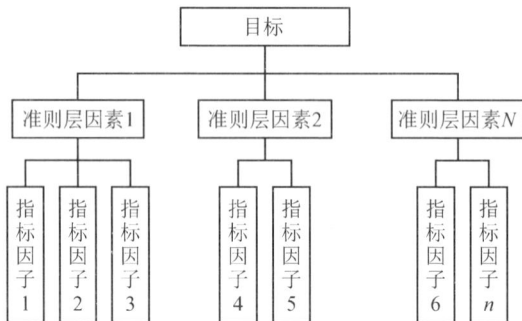

图 5-1 层次分析法流程图

2. 聚类分析法

聚类分析也称群分析或点群分析,是研究多要素之间分类问题的数量方法,是能够将分类法与统计学的方法结合起来,并将分类对象置于一个多维的空间中,按照不同的属性、类别将空间内的资源进行聚合,并把相似度高的属性聚合为一类的科学研究方法。聚类分析的优点是将个体或者对象按照相似程度划分为一类,能够使同一类元素的相似度高于其他元素的相似度。基于聚类分析法的关键节点识别是将网络结构中相似度较大的节点进行归类,并依据以往经验中提取的意见领袖特征,从各子类中挑选出最符合关键节点特征的子类作为识别出的关键节点结果。④

① 李希,田孝蓉.基于层次分析法的住房公积金运行绩效评价研究——以河南省为例[J].中国物价,2021(12):85-88.
② 李佩.基于层次分析法的某城市生态环境质量评价研究[D]. 太原:太原理工大学,2020. DOI:10.27352/d. cnki. gylgu. 2020.002121.
③ 邢为平. 基于层次分析法的安装工单系统的设计与实现[D].南京:南京大学,2021.DOI:10.27235/d. cnki. gnjiu.2021.002127.
④ 王慧洲.面向舆情文本的深度聚类算法研究[D].哈尔滨:哈尔滨工业大学,2021,DOI:10.27061/d. cnki. ghgdu. 2021.003859.

3. 社会网络分析法

(1) 点度中心性

点度中心性刻画的是一个行动者与其他行动者发生关系的能力。一个点的点度中心性为网络中与该点有联系的其他点的总数目。在所有识别关键节点的算法中，度中心性(degree centrality)是最直观的指标，同时也是一种静态特征，刻画了节点最直接的影响力，它是以直接邻居的数量来判断节点的影响力程度，邻居越多，节点的影响力越大。度中心性指标计算的时间复杂度较低且直观，因此适用于大部分网络场景，但是由于该指标仅考虑了一阶邻居的节点数量，且是一个局部性的指标，并未对节点在网络中的位置以及进一步扩展周边节点的情况加以考虑，因此在很多特定场景下存在着无法准确识别关键节点的情况。

(2) 中间中心性

中间中心性(betweenness centrality)是一个行动者控制网络中其他行动者的能力。如果一个点处于许多其他点对的测地线(最短途径)上，表示该点具有较高的中间中心度，起到沟通各个其他行动者的桥梁作用。中间中心性算法是一种以路径来判断节点影响力的算法，该算法认为节点越重要，经过其网络的最短路径就会越多。

(3) 接近中心性

接近中心性(closeness centrality)是指节点不受其他节点控制的程度。在突发事件舆情传播网络中，成员的接近中心性值越大，则该成员越不易受到控制和影响，而该点也通常会靠近舆情传播网络的中心位置。①

4. PageRank 节点识别方法

(1) 算法来源

最早的搜索引擎采用的是分类目录方法，即通过人工对网页进行分类并整理出高质量的网站。随着网页的逐步增多，人工分类已远远不能满足现实需求，搜索引擎便进入了文本检索的时代，即通过计算并查询关键词与网页之间的相关程度，从而将研究结果予以返回。这种方法能突破数量的限制，但是最终的搜索结果不尽如人意，因为很多网页会通过提供合适的关键词，使自己的网页内容能够被优先检索到。在这种情况下，谷歌的创始人——美国斯坦福大学研究生拉里·佩奇(Larry Page)和谢尔盖·布林(Sergey Brin)，开始着手研究网页的排序问题，两位学者基于学术界用于评判学术论文重要性的通用方法，以论文的被引次数来研究网页的重要性，于是，PageRank 的核心思想诞生了。

(2) 核心思想

PageRank 的核心思想为：如果一个网页能够被其他很多网页链接到，则可以说

---

① 张霄阳,张鹏,李思佳,等.基于实时社会网络分析的突发舆情事件动态意见领袖识别方法研究[J].情报杂志,2023,42(9):109-116;126.

明这个网页的重要程度较高,同理也可以得出这个网页的 PageRank 值较高;如果一个 PageRank 值很高的网页可以链接到其他的相关网页,也可以说明被链接网页的 PageRank 值相应地会提高。

PageRank 是最经典的节点识别算法,该算法认为互联网中重要的页面与指向这个页面的网页数目和质量有较大关系。PageRank 算法能够较为准确地定位到网页的重要程度,通过计算可推导出时间复杂度,因此,PageRank 及其相关的改进算法被大量应用于众多领域,如对社交网络上的用户进行排序,对网络中的关键节点进行识别等。[①]

5.2 网络舆情关键节点识别流程

在网络舆情传播的过程中,要对舆情涉及的关键节点进行识别,首先需要对数据进行选取与处理,然后研判出关键节点的识别指标,并确定关键节点的识别权重。

5.2.1 数据的选取与处理

1. 数据源

在数据源选取方面,将权威机构发布的舆情事件相关内容和微博等社交媒体平台上与其舆情事件有关的内容作为研究报告,利用人民网舆情监测室发布的《中国互联网舆情分析报告》、社科院发布的《中国新媒体发展报告》作为筛选样本和实验对象的参考依据。与此同时,根据平台数据是否完整和可否获取,以及平台内容所呈现的内容是否满足实验需求,进而确定开展数据实验的媒体平台,并结合社交网络平台的重点舆情数据,对舆情事件在互联网中的传播、讨论和记录情况以及事件的影响力指数进行测算,从而筛选出舆情事件,继而再一次确认关键节点识别实验的数据采集对象。

2. 网络爬虫获取数据

应用 Python 等网络爬虫工具采集社交媒体平台数据信息,主要包括评论数据、点赞数据、发布时间、转发时间等,利用关键节点识别方法对从参与用户的各指标事件进行识别。

3. 指标标准化处理

指标标准化处理流程如下:① 通过对现有的数据材料进行分析和处理,将关键节点识别指标进行分类和整理,并对指标的权重以及指标的数量进行统计计算,从而最终确定对于关键节点识别有影响力的指标;② 通过与指标平台的字段进行对应,

---

① 刘卓然.基于改进 PageRank 算法的舆情引导技术研究[D].昆明:昆明理工大学,2017.

对各平台可选择字段进行指标筛选与合并,根据可获取参考文献的参照指标获取关键节点识别的分类,从而绘制结构图,为后期确定指标提供支撑;③ 根据最终确定的识别指标的结构图及各个指标的说明,编写调查问卷,从而能够得出各个指标相对于其他指标的重要性,计算各个指标的权重,并进行数据的标准化处理。

5.2.2　关键节点识别指标

1. 识别指标构建

有关意见领袖识别指标方面的研究虽然较多,但是并没有一个统一的测评模型。很多学者从不同视角出发并基于舆情的基本事件展开讨论,由于舆论媒体较多,尤其是各个平台的差异性较大,通过搜集和整理文献,能够总结出不同节点的使用次数,进一步揭示关键节点的有效性,从而能够提取出最为重要的具有关键核心影响力的识别指标。与此同时,通过查找大量参考文献,将部分文献中提出而现有研究所忽略的指标添加进来,剔除那些过于抽象化、不好理解,甚至难以量化且收效甚微的指标。在获取指标后,基于所有关键指标的特点以及指标所反映的现实情况和属性特点进行分类,从而最终确定关键节点识别指标体系。当一级指标确定后,要对一级指标所对应的二级指标进行测度和介绍,并以社交媒体平台的字段为基础,将一级指标和二级指标进行汇总,同时对关键节点进行识别,最终明确指标对于节点识别的重要意义,如表5-1所列。

表5-1　关键节点指标体系构建

一级指标	二级指标	测度标准	新浪平台	知乎平台
活跃度	关注数	用户关注他人的数量	用户的关注数量	用户个人主页中"他关注的人"的数量
	发文数	用户发布的文章总数	用户的微博数量	用户的回答与提问数之和
	事件相关发文数	用户发布的与事件相关的文章总数	用户的事件相关微博总数	用户与事件相关的回答与提问之和
传播力	粉丝数	用户的被关注数量	用户的粉丝数量	用户个人关注他人的数量
	事件相关发文被转发数	用户发布的与事件相关的文章被转发次数	用户的事件相关微博被转发数量	
	事件相关发文被评论数	用户发布的与事件相关的文章被评论次数	用户的事件相关微博被评论数量	用户的事件相关回答的被评论数量
	事件相关发文被"点赞"数	用户发布的与事件相关的文章被"点赞"次数	用户的事件相关微博被"点赞"数量	用户的事件相关回答的被"点赞"数量

2．指标的具体内涵

"关注数"是指用户关注的其他用户的数量。用户会基于自身的兴趣爱好去关注自己感兴趣的话题内容,通过官方推送或用户动态信息跟踪的形式获取自己所需要的信息。用户所关注的信息越多,说明用户在社交媒体中的参与感越强烈,用户的活跃度就会越高。

"发文数"是指用户发布文章的总数量。用户在社交媒体平台上的发文一般都包含着较为关注客观事实的信息以及对自身想法的表述,无论发帖的内容是原创还是转发,都能代表用户在社交媒体平台的活跃性。

"事件相关发文数"是指用户发布的与事件相关的文章总数量。

"粉丝数"是指用户被多少其他用户所关注,即为追随该用户的其他用户的数量。现有研究表明,拥有大量追随者才是意见领袖的主要特征,同时也是意见领袖具有重要影响力的体现。该指标会对转发数、评论数等其他重要指标产生直接影响。与此同时,该指标也反映了用户的潜在影响力,凡是在网络空间中关注了该用户的粉丝都会在第一时间收到推送信息,因此,粉丝数被认为是意见领袖关键节点识别的主要指标之一。

"事件相关发文被转发数"是指用户发布的与某一事件相关的文章被转发的次数。譬如,在微博平台中,用户能够借助其他用户的转发将自己发布的博文迅速传播,从而提高微博及发布者的影响力。因此,事件相关发文被转发数同样是一个用于识别关键节点的重要指标。

"事件相关发文被评论数"是指一名用户发布的与某一特定事件相关的帖子被评论的条数。被评论数能够反映一篇文章被关注的程度,如果一篇文章被评论得多,说明关注该条发文的人数多,同时也说明该文章的影响范围较广,代表了该发文影响的受众较多,其收到的反馈次数也会增加,从而也就揭示了该用户的影响力较大。

"事件相关发文被'点赞'数"是指用户发布的与某一特定事件相关文章被"点赞"的次数。在社交媒体平台中,除了被认证为知名专家或学者的名人的帖子因其"先天"带有的权威性而获得"免检"资格以外,其他普通用户由于其专业知识"有限",其帖子的质量和价值往往需要依靠点赞数量来体现。用户的发文被"点赞"数量越多,越能说明该用户得到了较多人的赞同,其影响力也就越大。

5.2.3　关键节点识别权重

1．指标选取

根据关键节点的定义,本书将 5.2.2 小节中各个指标的基本内涵归类为两个方面,分别为活跃度和传播力;对关键指标的提取必须是从主动参与的讨论并能够及时交流的信息中产生的;关键指标必须能够反映该指标所代表的具体问题。

2．权重设定

通过定义突发事件主题关键词和发布时间来进行主题探索,为了避免将关键词混淆,应将时间限定在事件发生前后。在微博等社交媒体平台中,选择有代表性的意见领袖作为样本分析对象,应用数据材料,通过实证研究得出关键指标,应用专家打分法对一级指标和二级指标进行权重评分,从而确定影响力不甚相同的各个指标的分值。

第6章　网络舆情生态治理

生态系统是近年来备受关注的一个词,是指在一定的空间范围内,生物群落与外在环境相互作用从而形成的复杂的整体。网络舆情生态系统即是涵盖所有舆情主体(包括政府机构等)、舆情客体、舆情外体以及舆情载体等在内的综合体系,这些要素之间相互作用,塑造和承载了网络上的舆情意见和情绪。网络舆情生态系统与自然生态系统一样具有多样性、复杂性以及自我调节能力,只不过网络舆情生态系统更为关注的是舆情信息在舆情空间的流动和作用。关于舆情信息的流动在前文中的基础理论部分已经有所说明,关于舆情信息的收集、监测和分析也在网络舆情监测技术以及网络舆情多维图谱的构建部分作了介绍。本章将要说明如何高效地利用舆情数据预防消极舆情危害社会以及如何利用这些舆情数据对消极的网络舆情进行治理,还网络空间一片清朗天地。

6.1　网络舆情生态引导预防

古语说得好,"宜未雨而绸缪,毋临渴而掘井",可以说,在对网络舆情的治理中,对舆情进行引导预防是尤为重要的。通过对舆情进行引导,可以预防负面舆情,尤其是重大突发舆情事件的发生,很显然,这要比舆情爆发以后再去治理耗费的成本低得多。当然,作为一个复杂、多维的过程,进行网络舆情引导可以从很多方面着手,可以从思想上引导,也可以从制度上引导。无论是思想上的"软性"引导还是制度上的"硬性"引导都会深刻影响公众的认知,故引导公众正确使用互联网,降低因不良使用行为而造成网络风暴的风险已经变得尤为重要。

6.1.1　增强网络舆情引导意识

要对公众进行网络舆情引导,首先要增强相关管理者在网络舆情引导方面的意识,管理者只有具备这种意识,才能在网络舆情发生之前防范其发生,或者在网络舆情未爆发阶段通过教育手段来扭转舆情主体的思想,防止舆情意见进一步极化。[①]

1. 培养网络舆情引导意识的必要性

网络舆情的出现源于网络使用行为,若网络使用行为不当,便容易引发一系列的

---

① 彭劭莉.突发事件网络舆情引导研究综述[J].电子政务,2013(4):38-44.DOI:10.16582/j.cnki.dzzw.2013.04.015.

社会问题,甚至导致网络舆情的出现,只有培养正确和理性的网络舆情引导意识,让相关责任人充分认识到网络舆情引导的必要性,才能最大可能地防范可能发生的舆情风险、降低舆情伤害成本以及治理舆情。为此,相关责任人要充分认识到网络舆情引导的必要性,充分了解网络使用行为不当的危害性。具体来说,网络使用行为不当的危害可归纳为以下三个方面。

(1) 隐私泄露和网络诈骗

不理智的网络使用行为,如轻信网络上的陌生人,点击不明链接,下载未知来源的软件或应用,在不安全的网站上填写个人隐私信息,在未经验证的网站上进行交易,使用简单、易破解的密码或者在多个网络平台上使用相同的密码,都可能导致隐私泄露,并进而导致个人名誉和安全受损,遭受网络诈骗以及经济损失。

(2) 职业风险和法律风险

不当的网络使用行为可能影响网络使用主体的职业发展,造成其事业受挫,甚至还可能会有触犯相关法律法规致使相关主体陷入法律纠纷的风险。如在社交媒体上留言和吐槽,可能被未来的雇主看到,从而影响个人的职业发展和社会形象;在媒体上发表不适当评论、分享不当内容、传播违法信息(如暴力内容等),可能使个人面临法律风险,承担刑事责任。

(3) 网络霸凌和信任危机

失范的网络使用行为会导致伤害性极大的网络霸凌行为发生,给相关主体带来极大伤害,并进而引发整个社会范围的信任危机。譬如,在网络上随意发布他人隐私、恶意进行人身攻击或中伤他人,会对受害者构成极大的心理压力,导致严重的心理健康问题。如果这种情况扩散和恶化,将进一步对整个社会造成恐慌,使公众对网络产生畏惧心理,影响公众正常的网络使用行为;如果再出现"以其人之道,还治其人之身"的情况,社会信任将会在整体上遭到破坏,社会稳定将受到威胁。

2. 网络舆情引导意识的构成

如上所述,要治理好网络舆情,就要加强相关领导和责任人的网络舆情引导意识,使其能端正认识,学会引导公众选择科学、理性以及文明的上网行为,利用一切可能利用的手段传播有效信息。[①] 譬如,选择适当的信息并利用意见领袖等权威人物来传播这些信息,避免传播不实以及消极的信息;采取讲故事等方式引导公众情绪朝向积极的方向发展;利用社交媒体平台的互动特性让公众参与其中,从而扩大信息的影响力;提供便捷可取的信息查找工具和服务,使公众易于获得正规信息;提供人性化的网络管理制度和办法以减少公众的网络依赖行为,确保公众的心理健康等。可以说,增强网络引导意识,对于政府机构、企事业单位以及各种组织都很重要,这会将

---

① 彭劭莉. 突发事件网络舆情引导研究综述[J]. 电子政务,2013(4):38-44. DOI:10.16582/j.cnki.dzzw. 2013.04.015.

消极网络舆情产生的可能尽量减小，从而有效维护这些实体在网络空间中的形象。具体来说，网络舆情引导意识包括安全教育意识、法律伦理意识等。[①]

（1）安全教育意识

要对公众进行网络使用行为方面的引导，相关领导或责任人需要有强烈的安全教育意识，要充分认识和理解网络安全的重要性，在此基础上采取措施，保障网民免受网络霸凌和个人信息泄露的威胁。要定期召开网络使用培训会议或者开展有关网络使用指导方面的免费课程，帮助公众戒除不当的网络使用习惯，培养公众及时更新操作系统、有使用加密网络连接的意识。采取此类措施，有助于提升全民网络素养，帮助公众提高安全使用网络的技能。

（2）法律伦理意识

要引导公众养成正确的网络使用行为，相关领导和责任人首先要有强烈的法律和伦理意识，要了解相关的法律法规，尊重相关的伦理道德，鼓励网民遵守网络道德规范，如诚实守信、尊重隐私等。相关领导和责任人应在法律框架内维护网络秩序，打击网络犯罪行为，保护合法的网络使用和信息流通。这就要求相关人员加强自身的学习，并根据技术的变迁及时调整法律法规，使相关的法律法规能够与时俱进，更好地适应时代，约束相关主体的行为。

6.1.2　提升网络舆情引导的艺术性

艺术是人类文化的重要体现，它通过独特的，具有无限审美性、创造性、表现多样性的"语言"，跨越时空，与人类的情感紧密相连。网络舆情引导也应该具有这样的艺术性，从而能使被引导的主体更愿意接受这种引导。因此，引导者需要认真钻研这样的舆情引导学问，巧妙地结合社会学、心理学以及传播学等多学科的知识，运用公众易于接受的形式，通过细致的分析和操作，有效地将网络公众的意见和情绪引导向既定的引导目标。[②]具体来说，要达到引导的艺术性，在舆情引导过程中，就要遵循以下两点。

1. 引导主体要有艺术性

这里说的引导主体要有艺术性并不是说引导者的外观要像一个艺术家，而是说引导主体应注意尽量以公众愿意接受的方式和方法等来引导公众，尤其是对年轻的公众，这样才能起到事半功倍的效果。也就是说，在引导过程中，引导主体既要坚持权威影响原则，又要坚持"圈粉"群众原则。

所谓舆情引导的权威影响原则就是指，在引导前，引导者要有针对性地了解被引

---

① 李良田.新时代高校辅导员通过网络舆情引导意识形态研究[J].湖北开放职业学院学报,2019,32(22):108-109;115.

② 赵鹭,何云峰,白中英.网络舆论引导和舆情应对艺术多维解析[J].文化学刊,2019(5):77-81.

导者的三观倾向,选择被引导者心目中认可的权威专家、意见领袖或"网红"本人直接对其进行引导,或者利用这些人的相关言行进行引导。权威专家(如各领域的公众人物、专家等)在特定的领域具有较高的权威,其言论具有较高的可信度和影响力,应该多聘请或邀请这些人物进行专业领域方面的引导。意见领袖以及"网红"等虽然在特定群体中非常具有权威性,有影响力和号召力,但他们未必是特定领域的专家,其言论未必真的有学理上的"权威"性,因此可以定期邀请这些人参与相关论题的讨论会或者进行一些竞赛,通过与其他专家的热烈讨论,加深他们的理论认知,促使其再在网络上发表言论的时候,不仅能继续给追随者以及粉丝提供积极向上的情绪价值,还能在理论上具有深度和广度。

此外,在具体的引导过程中,要注意语言的运用。很多权威专家在工作中一般使用的是专业语言和学术语言,而这样的语言很难被普通网民所理解和接受。因此,在进行舆情引导之前,引导者要努力学习网络语言,以网民听得进、听得懂的方式与网民对话,通过尽力打破专业的隔阂,变成大众喜闻乐见的"演员"来吸引网民的注意力,做到圈粉无数。

除了语言和文字以外,引导者还可以多运用音频、视频等方式展现自己的想法,甚至塑造专属的虚拟偶像来拉近与年轻人在心理上的距离。这是因为艺术的另一个鲜明的特点就是审美性,而音频和视频更有利于展现"美学色彩",更有利于通俗、形象和精巧地呈现信息,使公众更易于理解。因此,在社交网络平台上进行网络舆情的引导时,引导者可以利用社交网络平台的"热媒体"特性,让公众可以自由参与话题的讨论,使引导者发布的信息具有高度互动性,以互动性更强和形式更美的视频、直播乃至虚拟偶像展示等形式提高话题的影响力。[①]

2. 引导原则要有艺术性

引导原则要有艺术性指的是在引导时要巧妙地利用被引导者的心理,遵从其更愿意接受、更喜欢接受,觉得更"美"的原则来确定引导方式。

(1) 利用追求"和谐美"的社会认同原则

沉默螺旋理论指出,在有关公共事务的讨论中,人们害怕被孤立,倾向于隐藏自己那些特别的意见,这会导致一种意见逐渐成为主导,而其他意见逐渐被边缘化,最终使公众舆论形成一种"沉默的螺旋"。从这个意义上讲,沉默的螺旋是不好的。然而,正所谓"成也萧何,败也萧何",这种沉默的螺旋也可以被用于对舆情的引导上。譬如,在进行网络舆情引导时,引导者可以塑造某种意见是对的、是主流的假象,达到吸引更多人为融入"和谐美"而表达相同或相似意见的结果,此即"不战而屈人之兵"。

① 翟珮婷. 短音乐唱作:青年的乐缘互动、内容生产与情感调适[J]. 中国青年研究,2024(3):87-94;77. DOI:10.19633/j. cnki. 11-2579/d. 2024.0033.

无疑,利用公众的社会认同心理打赢心理战是美的。①

(2) 利用追求"故乡美"的团队归属原则

由于公众一般都有一种强烈的团体归属感,因此更倾向于接纳符合自己所属团队共同理念的信息,在进行舆情引导的时候,这种团体归属感也可以为引导者所用。② 譬如,公众一般认为家乡是美的、故土是美的,因此可以从故土、民族等角度引导公众,为公众创造出对某一群体的归属感,使之愿意接受并且传播该群体更倾向于接受和宣扬的意见、观念。

(3) 利用追求"知性美"的减少失调原则

前文已分析过,公众倾向于接受符合他们所持信念的信息,当新信息的意见与公众的意见不一致时,公众可能会产生失调感。③ 很明显,失调是不"美"的。因此,舆情引导者需要正视这种现实,了解公众先入为主的信念,并且围绕着这些信念设计引导框架,积极主动地提供合理有效的解释来说服公众,使公众觉得接受新理念不代表过去的认知是完全错误的,新认知是青出于蓝而胜于蓝,而且吐故纳新会显得更知性,而知性又很美,这种说辞可降低公众的失调感,使其拨云见日,豁然开朗。

(4) 利用追求"感性美"的情感共鸣原则

艺术的一个鲜明特点就是容易引起人的强烈情感共鸣,具有感性美。网络舆情引导也应重视这种情感共鸣,应通过共情的方式刺激公众,在情感共鸣中激发公众热情,改变其认知心理。④ 譬如,可以通过讲述引人入胜的故事来传达信息,利用这种感性美的元素激发情感共鸣,提高信息的吸引力。当然,在这个过程中,要根据被引导者的特点(如年龄、性别等)定制故事内容,确保故事所传达的信息既有吸引力又能引发共鸣,也可以强调被引导者在故事传播过程中的主动作用,通过鼓励公众参与到故事的讲述中增强其情感上的共鸣。

(5) 利用追求"理性美"的利益互惠原则

虽然说利益看起来与艺术毫不相关,但事实上,谈利益可以成为一种话题艺术。因理性是美的,而从某些角度来看,谈利益是符合公众需求的一种理性,故也是"美"的。因此,在进行舆情引导的时候,引导者也可以将其中的利害关系向公众分析明白,让公众明白何种做法于公众、于社会、于未来更有利,从而促使公众重新审视自己

① 郑宏民.共识与分化:网络公共事件中的社会认同建构[J].传媒观察,2020(5):76-81.DOI:10.19480/j.cnki.cmgc.2020.05.011.

② 刘振怡.文化记忆与文化认同的微观研究[J].学术交流,2017(10):23-27.

③ 赖胜强.意见相符性与评论文明性对网络舆情传播行为的影响[J].新闻与传播评论,2021,74(1):47-55.DOI:10.14086/j.cnki.xwycbpl.2021.01.005.

④ 宋英华,何翼龙,张远进.基于情感分析的网络舆情共振研究[J].中国安全生产科学技术,2024,20(4):186-192.

的意见,改变自己的思想倾向。①

6.2　网络舆情生态制度预防

6.1节讨论的网络舆情引导一般都是在舆情萌芽或发生的时候进行,即便引导行为艺术性够强也足够有效,但依然避免不了对人力、物力和财力的消耗和浪费,而且舆情一旦形成,其破坏性影响也是无法消除。因此,除了要引导话题的走向以外,更重要的是有制度方面的设计,从制度上进行防范和引导。对制度设计不能随心所欲,而是应遵循生态体系,只有当制度与其生态环境处于动态平衡时,制度所塑造的秩序才是最稳定的,才能更好地促进社会、经济、文化等方面的发展。② 因此,有必要设计一套符合网络生态的舆情防控制度,以确保网络舆情治理行之有效。

6.2.1　完善舆情防控法律制度

为保证网络环境风清气正,使网络空间天朗气清,我国已经出台了一系列涉及舆情的政策和法律文件,譬如,《中华人民共和国刑法》《中华人民共和国网络安全法》《互联网信息服务管理办法》等,这一系列政策法规的目标都是保障网络空间的安全。但是,我国现有的相关法律在权责规定方面尚存问题,对治理主体、治理程序以及权责边界等的规定都较为模糊,甚至还存在诸多空白;除此以外,配套的法规也尚显不足,需要完善,譬如,有关隐私保护、舆情管理等方面的法规都有待完善。当然,我国政府已经在这一方面做了很大努力,譬如,《中华人民共和国个人信息保护法》的正式落地已经从国家制度层面对用户画像、算法推荐以及大数据等涉及个人信息自动化决策的行为予以规范。③

综上所述,政府应在进行广泛调研的基础上完善旧法规、出台新法规,对于故意在网络上散播虚假言论、进行恶意攻击等违规行为,政府部门要加大惩处力度,通过行使国家权力和法律强制力,及时追本溯源,消减网络上的虚假信息、负面信息甚至网络暴力。与此同时,政府部门还要规范舆情治理主体的权责分配和追责问责机制,使其能起到端正思想、科学引导的作用,为公众创造良好的网络使用环境,力求通过完善舆情防控的相关法律制度,更好地保护公众的合法权益、维护网络空间的生态环境,使其生机勃勃,井然有序。

---

① 张柳,易思雨,王慧,等.共生理论视域下突发事件网络舆情反转形成路径研究——基于 fsQCA 定性比较分析[J/OL].情报科学:1-12[2024-05-11].https://kns.cnki.net/kcms/detail/22.1264.G2.20240126.1810.010.html.
② 赵可金.生态制度主义政治学——一个世界政治的理论框架[J].世界政治研究,2021(4):1-26;144-145.
③ 林子蕊.智能算法,是否会成为舆情发酵的助推器?[EB/OL].人民网舆情数据中心,澎湃新闻·澎湃号·政务.(2021-11-23).https://www.thepaper.cn/newsDetail_forward_15510332.

6.2.2　建立舆情防控技术性制度

除了制定、完善舆情防控法律制度,相关部门还需要打造一整套科学的技术性制度来预防可能发生的重大舆情事件。因为技术性制度是依赖于特定技术知识、技术实践和技术标准而存在的制度安排,所以针对舆情防控的技术性制度就是依赖于舆情防控技术知识、技术事件以及技术标准而形成的一系列的制度安排。舆情防控技术性制度是为实现舆情防控的技术目标、管理舆情防控的技术过程而建立,包括舆情防控技术标准、舆情防控技术规范、舆情防控技术管理以及舆情防控技术运营,在确保舆情防控技术系统有效运作方面起着重要的保障作用,也可以促进舆情防控技术的创新和技术交流。[①]

具体来说,舆情防控技术性制度主要包括舆情监测、分析、响应、预防各环节的一系列规则和流程,这种制度可以因时局和环境的变化而变化。譬如,实时监测制度要求在 24 小时舆情监控中心使用自动化工具(如社交媒体监听软件)不断扫描互联网上的新闻报道、论坛讨论以及社交媒体帖子来监测舆情的变化;培训和演练制度要求对舆情防控技术团队的成员进行定期的舆情管理培训,要求成员通过不断地模拟演练来测试技术的实用性;预警制度可以制定舆情预警的标准和流程,要求当舆情监测系统发现舆情超过一定阈值时会自动触发警报,并通知相关管理人员。

通过建立舆情防控技术性制度,可以加强对网络舆情信息的管理,明确网络舆情采集、分析、研判和管理机制,建立识别网络舆情热点和敏感话题的程序,掌握网络舆情引导的主动权,做好网络舆情监管工作。[②]

6.3　构建网络舆情生态治理系统

网络舆情生态治理系统是一个综合性的治理体系,该体系旨在监测、分析和引导网络舆情,在保证言论自由的同时,防止和减少虚假信息、恶意谣言等内容的传播,维护网络环境和社会和谐。该系统参与者众多,包括政府机构、媒体组织以及网民等在内的每个参与者在这个生态治理系统里扮演着不同的角色,在维护网络空间的秩序和安全上起到重要作用;[③]而要构建好网络舆情生态系统,就要设置专门的舆情治理机构,精进舆情管控的智能系统,确保网络舆情生态治理系统的组织化和有序化。

---

① 殷昊.技术与政治的共生:解析中国社交媒体政治的形塑与发展[D].长春:吉林大学,2023. DOI:10. 27162/d. cnki. gjlin. 2023. 007630.

② 王璟琦,李锐,吴华意.基于空间自相关的网络舆情话题演化时空规律分析[J].数据分析与知识发现, 2018,2(2):64-73.

③ 宋笑楠.网络舆情生态治理与系统优化[C]//河北省公共政策评估研究中心.第十一届公共政策智库论坛暨"新发展格局国际学术研讨会"会议论文集.[出版者不详],2022:4. DOI:10. 26914/c. cnkihy. 2022. 038131.

6.3.1　配备专门的舆情治理人员

为了从根本上提升政府的管理和控制能力,使其他政府职能部门在网络舆情管理中受到约束的困境尽快得以改善,需要建立专门的网络舆情治理机构,提升网络舆情的治理效果。简单来说,专门的舆情治理机构就是专门从事舆情治理的各级机构和组织。当前,在我国专门从事舆情治理的机构包括统一领导和协调全国新闻工作的国务院新闻办公室、主管网络安全等的国家互联网信息办公室、各级政府机构设立的专门负责网络舆情管理的部门、负责打击网络犯罪等的公安部网络安全保卫局等。这些机构致力于维护网络舆情秩序、引导舆论导向、打击网络谣言等,在不同层级和领域中发挥着重要作用。

当然,人才是最重要的管理要素。由于网络舆情管控涉及的范围较广,涉及的专业知识比较多,在协调人际关系方面的难度也较大,因此,进行网络舆情管控是一项挑战性很强的工作。因此,除了设立上述专门机构以外,还要注重这些机构的人员配备问题,从而建立一支思想素质过硬、网络技术超强,具备创新精神和人文素养的专业队伍。

1. 挑选权威的舆情管控新闻发言人

具有影响力的意见领袖和知名"大V"在某种程度上可以左右公众的意见倾向,是舆情管控中的关键节点。因此,政府要成立网络舆情管控的专班,挑选一些具有影响力的意见领袖和知名"大V"担任专班的新闻发言人,这有助于在网民和政府之间建立起较好的沟通渠道,使公众得以公开表达他们的诉求并得到有效解决。尤其是在舆情的爆发期,要充分发挥政府在网络舆情中的引导作用,要利用网络中的意见领袖以及"大V"等影响力较强的权威媒体及时发布信息,集中力量消除和遏制网络舆情的传播。

2. 建立完善的舆情管控干部队伍

舆情管控干部队伍是舆情管控队伍的领导层,在网络舆情生态治理中扮演着至关重要的角色。舆情管控干部队伍负责实施和执行上级机构制定的舆情管理策略,确保网络环境的健康和安全;可以发布官方信息,引导公众进行理性探讨,组织开展舆情教育活动,提高公众的网络安全意识;可以与其他机构和组织合作,共同应对舆情话题。[①] 可以说,舆情管控干部队伍的有效运作是网络舆情生态治理得以顺利开展的关键。

3. 建立专业的舆情管控人才队伍

专业的舆情管控人才是掌握舆情发展规律、精通舆情监测技术的专业人才。该

---

① 李楠.海南自贸港建设过程中网络舆论监督之角色研究[D].海口:海南大学,2023.DOI:10.27073/d.cnki.ghadu.2021.000816.

人才队伍能够及时对舆情监测到的不确定性因素展开风险分析,并向相关部门提供及时预告和风险预警。专业的舆情管控人才队伍应能够熟练运用大数据、人工智能技术以及数据监管平台,对网络舆情数据信息进行实时监控,对网络舆情发展中出现的网页和敏感词进行过滤处理,为网络舆情监督和管控提供引导和服务,在发现敏感词和热点词时,通过自动预警防止危机的蔓延;[①]能够应用统计分析等软件工具对舆情内容进行梳理、汇总和归档,形成能够支撑政府决策的研究报告,为未来的舆情管控提供有效的对策和建议。[②]

6.3.2　精进舆情管控智能系统

舆情管控智能系统是应用人工智能、机器学习以及大数据分析等技术,对网络舆情进行自动化监测、分析、预警和处理的高效系统。该种系统可以对网络舆情进行实时监测、自动分析、风险预警并生成报告等,具有响应快、效率高等优点。舆情管控智能系统的应用极大地提高了组织应对舆情风险的能力,是现代网络舆情管理不可或缺的工具。[③] 当然,在智媒体时代,舆情的发生和传播变得更加智能,舆情管控和引导技术也一样变得更加智能。舆情管控智能技术已经开始使用更先进的信息技术和人工智能算法来收集、监测、分析和管理网络舆情,帮助相关机构了解公众舆情,预防可能发生的舆情危机。前文已经针对舆情监管技术进行了一些讨论,下面简单介绍几种最新或已经得到改善的智能舆情监测技术和方法。

1. 情感分析技术的精进与使用

情感分析就是使用自然语言处理(NLP)技术来分析文本中的情感倾向,判断公众对某个事件的积极、消极或中性态度。在智媒体时代,随着算法和模型的不断优化,情感分析技术发展迅速,在识别和处理人类语言中的情感倾向方面准确性更高,也更有深度,不仅可以识别积极、消极以及中性的情感态度,还能识别如愤怒、喜悦、悲伤等更为复杂和细致的情感。情感分析技术也正向跨语言和跨文化的领域扩展,跨语境的情感分析能力也在提高。[④] 有鉴于此,应该更多使用该技术分析图像、视频等舆情数据,在不断精进该技术的基础上,降低分析的成本,提高分析的精度。

2. 人工智能技术的精进与使用

在智媒体时代,人工智能也有了显著的发展,譬如 AI 智能体和多模态 AI 的出现,就打破了传统 AI 技术的局限,能够完成更灵活的任务。拿腾讯的混元多模态 AI

① 郭成君. 军校网络舆情的管理及应对[J]. 科技与创新,2015(19):60;64.

② 韩小伟,张传洋,张起超,等. 大数据背景下突发公共事件网络舆情情感演化及舆情引导策略研究[J/OL]. 情报科学:1-20[2024-03-19]. https://kns.cnki.net/kcms/detail/22.1264.G2.20240129.0941.008.html.

③ 王皓显. 短视频网络舆情治理对策研究[J]. 网络安全技术与应用,2023(4):159-160.

④ 王若宇. 舆情系统中情感分析技术的研究与实现[D]. 上海:上海交通大学,2022. DOI:10.27307/d.cnki.gsjtu.2020.002220.

来说,该模型在训练方法和数据处理上都进行了精进,所以能理解任意长宽比的图片,拥有了可以用来识别虚假图片和伪造视频的"火眼金睛"。所以一方面要继续精进和使用这些技术以提高网络舆情治理的效率,另一方面也要设立专门的机构来监督人工智能对自己这种超能力的滥用,使人工智能能在规范的环境中帮人类治理舆情。[①]

3. 区块链技术的精进与使用

区块链技术自产生以来便一直以去中心化、透明性强以及不可篡改的特性而闻名。为了确保在线数据的安全性和隐私性,该项技术早就已经被探索用于加强数据存储和传输的安全性等方面。在舆情处理领域,该项技术的出现应算是天源凑合,可用于提高处理的能力。譬如,其技术下的激励机制和时间戳等技术,可以为快速查询信源和精准舆情监测等方面带来新的解决方案。当然,用区块链抓取舆情信息时会出现重复存储等,解决了这些问题才能应用。[②] 故此,精进该技术刻不容缓。

4. 图谱技术的精进与使用

简单来说,舆情图谱技术就是构建舆情主体之间的关系图谱,帮助分析者理解舆情信息流的传播态势和路径。该技术在智媒体时代在不断进步和变化,在视觉展示等方面有着非凡的成就,譬如后文提到的"长征5B事件"。鉴于前文已对图谱技术作了详细介绍,此处不再赘述。

综上所述,在智媒时代,随着社交媒体平台所产生的信息呈现爆炸式增长,传统的网络舆情监测手段已经难以在海量的数据中直接抽取信息,难以反映出整个网络舆情的发展态势。为了更好地对网络舆情进行监测,相关部门需要建立专业的舆情监管系统,切实实现舆情监管的科学性和可行性。舆情监管不仅要借助专业的技术和设备对复杂以及多元的网络舆情主体进行识别和管控,并将网络中的文本、音视频以及表情包和传感数据等都纳入舆情监管的范围,也要利用人工智能技术优化网络舆情的监测体系,对网络舆情进行更加智能化的监控,从只看"文本"标签上升到观察"情感+文本"的多维标签,突破原有的只抓取数据内容的局限。此外,还可以通过智能识别、语义筛选以及机器学习等方法自动抓取网络中出现的负面情感词语,厘清用户的情感诉求,再根据舆情的传播态势以及演化过程及时获取舆情的发酵拓扑图,厘清各个节点之间存在的关联关系,精准管控网络舆情的发展路线。[③]

① 代一方.基于微博数据的人工智能网络舆情分析——以 ChatGPT 话题为例[J].传播与版权,2023(21):93-95.DOI:10.16852/j.cnki.45-1390/g2.2023.21.029.

② 王汇丽.后真相时代区块链技术在网络舆情领域的应用[J].传媒论坛,2022,5(20):45-47.

③ 张海涛,栾宇,刘彦辉,等.多维数据融合的突发公共卫生事件舆情引导机制研究[J].情报理论与实践,2023,46(2):82-89;62.DOI:10.16353/j.cnki.1000-7490.2023.02.010.

6.4 生态治理网络舆情典型空间

作为一种特殊的生态系统,网络舆情生态系统同样是按照系统的要素特点、功能共性以及影响规模等多个尺度进行层级划分。譬如,按照功能划分,网络舆情生态系统可以被分为政治系统、经济系统、文化系统等,其中,经济系统又可以分为工业系统、农业系统以及服务业系统等;从低级到高级划分,网络舆情生态系统可以被分为包括个体、区域、国家、国际等在内的各个层级,其中,每个层级的信息流转和能量效用存在很大差异。[①] 因此,要想更好地治理网络舆情,就必须从这种层级划分出发,借助于专业知识,立足于区域空间,服从于时空规律,从生态系统的角度进行通盘考虑,才能使治理更为高效。

6.4.1 生态治理网络舆情专业空间

要对网络舆情进行治理,首先要动态分析舆情的时空规律。

1. 动态分析网络舆情时空规律

简单来说,网络舆情的时空规律是指网络舆情的发展和变化在时间和空间上的规律性。动态地分析网络舆情的时空规律,就是分析网络舆情的时间规律和空间规律,为治理舆情提供依据。

(1) 动态分析网络舆情的时间规律

要动态分析网络舆情的时间规律,首先要分析网络舆情从萌芽到消退的所有发展阶段,认识网络舆情在不同阶段的特点,还要分析网络舆情的持续时间,分析网络舆情事件的反应速度,更要分析网络舆情的周期性变化,也就是观察网络舆情是否出现波动、是否出现复发,分析导致这种波动或复发的原因。

(2) 动态分析网络舆情的空间规律

要动态分析网络舆情的空间规律,就要分析不同区域网络舆情的特点以及同一舆情在不同区域的差异,分析这些差别与政策环境、经济发展以及地域文化等因素的相关程度,从而找出助推网络舆情的动因;还要分析网络舆情的传播范围,研究其传播范围是局限在局部地区,还是扩散到全国乃至全世界。

(3) 动态分析舆情时空分布情况

在不断变化的时空场域内,网络舆情事件起源会随着时空场域的内部环境以及外部压力的变化而不断变化。因此,在网络舆情监管过程中,对舆情的监管也应该是

---

① 李昊青,兰月新,张鹏,等.网络舆情生态系统的失衡与优化策略研究[J].现代情报,2017,37(4):20-26.

动态演化的,要实时精准把控网络空间中的地理空间、时间维度。① 此外,还要用发展的眼光审视网络舆情中的主体与客体,同时要不断探索不同场域内事件的时空演化规律,动态把控舆情的时空分布情况。②

(4)舆情时空分析技术的进步与运用

正因为对于网络舆情时空数据的分析能够帮助解决并分析舆情事件的整体态势,有助于把控舆情的时空演变规律,从而有利于提升舆情生态治理水平和治理能力,所以,近年来应用地理定位技术的移动设备、可穿戴设备不断迭代更新,带有地理位置信息以及事件信息的位置数据也在不断产生,用户行为逐渐数据化。为了更好地将时空数据融入舆情监控中,地理分析技术、空间行为数据以及大数据信息行为与传统的网络舆情技术已经开始步入融合的过程,并且这一融合过程还会加速。而要做到更好地融合,就要做到以下三点。

首先,当网络舆情发生时,要持续不断地实时抓取网络舆情的时空数据信息,利用时空数据准确找出舆情发生的时间、发生的地点以及逐步扩散的区域等,再根据这些信息准确掌握舆情时空演变的趋势,动态监控舆情的发展和演变方向。

其次,利用空间行为分析技术对网络舆情主体的地理位置信息进行分析,将查找到的网络舆情地理位置数据信息与用户的行为数据信息进行关联,精准刻画网络的时空场域画像;同时,对于舆情主体的态度以及该区域网络舆情主体的情感变化等信息都要进行跟踪分析,在把握网络舆情时空差异的基础上提高舆情生态治理的效率。③

最后,还要对舆情时空信息进行深入分析和研判,通过比对不同舆情事件在时空维度上的差异、凝结网络舆情时空分布存在的特性以及精准总结网络舆情的时空演化规律,为舆情生态治理以及舆情管控进一步提供支撑,也为后续的其他舆情治理提供经验。

2. 生态打造网络舆情七色空间

本部分从功能的角度将网络舆情分为七大板块,即政治舆情板块(网络舆情红色生态空间)、科技舆情板块(网络舆情橙色生态空间)、能源舆情板块(网络舆情金色生态空间)、农业舆情板块(网络舆情绿色生态空间)、工业舆情板块(网络舆情蓝色生态空间)、医药舆情板块(网络舆情银色生态空间)以及教育舆情板块(网络舆情紫色生态空间)。可以考虑在网上设立一个由这七个版块、七种功能、七种颜色为主体构成

① 丁乐蓉,李阳.重大传染病疫情情境下网络舆情时空分异规律研究[J].现代情报,2023,43(1):120-130;176.

② 徐迪.基于时空大数据的重大疫情类突发事件网络舆情研判体系研究[J].现代情报,2020,40(4):23-30;81.

③ 贾若男,王晰巍,于雪,等.突发公共事件网络舆情时空演化分析模型及算法研究[J].现代情报,2023,43(2):137-145.

的七色空间,其中每个版块都只涉及一个功能和一种舆情,在每个版块内部设立专门的工作人员,通过超链接等方式收集、归纳以及解释舆情热点,然后定期开设专栏,聘请或邀请相关领域的专家与公众提供实时交流和座谈活动,或者以竞赛等方式来帮助厘清思路、澄清事实、还原真相。

(1) 打造网络舆情红色生态空间

红色在中国是赤诚之色,是红旗的颜色,是热血的颜色,因而可以用红色代表政治舆情,凡是与社会主义、共产主义、马克思主义以及党的革命历史、英雄、领导人物等相关的舆情都可以归入红色舆情空间。因为这类舆情涉及意识形态和社会稳定事宜,所以其地位特殊。在打造和治理红色生态空间的过程中,要注意总结红色舆情的特征,科学制定相关管理策略,明确各类红色信息的发布规范,既要尊重历史事实和革命精神,也要适应现代传播环境和公众的需求,利用新闻网站、社交媒体以及短视频平台等多种渠道传播红色历史,通过线上讨论、知识竞赛等方式增强公众的认同感,维护红色舆情的严肃性。

(2) 打造网络舆情橙色生态空间

橙色,颜色鲜明,能够传递活力和创新之意,常被科技界用于设计元素中,因而可以用橙色代表科技舆情,将与专利技术、科技发明等有关的科技元素纳入橙色舆情空间。因为科技舆情是公众对新技术的推出、科技行业的发展以及科技公司的政策等持有的意见和情绪,所以科技舆情能左右科技产品的市场表现,颠覆科技企业的形象、科技投资的前景,对科技的发展影响深远。因此,在打造和维护科技舆情生态空间时,应主动公开信息,及时解释技术细节,详细说明政策变更,在提高透明度的基础上建立起公众的信任感。当然,在这一过程中,要注重与科技领域的意见领袖和专家合作,邀请他们与网民进行实时交流,对公众进行教育科普,加强公众对新技术的理解并进而拥抱新科技。

(3) 打造网络舆情金色生态空间

金色是太阳的颜色,而太阳又是能源之母,为人类提供源源不断的能源,因而可以用金色代表能源舆情。能源舆情涵盖了从传统不可再生能源(如石油、煤炭)到可再生能源(如风能、太阳能)方面的舆情话题,涉及广大公众对能源政策的理解、对能源行业发展的意见、对能源市场趋势的看法等很多问题,这些对于能源产品的升级换代、能源企业的开源引流以及能源政策的完善修改都有重要影响。因此,要经常邀请相关领域的专家作讲座,将能源保护、能源技术知识向广大公众普及,提高公众对能源问题的认知。

(4) 打造网络舆情绿色生态空间

绿色是希望的颜色,是植物的颜色,因而可以用绿色代表农业舆情。农业舆情涉及公众对农产品市场、农产品价格、农民生产决策、农业法律政策等问题的看法和意见。譬如,农业舆情中对农业政策的支持或反对可能会影响到与政府相关实践的发展速度和走向,影响到政策的实施效果。农业舆情中,公众对于农业环境情况的关注可以推动减少对化肥和农药的使用,促进有机农业的发展。因此,要定期发布农业技术相关信息,向公众提供农业生产新知识,经常组织专家和农民召开线上交流会,帮助政府机构、相关企业以及农民做出更为明智的决策,实现丰产丰收。

(5) 打造网络舆情蓝色生态空间

蓝色是海的颜色,是深沉的颜色,象征着可靠、专业和创新。作为在工业中经常被使用的颜色,蓝色能够让人感受到安全、有序、平静和专注,因而可以用蓝色来代表工业舆情,将所有与工业领域相关的舆情(譬如,公众对重大工业项目、工业企业发展、工业行业发展以及工业产业政策的意见)纳入蓝色舆情空间中。因为持续的负面舆论可以损害工业企业的形象,影响工业企业的市场地位以及客户的忠诚度,甚至动摇投资者的信心,导致股价下跌和经济波动,所以工业舆情的动荡对经济是有深远影响的。因此,有必要邀请工业领域的相关专家,例如工程师和技术人员等做客蓝色空间,讲述"蓝色"品牌故事,传授"蓝色"知识经验,使公众打消怀疑,安心进行正常消费和投资,获得满足。

(6) 打造网络舆情银色生态空间

银色是白发的颜色,是代表清洁、无毒以及高标准的颜色,此色与健康和生命相关,与医药行业温和的主旨相匹配。因而可以用银色代表医药舆情,将涉及医药行业的舆情统一在银色的生态空间中。因为医药涉及生命和健康,所以医药舆情造成的影响可谓相当之大,譬如,医疗事故的发生会使公众对医疗乃至整个监管机构产生怀疑。因此,只有不断加强对医药企业的监管和审查,只有经常进行医药知识方面的科普活动,才能最大程度地降低公众对医药部门的怀疑,降低医患矛盾发生的概率,使医药行业在健康的环境里得到快速发展,造福人间。

(7) 打造网络舆情紫色生态空间

紫色是代表智慧的颜色,是代表神秘的颜色,是代表高贵的颜色,是帝王尊享的颜色;而孩子是未来的希望,是未来的"王",孩子对神秘更有着无尽的探索欲望,因而可以用紫色代表教育舆情,将所有和教育相关的舆情纳入紫色空间中。因为教育舆情涉及公众对教学内容、教学方式、教育政策、师生关系、学校系统等诸多方面的意见和态度,所以这类舆情可以极大地影响教育政策的制定以及教育机构的运营。譬如,公众对先进教育技术的接受度有利于新教学方法的采用,实现教育创新。因此,紫色生态空间应不断提升教育系统的透明度,通过开放的沟通渠道以及积极的公关活动来获得民众的支持,实现教育体系的持续改进。

6.4.2　生态治理网络舆情城市空间

每个时代都有每个时代的特点,每个地方都有每个地方的故事,在网络舆情治理过程中,每个地方的管理者都只能根据当时当地的"具体情况具体分析"。我国长期存在城乡二元结构,城乡差别较大,因此,本小节从城乡对比出发,探讨不同地区的网络舆情在时空敏感性方面的差异。

1. 城乡的网络舆情时空敏感性

本书认为,要治理好网络舆情,首要关注的应是时空聚焦典型城市,也就是要聚焦于对时空有着高度敏感性的典型城市。[①] 其原因在于,在不同的经济和文化背景下,人们对时间和空间的感知和利用能力是有差异的(这种差异外显出来就是人们对时空变化的敏感度和适应性),其中,城市居民的时空敏感性比较强,而农村居民的时空敏感性相对较弱,城市居民与农村居民在时空敏感性上存在明显差异。

(1) 农村居民相对较弱的网络舆情时空敏感性

农村占据了中国的广阔天地,具有地理位置相对分散、沟通交流比较不便的特点。由于广大农村地区的交通设施相对落后,信息传播设备相对缺乏,而且农村居民一般是"日出而作,日落而息",更多的是凭借看天气、看季节、看农作物的生长来感知时间和空间,因此,农村居民对新闻媒体以及网络的依赖相对较少,对外部信息的反应速度相对较慢,其网络舆情时空敏感性相对较弱。

(2) 城市居民相对较强的网络舆情时空敏感性

城市是人口密度较大的地区,具有地理位置比较集中、沟通交流比较方便的特点。因为城市内部交通设施比较发达、信息传播设备更加丰富,而且城市居民一般不用"靠天"吃饭,而是靠"制度"、靠"管理"吃饭,所以对各种信息非常关注,也很敏感;加之城市地区信息传播设备的普及使城市居民通常能够更快地接收到新信息,对时间和空间的利用可能会更加高效。因此,相较于农村居民,城市居民的时空敏感性通常更强,更易用于分析网络舆情的时空发展规律。城市中的大城市,尤其是非常发达、具备某种特点的大城市,其居民具有更高的时空敏感性。在时间上,因为大城市中的信息传播设施发达,使得城市居民的时间"距离"拉近了,公众能够在很短的时间内获知舆情信息并迅速对舆情事件做出反应,所以城市居民具有快速的舆情反应能力以及高效的舆情传播能力;在空间上,城市中高度发达的地铁、高铁等交通设施网络拉近了城市居民的空间"距离",促进了信息在城市的广泛传播。此外,随着网络舆情的形成和发展,城市还会成为信息的集散地,将影响和带动更广泛的周边区域以及更远的区域。因此,很多大城市可以实现网络舆情的时空聚焦,对这类城市进行研究和治理,其效果更具代表性。

(3) 时空聚焦典型城市的网络舆情时空敏感性

所谓时空聚焦典型城市治理指的是,在特定时空背景下,将某些典型城市作为研究的焦点,通过对这些城市进行深入分析,找到类似的城市发展问题,从而为这些城

---

① 简单来说,时空敏感性是指人们对时间和空间变化的敏感程度以及反应能力,这种能力不仅关系到个体或集体对时间和空间变化的感知,也关系到人们在特定时间和空间背景下对于事件及信息等的应对能力。

市的发展提供更加可行的解决方案并作为其他城市的参考。具体到网络舆情治理问题上，即通过考虑时间和空间因素，更好地理解典型城市舆情发展和变化的动态过程，理解这些城市的舆情发展是如何受地理位置、历史背景影响的。也可以帮助政策制定者更准确地分析和理解这些典型城市面临的舆情挑战，从而可以制订有针对性的舆情应对方案，对网络舆情进行更加精准和有效的管理。

需要注意的是，在智媒体快速发展的今天，随着大数据、云计算等技术的发展，城市与城市之间的时空壁垒和信息壁垒被打破，城市之间的信息互动日益增强。在网络舆情的演变过程中，网络舆情的时空分布聚焦效应明显并且趋向于典型的政治或者经济中心，舆情的热度也与是否是发达城市有显著的关系，因此，典型的政治或经济中心也是舆情治理和管控的首要主体。

综上所述，研究时空聚焦典型城市，需要做到以下几点：① 应对典型的城市群进行精准分析，有针对性地分析和监测网络舆情中聚焦效应较为显著的城市群；② 针对较为关键的城市群识别出网络舆情关键城市节点，准确找出该城市群的节点，并对关键城市节点进行积极引导，完善对该类城市的舆论民意观察和分析，发挥典型城市群在舆论引导中的正向作用，及时、准确地调动典型城市群的引导作用，营造正向和积极的网络舆情信息流转；③ 最大限度地发挥经济中心、典型城市的文化带动和引领作用，发挥其"地位高地"的作用，把握网络舆情信息引导中的主动权和话语权，发挥其示范引领作用，消解其他城市舆情发展中存在的问题，及时排解舆情中存在的风险隐患，全面提升网络舆情生态治理的能力和水平。

2. 时空聚焦典型城市生态治理

因受笔者自身能力以及图书篇幅所限，本书只能选取一些有代表性的城市作为例子就网络舆情治理需要留意之处作简单介绍。

(1) 政治中心城市群的网络舆情生态治理

北京是中国的政治中心、经济中心、文化中心以及旅游中心，其网络舆情发展具有非常典型的时空聚焦色彩，具体体现在政治上的高度敏感性、舆论场的多元性以及信息传播的快速性。譬如，在 2022 年北京冬奥会期间，北京有着极高的网络关注度，这不仅是受城市的经济发展水平所影响，也与体育发展水平以及互联网普及率等因素有关。[①] 在智媒体时代，要更好地治理这类城市的网络舆情，需要做到提高信息的透明度和公开性、构建多元的沟通渠道、加强网络舆情监测和分析等。

(2) 经济中心城市群的网络舆情生态治理

除了北京以外，中国的经济中心城市还包括上海、广州和深圳等。这些城市在我国的经济发展方面发挥着核心和引领作用。这些经济中心城市在网络舆情方面的特

---

① 张华玉，陈国艺，魏德样. 2022 年北京冬奥会网络关注度时空变化特征及其影响因素分析[J]. 体育教育学刊，2023,39(5):76-82. DOI:10.16419/j.cnki.42-1684/g8.2023.05.001.

点通常也与其经济引擎的特点相关,譬如,这些城市的网络舆情对反映出经济活动的创新性、经济政策的变动性非常敏感。治理这些城市的网络舆情需要直面其经济特色,加强对经济政策的解释与该方面的交流,支持国际交流与合作,推动健康的经济讨论等。①

（3）文化中心城市群的网络舆情生态治理

除了北京以外,我国的文化中心城市还有杭州和西安等,这些文化中心城市的网络舆情特点通常与其丰富的文化旅游资源以及文化产业高度相关,具体体现在对历史文化遗产保护的关注、对文化创新的争议、对城市形象的维护等方面。对这类城市的舆情治理关键在于建立有效的文化遗产保护舆论场,鼓励文化创新与合理讨论以及宣传城市文化形象等。②

（4）旅游中心城市群的网络舆情生态治理

除了北京以外,我国的旅游中心城市还有南京、西安、三亚、桂林以及丽江等。这些旅游中心城市的网络舆情也呈现出与其城市旅游特色相符的特征,如有很强的季节性、对国内外口碑具有高度依赖性等。在对这些城市的舆情治理方面,应注重加强信息发布工作、提高信息透明度以及培育更加文明的旅游环境等。③

总之,在网络舆情的发展过程中,由于网络舆情时空参与主体较为庞大,离散性较强,其在网络中的利益诉求、参与方式和表现形式等方面都存在巨大差异,导致网络舆情在传播的过程中也呈现出多元化的发展态势,地域发展极不平衡,各个地区之间存在显著差异。因此,针对不同网络舆情的治理方式也存在较大的差异。① 要改变从全国层面进行舆论调查的方式,要从各个省市等区域获取舆情的数据信息,基于不同地区舆情发展的差异性,制订科学、合理且有针对性的网络舆情治理策略。② 由国家牵头,结合各个地区网络舆情的特点,设立符合地区发展的网络舆情监管体系。③ 要在总目标的牵引下,针对性地在各个地区执行切实可行的行动方案,并建立方案之间的联动机制和协同机制,为网络舆情综合治理体系的建立奠定基础。加强区域之间相关系统的连接,充分发挥舆情治理的特色优势,建立科学、统一、合理的协同共享机制,形成有效的舆情区域协调治理机制和有序的舆情生态治理格局,共同促进舆情生态治理中全局利益的实现。

---

① 刘国巍,程国辉,姜金贵.时空分异视角下非常规突发事件网络舆情演化研究——以"上海 12.31 踩踏事件"为例[J].情报杂志,2015,34(6):126-130;150.

② 武凤文,辛萍.基于网络舆情分析的北京历史街区公共空间品质评估研究——以南锣鼓巷街区为例[C]//中国城市规划学会,东莞市人民政府.持续发展 理性规划——2017中国城市规划年会论文集(05城市规划新技术应用).[出版者不详],2017:18.

③ 付业勤.旅游危机事件网络舆情研究:构成、机理与管控[D].泉州:华侨大学,2015.

后篇　网络舆情的服务应用

古有卖炭翁,为炭求寒风;今因智媒在,民媒胜天声。虽然古代就有了反映百姓疾苦的舆情,但舆情的传播速度之慢,影响之有限,很难撼动统治的根基。但网络时代,尤其是智媒体时代,舆情传播速度之快,影响之广泛,却可能在短期内改变社会格局,影响社会稳定。因此,有必要深入分析不同的网络舆情主体,监测好网络舆情的变化,捕捉到网络舆情的“风向”,从而降低各种突发事件的不利影响,维护好清正安宁的“话语”时空。

本篇基于已发表的六篇学术论文进一步凸显网络舆情生态治理问题这一主旨。

第7章　网络舆情用户画像

要对舆情空间进行生态治理,首要的任务是管理好舆情空间用户或者说网络舆情主体的行为,网络舆情用户画像正是可以促进此种管理的一种措施,是通过收集和分析用户在网络上的行为、偏好、交流以及反馈等方面的数据,构建出类似画像的用户特征模型。通过有关用户性别、年龄、身处位置、兴趣爱好、消费习惯、话题偏好、情感倾向以及社交行为等具体特征的描述,精准地把握用户心理,解锁用户的消费和情感密码,以便于后期的引导和治理。

7.1　社交媒体用户画像的构建及资源聚合模型研究

本研究重点讨论基于用户画像创建社交媒体资源聚合模型,为资源的聚合提供参考,丰富和拓展相关理论研究体系。在深度剖析用户画像的内涵和算法的基础上,基于社交媒体分别构建用户画像和资源画像的模型,运用社会化标签系统方法,研究基于社交媒体的用户画像和资源画像之间的映射关系。借鉴领域本体的方法,通过对数据的深层次挖掘,利用资源聚合的原理,构建基于资源画像的社交媒体内部资源聚合模型和外部资源聚合模型。研究结果表明,在大数据时代,基于用户画像和资源画像的相关理论和方法能够为社交媒体的资源聚合提供新的思路。

7.1.1　引　言

随着物联网、云计算、大数据、人工智能时代的到来,社交平台已经被人们高度依赖。在开放的环境下,用户不仅是资源的使用者,同时也是资源的创造者和共享者。随着用户的信息行为轨迹更易捕捉,用户的数据更易获取,根据用户的需求为用户提供精准、客观、动态的服务变得越发重要,并已经成为学者们关注的前沿和热点。社交网络的兴起,微博、微信、豆瓣等社区网络的快速发展,使用户通过社交网站不仅可以感知天下大事,同时还可以足不出户地查找感兴趣的影音讯息等内容。由于社交媒体用户数量逐年增多,满足用户需求的多样化、个性化服务将成为人们追求的目标。鉴于此种情况,笔者尝试在吸收和借鉴前人经验和研究结果的基础上,对社交媒体的资源特征进行分析;通过深入挖掘用户行为的相关数据,构建社交媒体的用户画像与资源画像。在整合用户行为构成要素的基础上,搭建社交媒体的资源聚合模型,主要分为内部资源聚合模型和外部资源聚合模型,为用户信息资源聚合和推送方面的研究与应用提供一种新的思路和尝试。本研究的逻辑思路如图 7-1 所示。

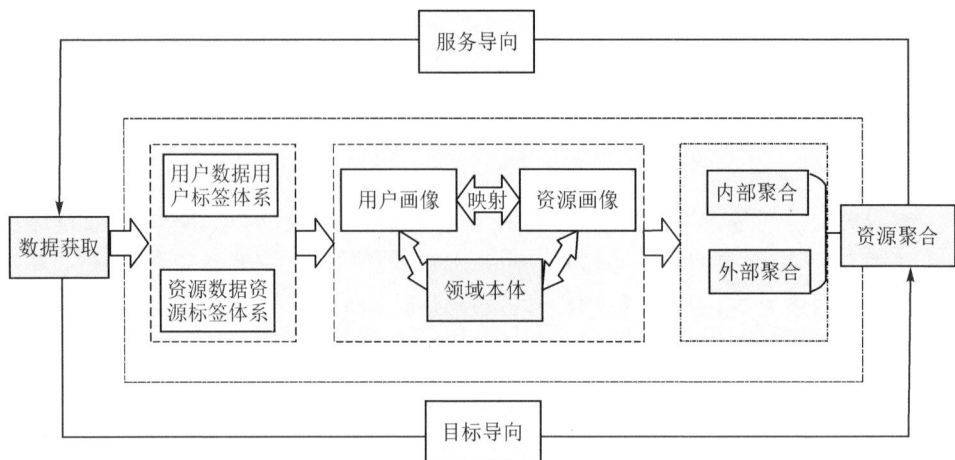

图 7-1　本研究逻辑思路

7.1.2　文献回顾

随着人工智能、大数据技术悄然兴起,用户画像领域的研究逐步成为众多学者关注的热点,并取得了一定的成果。杨帆[①]从读者画像和资源画像角度着手,构建了图书馆的大数据平台,为图书馆用户提供精准的服务;王顺箐[②]通过对图书馆用户的需求进行分析,基于用户的兴趣爱好为其提供差异化的推荐服务;尹相权等[③]通过对图书馆用户的数据进行建模分析,得出了影响用户行为的主要因素;K. Petric 等[④]基于自适应的知识管理方法,开发了一个网络用户的心智模型,实现了对不同的用户群体进行分类;程全[⑤]探讨了基于用户画像的数字图书馆信息服务的基本模式,为数字图书馆信息精准服务提供科学决策;王凌霄等[⑥]从四个方面(用户资历、用户参与度、用户回答质量和用户发展趋势)构建了社会化问答社区的用户画像;单晓红等[⑦]从用户信任属性、酒店信息属性和用户评价信息属性三个方面构建了携程酒店用户画像的

---

① 杨帆.以画像分析为基础的图书馆大数据实践——以国家图书馆大数据项目为例[J].图书馆论坛,2018(4):1-9.

② 王顺箐.以用户画像构建智慧阅读推荐系统[J].图书馆学研究,2018(4):92-96.

③ 尹相权,李书宁,弓建华.基于系统日志的高校图书馆研究间 用户利用行为分析[J].现代情报,2018(1):115-120.

④ PETRIC K,PETRIC T,KRISPER M. User Profiling on a Pilot Digital Library with the Final Result of a New Adaptive Knowledge Management Solution[J]. Knowledge Organization,2011,38(2):96-113.

⑤ 程全.基于用户画像的数字图书馆信息服务模式研究[J].图书馆学刊,2018(4):68-71.

⑥ 王凌霄,沈卓,李艳.社会化问答社区用户画像构建[J].情报理论与实践,2018(1):129-134.

⑦ 单晓红,张晓月,刘晓燕.基于在线评论的用户画像研究——以携程酒店为例[J].情报理论与实践,2018(4):99-104;149.

概念模型;黄文斌等①从移动数据的类型、移动用户行为模式、移动用户画像的建构和移动用户画像的深度应用等几个方面构建了数据驱动的移动用户行为研究框架;郝胜宇等②从目标顾客识别、目标顾客扫描、消费异动和精准推送等几个方面详细论述了用户画像技术以及用户画像对企业精准营销的重要作用;裴国才③通过用户画像的方法设计并实现了精准营销的模型;王晓霞等④等利用大数据技术对用户进行精准聚类从而刻画用户画像;盛怡瑾⑤将用户画像技术应用到学术期刊审稿人遴选中,并构建了审稿人画像模型;熊伟等⑥通过采集用户信息并对用户群体进行分类,用 LDA 分析网页的具体内容建立主题模型,提出了一种基于用户画像和内容的服务重定向方法;张诗军等⑦基于用户画像的理论与技术提出了电力大数据的客户画像构建方法;高扬等⑧构建了智能制造领域的人才画像,揭示了该领域杰出人才的显著特征。

通过对相关文献的梳理可以看出,目前用户画像的研究领域较为宽泛,多集中于图书馆学、社交媒体、计算机以及市场营销领域,研究方法较为单一,多以实证研究为主。因此,笔者尝试在吸收和借鉴前人研究成果的基础上,基于社交媒体这一平台,实现对用户画像和资源画像的刻画,并建立二者之间的映射关系,着力构建平台内部的资源聚合模型,同时打造跨平台的不同社交媒体之间的资源聚合模型,为用户智能终端信息资源推送提供参考,为该领域的相关研究提供理论支撑。

7.1.3 用户画像研究概述

1. 用户画像的内涵

最早提出用户画像(persona)的学者是被命名为交互设计之父的阿兰·库珀(Alan Cooper),阿兰认为,用户画像是真实反映用户数据特征的虚拟代表,通过挖掘用户数据,抽取用户的目标、行为和观点,分析出用户的典型特征,将用户的静态数据和动态数据标签化,从而形成一个目标用户的模型。用户画像的核心工作就是通过人为规定高度精确的特征标识来为用户打标签,主要的目的就是通过标签,使计算机

---

① 黄文彬,吴家辉,徐山川,等.数据驱动的移动用户行为研究框架与方法分析[J].情报科学,2016(7):14-20;40.

② 郝靖宇,陈静仁.大数据时代用户画像助力企业实现精细化营销[J].中国集体经济,2016(04):61-62.

③ 裴国才.基于用户画像的电信精准营销模型研究[J].信息通信,2017(12):240-241;24.

④ 王晓霞,刘静沙,许丹丹.运营商大数据用户画像实践[J].电信科学,2018(5):127-133.

⑤ 盛怡瑾.用户画像技术在学术期刊审稿人遴选中的应用[J].出版发行研究,2018(8):54-58.

⑥ 熊伟,杭波,李兵,等.一种集成用户画像与内容的服务重定向方法[J].小型微型计算机系统,2017(12):2762-2765.

⑦ 张诗军,陈丰,王志英,等.基于电力大数据的客户立体画像构建及应用研究[J].电气应用,2018(8):18-25.

⑧ 高扬,池雪花,章成志,等.杰出人才精准画像构建研究——以智能制造领域为例[J].图书馆论坛,2018(9):1-8.

能够程序化地处理一些与人相关的数据信息,提高信息获取的速率,在还原用户信息的基础上构建用户画像,从而为广告投放、市场营销等领域的信息推广提供服务。随着用户行为轨迹越发容易捕捉,为用户提供精确、动态的信息变得越来越重要,用户画像的应用范围也在不断拓展,从最传统的营销领域的用户画像(persona)开始向社交媒体等领域的用户画像(user profiling)逐步延伸。

2. 用户画像研究主题和理论模型

通过梳理用户画像相关论文的脉络,可以发现,目前有关用户画像的研究主题大致分为微博、[①]移动图书馆、[②]企业营销、社会化问答社区、[③]电子商务、[④]医疗领域和金融行业、社交媒体、网络安全;用户画像的模型主要包括马尔可夫随机场模型、逻辑回归模型;用户画像的理论主要包括社会认同理论、[①]复杂适应系统理论和博弈论等;用户画像的相关算法主要包括层次分析法、[⑤]聚类算法、[⑥]支持向量机、朴素贝叶斯分类法、K-means算法、[⑦]相关分析法、决策树分析法、神经网络分析法[⑧]等,如表7-1所列。

表7-1 用户画像相关研究的主题和模型

研究主题	理论模型	机器学习算法
微博、移动图书馆、企业营销、社会化问答社区、电子商务、医疗领域、金融行业、社交媒体、网络安全	模型:马尔可夫随机场模型、逻辑回归模型	层次分析法、聚类算法、支持向量机、朴素贝叶斯分类法、K-means算法、相关分析法、决策树分析法、神经网络分析法等
	理论:社会认同理论、复杂适应系统理论、博弈论	

3. 用户标签体系

用户画像的标签体系就是用户信息的标签化,在构建用户画像之前,需要建立标准的标签体系,用以全方位、多层次地反映用户画像的基本内容。要建立画像标签,需要对数据进行采集和处理,基于不同的数据和需求,在采集标签时,大致采用两种方法:① 基于人工,手动归纳并标注用户的标签;② 运用机器算法进行半人工式的

① 林燕霞,谢湘生.基于社会认同理论的微博群体用户画像[J].情报理论与实践,2017(3):142-148.

② 陈添源.高校移动图书馆用户画像构建实证[J].图书情报工作,2018,62(7):38-46.

③ 王凌霄,沈卓,李艳.社会化问答社区用户画像构建[J].情报理论与实践,2018(1):129-134.

④ 陆冬磊.基于电子商务的用户画像分析[J].电脑知识与技术,2018(22):1.

⑤ 胡媛,毛宁.基于用户画像的数字图书馆知识社区用户模型构建[J].图书馆理论与实践,2017(4):82-85;97.

⑥ 李冰,王悦,刘永祥.大数据环境下基于k-means的用户画像与智能推荐的应用[J].现代计算机(专业版),2016(24):11-15.

⑦ 张小可,沈文明,杜翠凤.贝叶斯网络在用户画像构建中的研究[J].移动通信,2016(22):22-26.

⑧ 张钧.基于用户画像的图书馆知识发现服务研究[J].图书与情报,2017(6):60-63.

提取。标签指标体系的完善程度对于精准构建用户画像将起到至关重要的作用。在标签体系中,每一个标签都是某一个用户特征的具体体现,从某种程度上来说,标签要具有一定的群体性,能够归纳出事物的某种属性和基本特征。标签在表现形式上多种多样,可以是中文的符号,也可以是数字。从收集和整理原始数据,到生成业务标签,从清洗和整理数据,到最终的机器学习,通过对用户的属性特征进行分类,以上操作都能够运用计算机进行处理,[①]如图7-2所示。

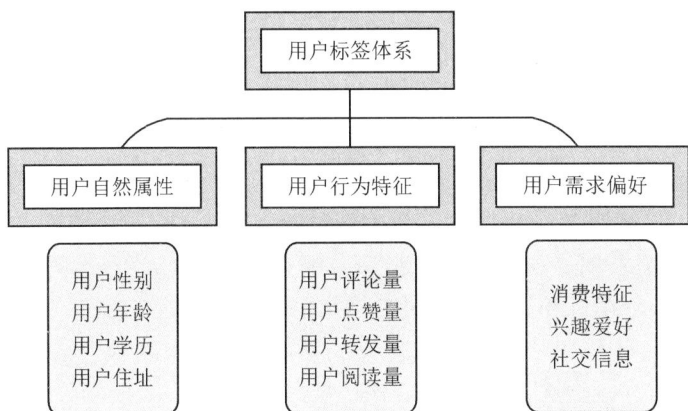

图7-2　用户标签体系

7.1.4　社交媒体的用户画像与资源画像构建

随着近年来互联网产业的异军突起,各种类型的社交媒体也如雨后春笋般蓬勃发展,而为用户提供精准、个性化的推送服务攸关各大社交媒体的长远发展。豆瓣网是Web2.0时代最具代表性的网站之一,其在线功能较为丰富。豆瓣网已经由最初提供读书、电影和音乐信息的网站,发展成为一个集博客、商业于一体的综合性社交网络平台。时至今日,豆瓣电影已经成为中国最大、最权威的电影分享和在线评论电影社区,甚至被称为华语圈的"IMDb"(互联网电影资料库),目前有将近3 000家电影院加盟其中,豆瓣电影已经成为豆瓣网络主网站点击流量第一的子模块。因此,笔者以豆瓣电影为例,构建豆瓣网的用户画像和资源画像,以期通过画像之间的映射关系实现个性化的推送服务。[②]

1. 社交媒体用户画像构建

(1) 获取数据

以豆瓣电影为例,运用八爪鱼爬虫软件对豆瓣电影2017—2018年的热门电影进

---

① 陈添源. 高校移动图书馆用户画像构建实证[J]. 图书情报工作,2018,62(7):38-46.
② 王翔. 电影网站评分与电影票房关系研究——以豆瓣电影为例[D]. 南昌:南昌大学,2016.

行数据爬取工作,爬取时间为 2018 年 5 月 7 日,经过对数据的筛选、清洗和加工,导出数据文件到 Excel 中,共爬取出电影数据 221 条、用户评论数据 7 000 条。将这些数据进行归类、汇总,对数据进行统计分析,爬取的内容主要归类为两大部分,即用户的相关数据和近两年热门电影的相关数据。用户的相关数据主要包括作品名称、作品 ID、评论标题、评论者的 ID、星级评分、推送程度、评论时间、评论摘要、评论内容、评论有用数、评论无用数、追评时间、追评内容等。电影的相关数据即资源数据主要包括影片片名、影片导演、影片编剧、影片主演、影片类型、影片制片国家、上映日期、影片评分、影片评论人数。

（2）建立用户画像标签体系

笔者基于用户数据,对用户的标签体系进行了划分,主要分为用户的自然属性、用户的行为特征属性和用户的需求偏好属性三个方面。用户的自然属性主要包括用户 ID、用户住址;用户的行为特征属性主要包括用户评分、用户评论、用户推荐和用户分享;用户的需求偏好属性主要包括影片演员、影片导演、影片类型、影片上映档期、影片语种、评论得分和影片排行榜等,如图 7 - 3 所示。

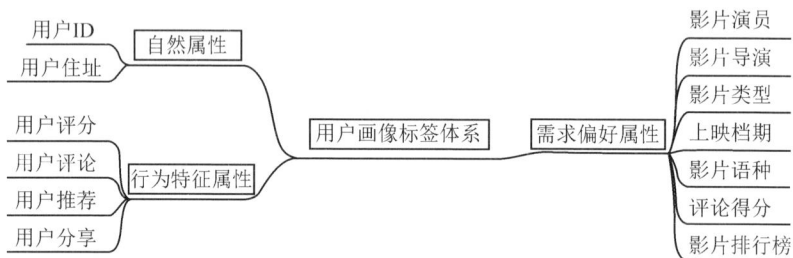

图 7 - 3　豆瓣电影用户画像的标签体系

（3）构建用户画像

为了能够更直观地显示用户的标签体系,笔者将易词云软件应用于用户画像构建中,用户的标签中主要以用户的行为特征和需求特征作为研究的核心。在易词云中,字体越大,代表该类用户的标签处于核心地位,并且在用户的标签体系中占据决定性的地位;相反,字体越小,代表该类用户的标签处于非核心地位,作用相对较弱。笔者以豆瓣网的用户群体为例,构建的用户画像如图 7 - 4 所示。

2. 社交媒体资源画像构建

（1）建立资源画像标签体系

资源画像的标签体系大致分为三个层级,分别是影片的自然属性、影片的基本特征属性和影片的服务内容属性。影片的自然属性主要包括影片的片名,影片的上映年份,影片的导演、演员和编剧;影片的基本特征属性主要包括影片的评价得分,影片的评价人数,影片的影评,影片的媒体宣传、话题宣传和路演宣传;影片的服务内容大

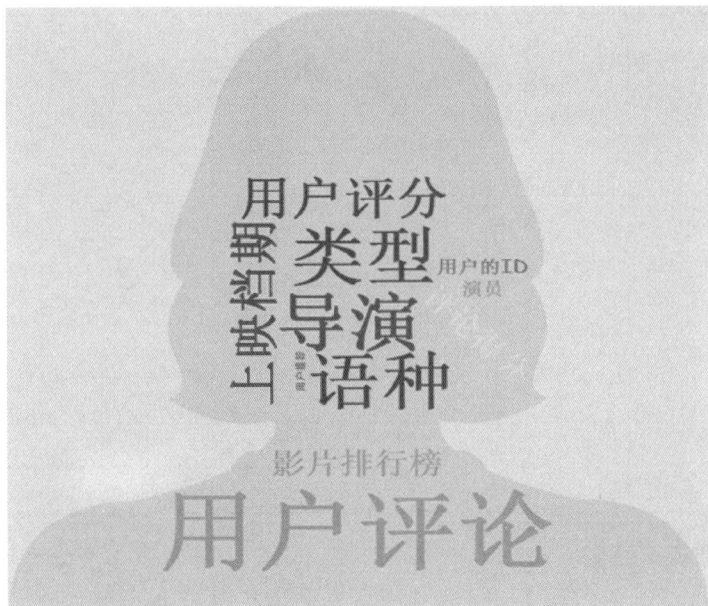

图 7 - 4　豆瓣电影用户画像词云图

致分为两大类别,分别为人对于影片的需求标签体系,以及影片的内容标签体系。人对于影片的需求标签主要包括影片的价格、影院的环境、影片的类型、影片的语种;影片的内容标签主要包括影讯、影片购票、影片排行榜、影片分类、影评、影片年度榜单和观影报告等,[①]如表 7 - 2 所列。

表 7 - 2　豆瓣电影资源画像标签体系

影片的 自然属性	影片的片名
	影片的上映年份
	影片的导演、演员和编剧
影片的 基本特征属性	影片的评价得分
	影片的评价人数
	影片的影评
	影片的媒体宣传、影片的话题宣传和影片的路演宣传

---

① 薛欢雪.高校图书馆学科服务用户画像创建过程[J].图书馆学研究,2018(13):67-71,82.

		影片的价格
影片的 服务内容属性	人对于影片的 需求标签	影院的环境
		影片的类型
		影片的语种
	影片的 内容标签	影讯
		影片购票
		影片排行榜
		影片分类
		影评
		影片年度榜单
		观影报告

（2）构建资源画像

笔者运用易词云软件，基于资源画像的标签体系，对资源画像进行了构建。因为资源画像的标签体系较为复杂，所以笔者剔除了资源标签中重复的数值，并将资源的标签单词数值设置为 1，生成数据格式，并将单词的间隔设置为 0，使生成数据的单词间隔间隙较为适中，构建的资源画像如图 7 - 5 所示。

图 7 - 5　豆瓣电影资源画像词云图

3. 用户画像与资源画像之间的映射关系

社会化标签系统是由三种不同类型的集合构成的，分别为用户、资源和标签，这三个集合形成了一个完整的大众分类法（folksonomy）。在该系统中，每一组数据之间都遵循着 $F = \{用户、资源，标签 1，标签 2，\cdots，标签 t\}$，$F = \{user, item, tag_1, tag_2, \cdots, tag_t\}$，其中，$t$ 是由用户分配给不同资源的标签的数量。

定义 $M = \{M_1, M_2, M_3, M_4, \cdots, M_i\}$、$V = \{V_1, V_2, V_3, V_4, \cdots, V_j\}$、$T = \{T_1, T_2, T_3, T_4, \cdots, T_k\}$，其中，$M$、$V$ 和 T 分别代表三个不同的数据集，M 代表用户集、V 代表资源集、T 代表标签集。i、j、k 分别代表各自对应数据集包含数据的数量。[①]

同时，每一组数据集的关系由相应的矩阵构成，具体有 **B**、**B′**、**B″**，分别代表着用户与资源、资源与标签以及用户与标签。在矩阵 **B** 中，如果 M_i 选择了资源 T_k，则 $b_{ik} = 1$，否则 $b_{ik} = 0$。同理可得，在矩阵 **B′** 中，如果 V_j 被标记了 T_k，那么 $b_{jk} = 1$，否则 $b_{jk} = 0$。在矩阵 **B″** 中，如果 M_i 选择了 V_j，则 $b_{ij} = 1$，否则 $b_{ij} = 0$。

笔者借鉴社会化标签系统的模型，将该模型中的 M 表示用户画像，V 表示资源画像，在用户画像和资源画像二者之间建立 T 的标签集合，从而建立用户画像与资源画像之间的映射关系，如图 7-6 所示。

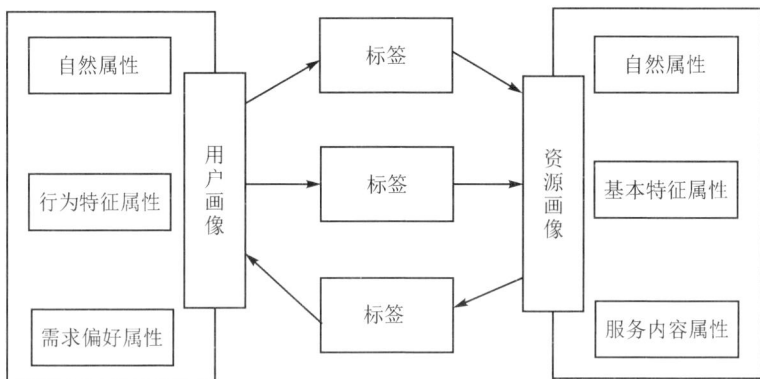

图 7-6 用户画像与资源画像之间的映射关系

在以上映射关系中，通过在用户画像与资源画像之间建立标签，使二者之间的映射关系得以成立。其中，$M = \{$用户的自然属性，用户的行为特征属性，用户的需求偏好属性$\}$、$V = \{$影片的自然属性，影片的基本特征属性，影片的服务内容属性$\}$、$T = \{$行为，需求，特征，内容$\}$。利用聚类算法将标准标签作为聚类的中心，计算用户画像和资源画像的自定义标签与聚类中心标签的相关度，将自定义标签聚集到相关度最大的聚类中心的所属类中。直到剩余的自定义标签与聚类中心的相关度均小于阈值时，停止聚类，将剩下的自定义标签互相聚类，将新的聚类中心存入标准的标签库中，重新计算自定义标签与标准标签的相似度，并调整自定义标签的聚类，得到新标签的标准聚类。通过以上方法实现用户画像与资源画像之间的映射。[②] 笔者以豆瓣电影为例，将豆瓣电影中的用户画像和资源画像的属性进行具体细分，并建立标签，形成了具体的用户画像映射模型，如图 7-7 所示。

在以上模型中，依据用户评论、"点赞"等信息，帮助用户查找感兴趣的电影资源。

① 孙鸿飞,武慧娟,周兰萍.基于标签的个性化信息推荐理论模型研究[J].情报科学,2013,31(4):24-27.
② 杨晶,成卫青,郭常忠.基于标准标签的用户兴趣模型研究[J].计算机技术与发展,2013(10):208-211.

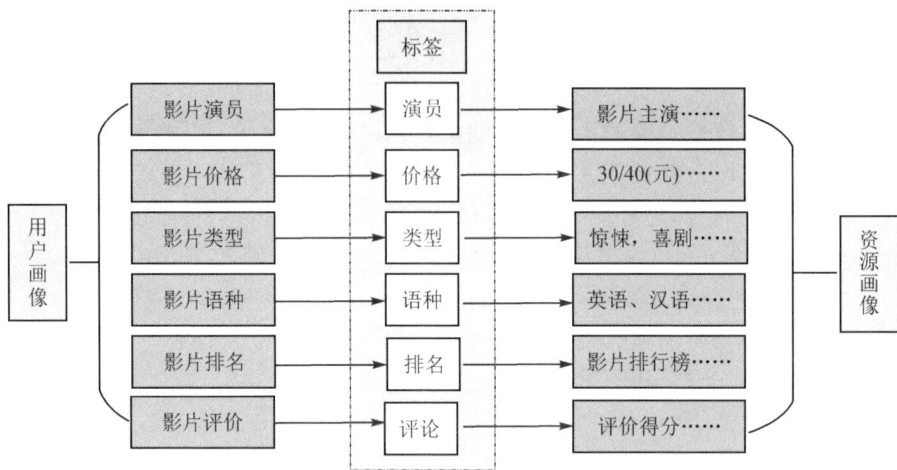

图 7-7　用户画像与资源画像的映射模型

通过将电影的关键词汇和关系存储在标签体系中,依据用户的检索信息,在标签栏中进行词汇的高级匹配,使资源画像的检索内容与检索关键词相对应,为用户实现推送服务。在某种程度上,这种方式不仅满足了用户个性化的需要,而且提高了推送服务的质量。例如,用户在标签中输入排名,这时,检索系统会根据用户的检索需求,在资源画像中呈现影片的年度榜单和影片的排行榜等信息,从而能够为用户提供精准的推送。

7.1.5　社交媒体的资源聚合模型构建

1. 模型的构成要素

资源聚合是指对互联网上多种资源的特征信息或者不同类型的数据信息进行搜集和筛选、分析和整理,通过挖掘资源的数据来分析资源之间的潜在关系,根据资源之间的属性关系实现资源的聚集,从而为用户提供知识资源与信息的过程。

(1) 用户画像与资源画像

用户是社交媒体资源聚合和服务推送的主体,是社交媒体资源的利用者。用户画像实现了对用户群体的划分,将相似的特征通过整合的形式划分为一类,并将其聚集起来,从而可以为用户提供群体推送和个性化推送服务。社交媒体中的资源主要包括社交媒体中以数字化形式呈现的各种信息化的资源聚合,这里不仅包括我们所熟悉的文字、图片、音频、视频和广播,还包括社交媒体中的无形资源,如媒体的价值观和情感资源等。社交媒体中的资源以多样化的形式存在,通过资源画像将这些资源整合,达到全面记录所需的知识以及为用户表达其所需知识资源的目的。

(2) 领域本体

领域本体是指概念与概念之间的映射关系,由本体构建者的需求决定,可以是一个学科领域或者某几个领域的知识的结合,也可以是领域中的一个范围。随着社交媒体领域资源的不断聚合,组织结构也发生了显著的变化,由原来单一、线性的组织结构向多维度、多空间的网状结构发展,社交媒体的资源聚合形式也客观地体现了媒体之间在资源上的关联关系。从现有的研究领域可以看出,当前有关领域本体的研究已经不仅限于原有知识的传统属性结构,更多的是概念和属性之间关联关系的多重集成,从而使领域本体关注的对象也发生了显著的变化,从单一的主题向相似主题、多维度主题转化,语义的信息已经向概念之间的映射与关联关系方向不断拓展,多元化信息资源之间的聚合关系逐渐显现。[①]

2. 资源聚合模型

资源聚合是为了解决资源孤岛、信息超载和冗余等问题以实现对资源的快速获取。笔者基于用户画像相关研究概述、用户画像模型构建,以及用户画像和资源画像之间的映射关系,在对资源聚合的概念进行分析的基础上,构建了资源画像的资源聚合模型。由于资源分布具有广泛性,以及用户群体需求呈现多样性,因此,在对资源进行聚合时,笔者着力打造两种资源聚合模型,分别为基于社交媒体资源画像的内部资源聚合模型以及实现跨平台的基于不同社交媒体资源画像的外部资源聚合模型,从而为用户提供精准的服务。

(1) 基于社交媒体资源画像的内部资源聚合模型

内部聚合主要是针对社交媒体内部的用户画像、资源画像和本体领域的聚合。通过对繁杂、无序资源之间的关系进行深度挖掘,建立特征之间的联系,并以用户画像为基础,构建画像之间的映射关系,从而达到资源聚合的目的。社交媒体资源画像的内部资源聚合模型如图 7-8 所示。

资源画像的内部资源聚合模型主要分为三个部分,分别为资源层、算法层和画像层。资源层是资源聚合和服务推送的基础,以豆瓣电影为例,在数据库中,主要包括豆瓣电影用户的数据和豆瓣电影资源的数据,其中,资源的数据主要包括电影、图片、音频、视频和广播等数字资源,用户的数据主要包括用户的基本信息、行为信息和需求信息等,通过对数据信息进行整理和加工,获取所需要的资源;算法层是通过对豆瓣电影用户的数据进行清洗和处理,由于其信息的概念粒度较细,应用机器学习的方法对用户和资源的数据进行深层次的加工,挖掘其本质的内涵和信息,对豆瓣电影中的资源进行再组织,从诸多的数据中抽取出资源的标题、特征和关键词,对电影资源从其特点角度出发进行分类,从而建立标签体系;画像层是根据用户画像和资源画像之间的映射关系,基于标签形成三者之间的相似度矩阵,寻求本体之间的关联关系,根据用户的需求,为用户提供精确的匹配结果,通过资源画像实现资源聚合,为用户提供有价值的推送信息,从而实现良好的推送服务。

---

① 刘健. 数字图书馆资源聚合与服务推荐研究[D]. 长春:吉林大学,2017.

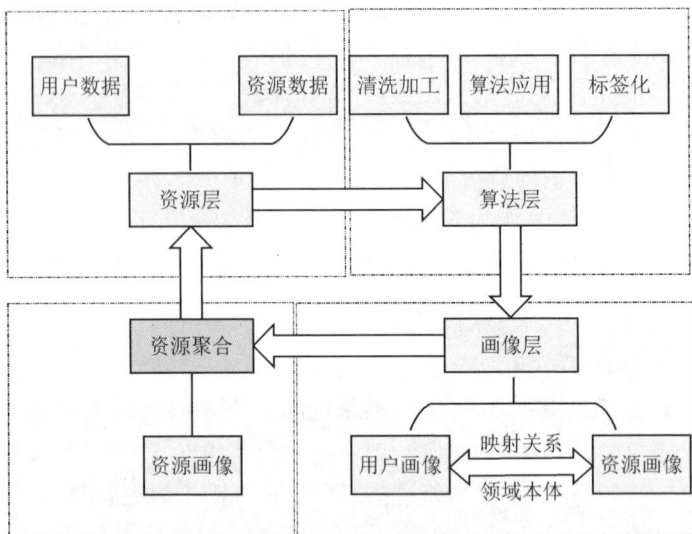

图 7 - 8　基于社交媒体资源画像的内部资源聚合模型

（2）基于不同社交媒体资源画像的外部资源聚合模型

在豆瓣电影的外部分布着不同的社交电影媒体平台，这些平台之间既存在竞争关系，同时也存在着合作关系，因此，在资源的聚合方面，要实现跨平台信息资源的聚合，从而达到为用户提供更精准服务的目的。基于社交媒体资源画像的外部资源聚合模型如图 7 - 9 所示。

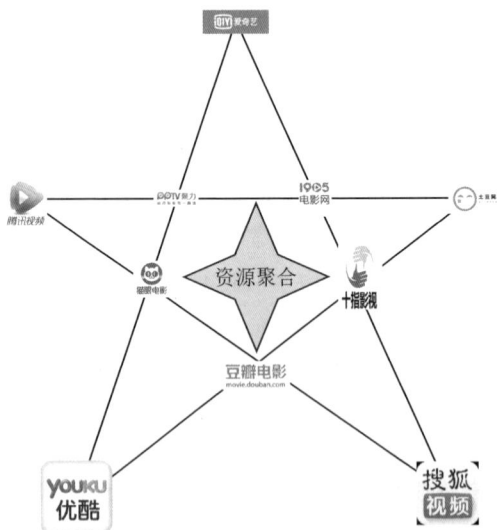

图 7 - 9　基于社交媒体资源画像的外部资源聚合模型

通过图7－9可以看出,在豆瓣电影的外部存在着诸多电影类媒体平台,如优酷、土豆网、爱奇艺、搜狐视频和腾讯视频等。这些媒体平台与豆瓣网站一样,拥有大量的用户群体和海量的电影资源,因此,通过分析豆瓣电影和这些媒体平台的资源信息以及资源画像,可以实现资源之间的匹配和聚集,达到不同资源平台之间的交流和合作,从而为用户提供跨平台的资源推送服务。

7.1.6　结　论

笔者基于用户画像内涵、理论和算法的相关研究,对社交媒体的用户画像进行了深层次的剖析,以豆瓣电影为例,提炼汲取了基于社交媒体的用户画像和资源画像的基本模型,并基于社会化标签系统的基本方法,厘清了用户画像、标签和资源画像之间的映射关系,构建了映射关系模型。结合资源聚合的内涵、领域本体的相关知识,深入解析了基于社交媒体的资源画像资源聚合的影响因素,构建了基于社交媒体资源画像的内部资源聚合模型和外部资源聚合模型,为具有针对性的信息推送与服务奠定基础。希望本研究能够为该领域相关研究提供一定的理论基础,进而丰富和完善用户画像方面的研究。本研究结论为:用户画像是真实反映用户数据特征的虚拟代表,通过对用户数据进行挖掘,分析出用户的典型特征,从而形成一个目标用户的模型。基于社交媒体的资源画像资源聚合模型主要分为内部资源聚合模型和外部资源聚合模型,通过运用两种模型,实现为用户提供个性化服务的目的。

7.2　基于概念格的高校图书馆群体用户兴趣画像研究

本研究群体的重点是基于概念格构建高校图书馆用户群体兴趣画像,揭示不同群体用户的行为需求,挖掘潜在的行为规律,为针对高校图书馆不同群体用户的个性化服务提供参考。本研究以高校图书馆为服务主体,对服务对象进行细化和分类,利用 Con Exp1.3 工具构建不同群体用户类别的细分标签,并生成 Hasse 图,深入挖掘用户的行为特征和需求属性,通过概念格"Calculate Association Rule"挖掘不同群体用户行为的关联规则,实现对群体兴趣画像的精准刻画。研究结果表明,借鉴概念格的方法,能够更加清晰和全面地展示层级关系,识别群体用户的行为特征和需求属性,进而探索用户之间的关联,有助于提升高校图书馆的服务质量,提高服务效率。本研究的创新点在于,立足于高校图书馆,对不同群体用户的兴趣爱好进行分析和论述,为图书馆进行精准推送提供参考。

7.2.1　引　言

从 2012 年党的十八大报告首次提出"开展全民阅读活动",到将"倡导全民阅读,推进学习型社会建设"纳入《政府工作报告》,再到《全民阅读"十三五"时期发展规划》的颁布,"加强阅读推广,促进全民阅读"已经成为国家以及全社会的普遍共识。高校图书馆拥有庞大的教学和科研资源,是开展阅读推广的主要阵地,是进行"书香中国"建设的主战场,承担着阅读推广的主要责任,理应在培养国家民族精神、文化传承等方面贡献自己的力量。随着参与全民阅读的人逐年增多,高校图书馆规模不断扩大,开展的服务项目日渐丰富,随之也出现了高校图书馆主体地位模糊不清、理论体系不够完善以及创新性不足等问题。随着大数据、人工智能领域的发展,一种用于勾画目标用户、探究用户诉求、实现推送服务的有效工具——用户画像应运而生。用户画像的根本目的就是为用户打标签,用户的兴趣标签分为动态兴趣标签和静态兴趣标签,本研究将主要从群体用户的静态兴趣标签入手,分析用户的静态兴趣模型,并应用用户画像理论与方法对用户行为数据进行深入挖掘,实现对高校图书馆群体用户兴趣画像的精准刻画,为高校图书馆开展阅读推广和引领文化创新提供新的尝试,本研究逻辑思路如图 7-10 所示。

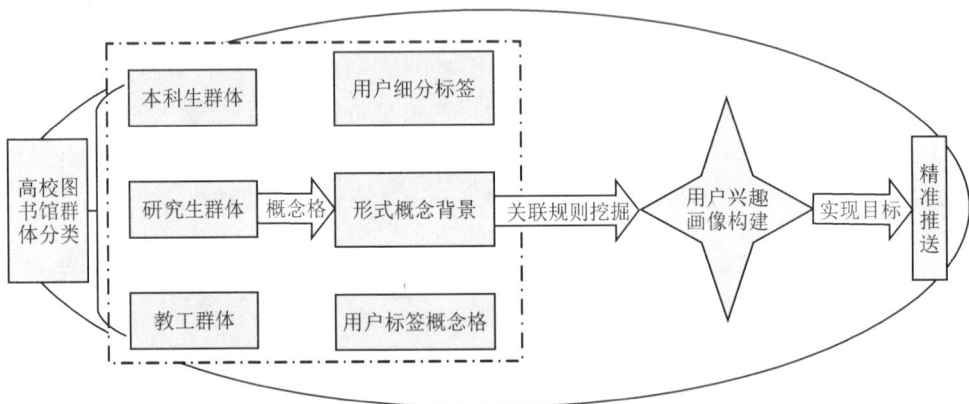

图 7-10　本研究逻辑思路

7.2.2　文献回顾

高校图书馆具有阅读推广、教育服务、信息传递的功能,肩负着文化传承、价值引领的使命,然而,高校图书馆在信息技术引进、基础设施建设、服务内容与服务方式等方面未能完全满足读者们的需要,出现了服务质量下滑、信息服务内容不完善、资源建设不合理等问题。为了提升高校图书馆的服务质量,学者们将"用户画像"这一理论与方法应用到高校图书馆建设之中,希望通过构建画像,能够为用户提供更优质的信息服务,解决图书馆目前面临的问题。吴智勤等[①]提出了基于社交网络方法构建

① 吴智勤,柳益君,李仁璞,黄纯国.基于社交网络的高校图书馆用户画像构建研究[J].图书馆学研究,2018(16):26-30;25.

用户画像的设想,通过网络建模和网络特征分析,将高校图书馆的用户群体抽象化为网络中的各个节点,构建社交网络模型,挖掘用户的潜在特征;薛欢雪[①]从学科服务角度创建了用户画像,通过对数据进行采集和处理,建立用户标签,将学科服务用户进行标签化处理,勾勒出用户的信息;王庆等[②]通过构建用户画像的概念模型,提出并设计了从单用户和多用户角度分别推荐馆藏资源的模式;陈添源[③]利用用户画像的构建方法,分析了高校移动图书馆用户群体的个性化特征;刘速[④]以天津大学图书馆为例,构建了数字图书馆知识发现系统的用户画像,从数据来源、数据采集、信息识别等方面对用户画像构建进行了详细论述;胡媛等[⑤]基于用户画像构建了数字图书馆知识社区关联模型,在对模型进行建模分析的基础上,对综合服务能力评价指标体系进行了详细分析;毕达天等[⑥]基于用户画像的理论与方法,挖掘了用户的需求期望、信息搜索偏好和行为习惯,准确地识别出不同用户在不同场景中的信息接收期望;Weirong Cui 等[⑦]鉴于移动社交网络用户画像的隐私保护问题越来越得到关注的现实,提出了以基于 CP-ABE 的结构加密形式来保护自身隐私的方式;Hamed Movahedian 等[⑧]基于用户画像概况之间的相似性提出了一种新的推荐系统,该系统可以通过发现用户频繁生成的标记模式来生成用户画像的配置文件;Michele Amoretti 等[⑨]基于情境感知理论提出了 Universal Profiling and Recommendation (UPR)方法,该方法通过揭示用户的个体行为与群体行为之间的关联性,构建对用户的近似描述,并使用 K-means 算法对用户进行聚类,识别出用户的偏好和兴趣,从而实现向用户提供个性化推荐服务。

　　通过对现有研究脉络进行梳理,可以发现,对于用户画像构建还停留在理论研究阶段,大多数研究并没有应用实证调研等方法进行分析。因此,本研究尝试通过对高校图书馆群体进行分类,依据不同群体用户的标签,并基于群体用户行为特征和需求

① 薛欢雪.高校图书馆学科服务用户画像创建过程[J].图书馆学研究,2018(13):67-71;82.

② 王庆,赵发珍.基于"用户画像"的图书馆资源推荐模式设计与分析[J].现代情报,2018,38(3):13;105-109.

③ 陈添源.高校移动图书馆用户画像构建实证[J].图书情报工作,2018,62(7):38-46.

④ 刘速.浅议数字图书馆知识发现系统中的用户画像——以天津图书馆为例[J].图书馆理论与实践,2017(6):103-106.

⑤ 胡媛,毛宁.基于用户画像的数字图书馆知识社区用户模型构建[J].图书馆理论与实践,2017(4):82-85;97.

⑥ 毕达天,王福,许鹏程.基于 VSM 的移动图书馆用户画像及场景推荐[J].数据分析与知识发现,2018,2(9):8.

⑦ CUI Weirong,DU Chenglie,CHEN Jinchao. CP-ABE Based Privacy-preserving User Profile Matching in Mobile Social Networks[J]. PLoS ONE,2016,11(6):1-25.

⑧ MOVAHEDIAN H, KHAYYAMBASHI N R. Folksonomy-based User Interest and Disinterest Profiling for Improved Recommendations: An Ontological Approach[J]. Journal of Information Science,2014,40(5):594-610.

⑨ AMORETTI M, BELLI L, ZANICHELLI F. UTravel:Smart Mobility with a Novel User Profiling and Recommendation Approach[J]. Pervasive and Mobile,2017,38(7):474-489.

属性,挖掘其潜在的行为规律,构建群体用户兴趣画像模型,从而更好地提高高校图书馆的服务内容质量,充分发挥高校图书馆在文化引领方面的价值和作用。

7.2.3 群体用户细分及标签选取

随着用户需求越发多元化和差异化,以同质化的需求去指导高校图书馆的服务理念和营销推广,时常会导致精心设计的服务内容和服务方式难以满足用户个性化和多样化的需求,因此,以用户的需求特征为契合点来指导高校图书馆更加精准地营销已经成为当前研究的重中之重。本研究将运用用户画像理论与方法,对高校图书馆的群体用户进行分类,从而提升高校图书馆精准服务的能力和水平。

1. 群体用户细分

根据对高校图书馆服务需求的不同,本研究将用户分为三类,即本科生群体、研究生群体和教工群体。高校图书馆的学生一般以本科生群体为主,该类群体是指为了满足完成课业需求、参与等级考试以及个人兴趣爱好的需要,希望图书馆能为其提供相关配套服务的学生群体,该类群体对于图书馆的主要需求体现在图书馆借阅书籍、撰写论文以及参加各种大赛、积累考试专业技巧和经验等方面。研究生群体主要包括在校的硕士研究生和博士研究生,这类群体起着中流砥柱的作用,需要图书馆不仅能满足提供专业领域知识的需求,同时在科研写作和课题申报等方面也能为其提供指导、交流和服务。教工群体主要包括高校的教师、行政管理人员、临时返聘人员和退休人员,该类群体承担着科研、教学和管理的多重任务,因此需要图书馆为其提供有针对性且个性化的服务。本研究考虑到不同群体用户的需求和推广方式的差异性,因此,通过构建群体用户兴趣画像来为用户提供有针对性的服务,群体用户细分结构图如图 7-11 所示。

图 7-11 群体用户细分结构图

2. 群体标签选取

用户画像的标签体系大致分为三个属性,即基本属性、行为特征和需求属性,个体的不确定性促进了用户参与图书馆的行为,而不确定性反映了个体对于事物的需求程度也存在差别。建立用户兴趣标签注重对用户需求爱好的满足,于高校图书馆而言,更多的是为用户提供与学科背景相关的书籍和用户感兴趣的信息,因此,本研究在理论分析的基础上,基于上述三类人群需求的差异性,剔除了部分用户的基本数据和行为信息,以群体用户的兴趣爱好为主要聚焦点,以不同群体借阅的书籍为主要兴趣标准,挖掘三类群体潜在的需求并对三类群体不同的兴趣标签进行初步确定,从而更精准地架构不同群体用户的兴趣画像。

本科生群体的兴趣爱好标签主要以满足用户的基本需求为目的,因此,本科生群体的标签体系较为简单,主要分为用户基本信息和用户的需求信息,用户的需求主要是对图书馆借阅图书资源的需求;研究生群体对高校图书馆有着其自身独特的科研需求,关注科研领域的前沿学术信息、科研工具和学术研究方法,涉及贯穿其自身科研成长始终的书籍、资料和知识,同时该群体关注自身的业余兴趣爱好和特长,因此,其标签体系较为丰富,主要包括用户信息、关注的研究方向、研究方法和借阅书籍信息;教工群体是需要图书馆为其科学研究的整个生命周期提供咨询、服务和指导的群体,科研服务和知识需求是教师群体的核心需求,因此教师群体的标签主要包括教师的基本信息、研究方向、参与的课题和图书馆的借阅书籍信息,如图 7 - 12 所示。

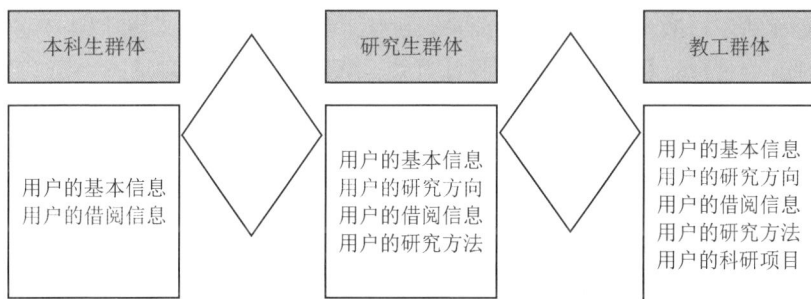

图 7 - 12　不同群体用户细分标签

7.2.4　群体用户兴趣画像通用模型构建

用户画像是大数据时代为用户提供精准服务的工具之一,通过构建群体用户兴趣画像,能够更准确地揭示某类群体的行为需求和偏好,从而为高校图书馆在优化、建设与完善方面提供数据的支撑。

1. 数据来源

高校图书馆承担着教育与信息服务的职责和功能,是知识传播的枢纽和关键节点。高校图书馆需要充分发挥自身的优势,审时度势,迎合当下读者的需求和行为习惯。本研究以 XX 大学的教育学专业为主要数据源,获取用户的基本信息和借阅数据,时间为 2016—2018 年,其中,本科生群体借阅数据为 34 320 条、研究生群体借阅数据为 1 186 441 条、教工群体借阅数据为 794 660 条,数据信息包括用户序号、操作类型(借书、还书)、条形码、读者条码、处理时间、赔罚款、性别、单位(专业)、读者级别(本科、硕士、博士和教工)、书的题名(书籍名称)、责任者、出版者、出版日期、馆藏地址和索书号等信息。与此同时,为了更好地识别群体的标签信息,便于计算机进行识别和批量化处理,本研究依据中图分类号的分类标准,对图书馆的书籍信息在 A~Z 索书号基础上按维度进行了划分、编排和调整,整理后的数据共划分为七组,分别为第一组(哲学、社会学、政治、法律、军事)、第二组(经济)、第三组(文化、教育、历史)、第四组(自然科学)、第五组(医药、卫生)、第六组(科学)和第七组(工业技术)。为了与用户的需求建立更好的映射关系,本研究依据用户的需求提取出教育学相关书籍的标签,由于科研群体用户需求具有多样性,因此,对研究对象进行筛选、约简和合并,并对被试群体的研究方向、研究方法和所参与科研项目进行分析和整理,以便于为用户提供更精准的服务。

2. 数据筛选

本研究应用形式概念分析方法对高校图书馆的典型用户进行选取和分析,从而保证提取群体用户标签的全面性和准确性,使所得的研究结果更具科学性。形式概念分析能够使该领域知识呈现出在整个系统中的层次性、关联性和重要性,该方法对用户的属性和用户数量具有一定的要求,属性过多或者标签过多都不利于可视化的呈现,因此,为了保证数据的合理性和针对性,本研究对借阅信息进行加工和整理,选择单次借阅量在两本以上且借阅书籍的信息在不同分类号内的群体为被试群体,其中本科生群体有 40 人、研究生群体有 30 人、教工群体有 15 人,对三类群体的数据进行加工和整合。

3. 构建群体用户标签概念格

本研究利用 Con Expl.3 软件构建高校图书馆三类群体用户兴趣标签的形式背景,并对其进行约简和净化。鉴于每一类用户的需求标签有个性化和差异化的特性,本研究采取分别构建不同群体标签形式背景这一处理方式,对本科生群体、研究生群体、教工群体进行处理,其结果如图 7-13、图 7-14 和图 7-15 所示。

接下来,将形式背景转化为概念格 Hasse 图。概念格是以一个概念为元素的偏序集,其内容和属性之间存在着偏序关系,基于此,从所生成的图中可以看出概念之间的层次序,所有概念和序联系在一起成为一个集合,形成该形式背景下的概念格。在生成的概念格中,超概念比子概念拥有更多的外延,子概念比超概念拥有更丰富的研究内涵。用户细分标签概念格则清晰地揭示了这种关系。其中,不同的节点代表着不同的内涵,大的圆圈表示该概念具有一个属性,半圆圈表示该概念具有一个对象,小的圆形节点表示潜在概念,圆圈的覆盖范围越大,代表该节点具有的对象数量越多。与此同时,在概念格的每一个节点上会呈现数字标签,代表该概念具有的对象

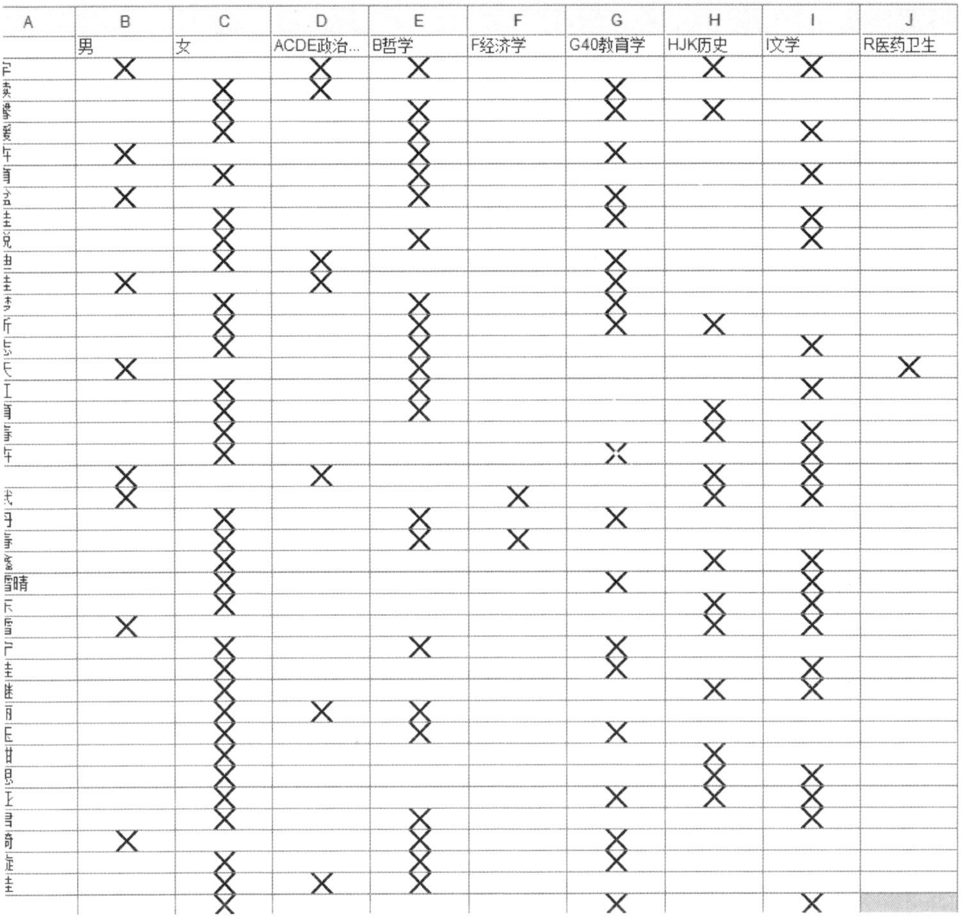

A	B	C	D	E	F	G	H	I	J
	男	女	ACDE政治…	B哲学	F经济学	G40教育学	HJK历史	I文学	R医药卫生

图 7 - 13　本科生群体形式背景

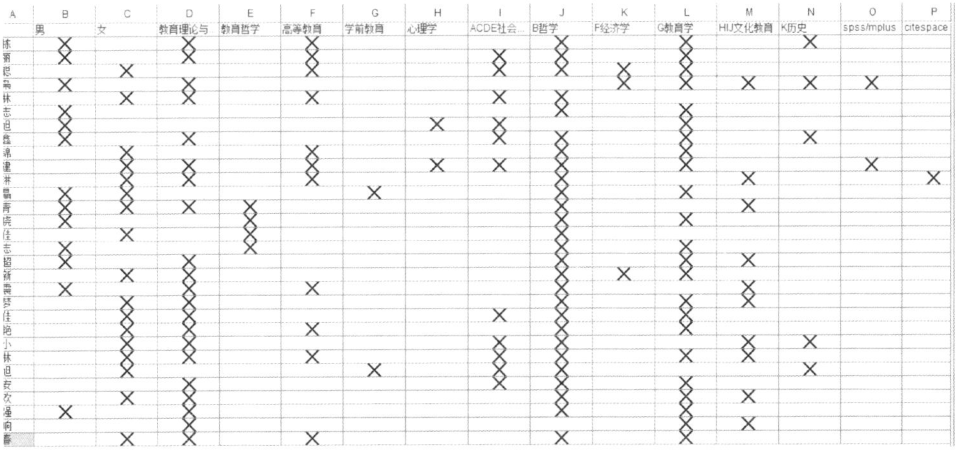

A	B	C	D	E	F	G	H	I	J	K	L	M	N	O	P
	男	女	教育理论与	教育哲学	高等教育	学前教育	心理学	ACDE社会…	B哲学	F经济学	G教育学	HIJ文化教育	K历史	spss/mplus	citespace

图 7 - 14　研究生群体形式背景

A	B	C	D	E	F	G	H	I	J	K	L	M	N	O	P	Q	R	S	T
	男	女	高等教育	教育理论	学前…	计算机	音乐舞蹈	心理学	中等教育	哲社…	教育科…	ADE政…	B哲学	C社会科学	F经济学	G教育学	HIJ艺术学	K历史学	T工计算机…
银		×	×	×						×			×	×		×	×		×
立		×			×		×			×							×	×	×
娜		×	×									×			×				
庆		×	×	×		×								×			×		×
娜		×	×				×					×	×	×	×	×			
丽		×	×	×		×						×				×			×
璃	×		×	×		×										×	×	×	
昱	×		×											×	×				
冬	×		×	×							×		×				×		
璐		×					×									×	×		
佳		×	×	×									×				×		
朗		×						×					×			×			
佳		×	×				×						×			×	×		
勤		×							×				×				×		×
威		×	×	×									×	×		×	×		

图 7－15　教工群体形式背景

数量及其概率。① 随着概念格层次的增加，则该层概念具有的属性不断增多，这些概念的对象数量相对逐渐减少，从而最终定位到某一特定的对象，不同群体标签概念格的构建，如图 7－16、图 7－17 和图 7－18 所示。

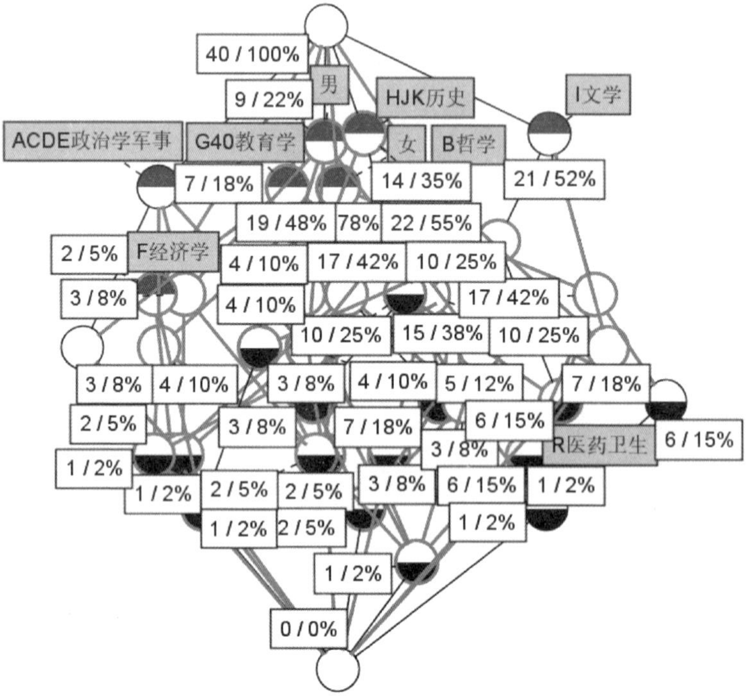

图 7－16　本科生群体概念格

4. 群体用户兴趣画像通用模型构建

本研究通过对本科生群体、研究生群体和教工群体的兴趣画像加以分析后发现，本科生群体的研究兴趣较为广泛，借阅书籍的信息较为丰富，不仅包括自身所学专业方面的书籍，同时还包括 5 个人的需求偏好等相关的书籍。研究生群体较为注重自身的研究方向以及科研方法的应用问题，希望能够将自身所学到的技术知识应用到

① 崔阳，张海涛，王丹，宋拓. 基于概念格的在线健康社区用户画像研究[J]. 情报学报，2018，(9)：912-922.

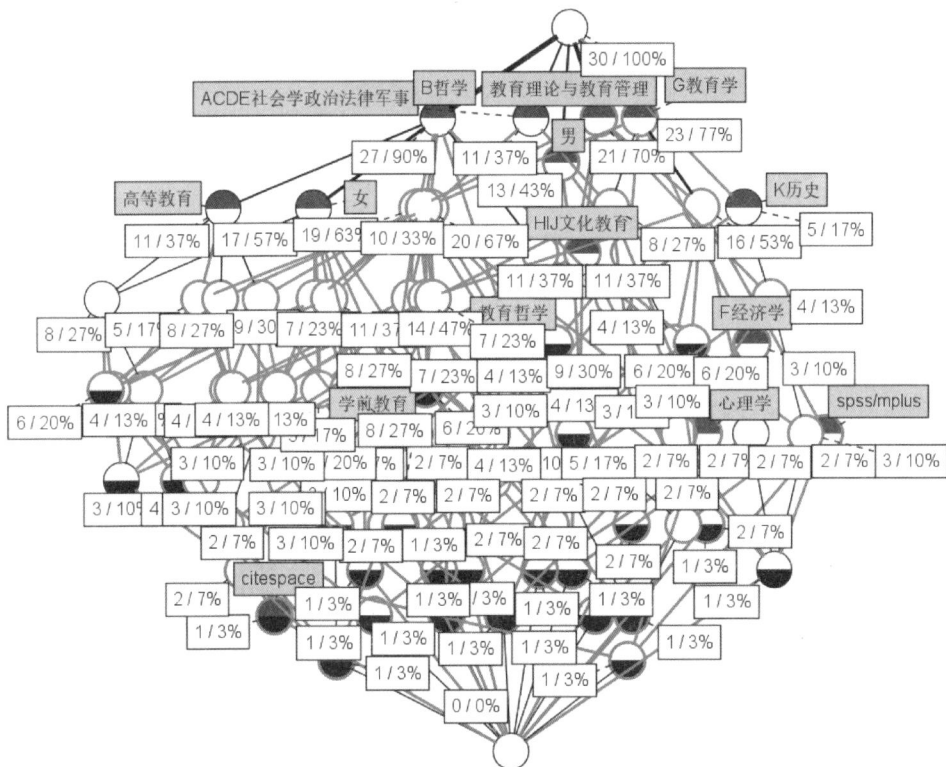

图 7－17　研究生群体概念格

自己的研究领域中,较为关注对于基础知识的掌握。教工群体的标签主要包括用户的信息、学科背景、研究方向、参与项目和借阅书籍的信息,该类群体中教师的研究方向较为集中于高等教育专业,便于群体中个体之间进行学术交流和知识共享,该群体所借阅的书籍较为广泛,不仅注重核心课程教育哲学、艺术学(学前教育)等有利于知识储备的书籍,同时也关注社会科学、经济学、政治学等不同学科知识拓展方面的书籍。与此同时,教工群体较为关注对计算机技术等知识的运用,具备一定的技术水平并能够解决科研中遇到的实际问题,科研项目也是该类群体的集中关注点。因此,高校图书馆应竭尽所能地满足群体用户的个性化需求,不仅要根据已有的群体需求信息提供教育学相关书籍,还应基于群体兴趣爱好的差异性,组织举办技术知识相关的讲座、报告等学术活动,从而满足该类群体的行为需求。①

　　为了更直观地显示群体用户兴趣画像的通用模型,本研究应用词云软件对群体用户兴趣画像进行可视化呈现。在词云软件中,标签越大,则代表该类用户的标签占有位置越重要;反之,标签越小,代表标签所占位置较为次要。群体用户兴趣画像通用模型如图 7－19 所示。

---

① 徐艳.高校图书馆移动阅读社会化服务的扎根研究[J].情报科学,2017,35(9):49-53.

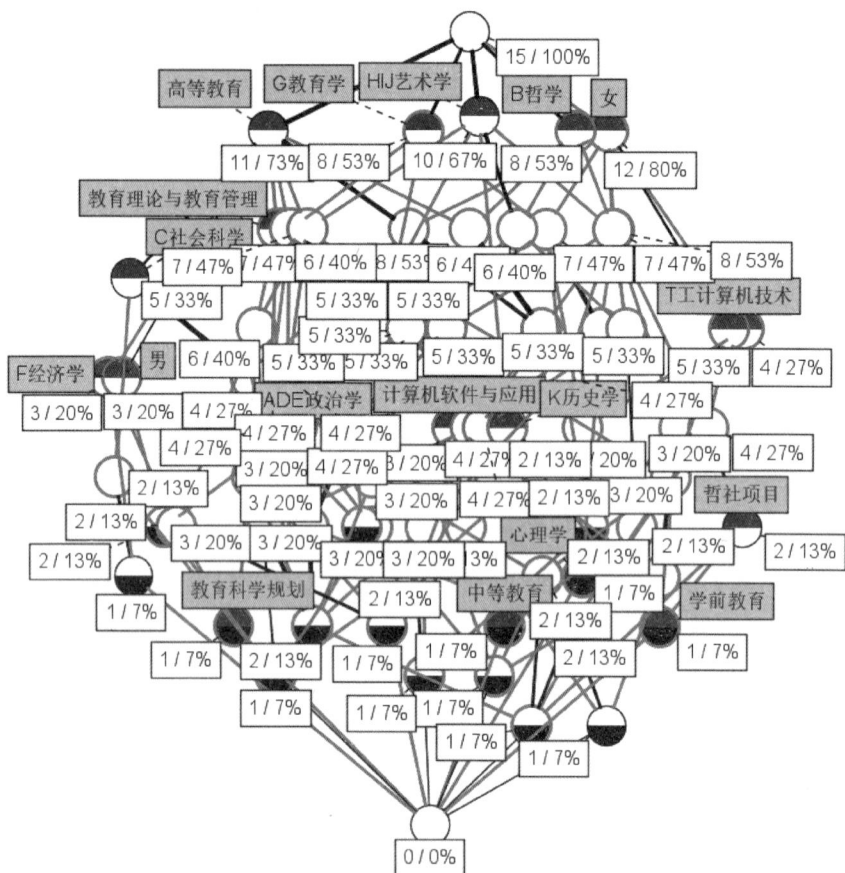

图 7 - 18　教工群体概念格

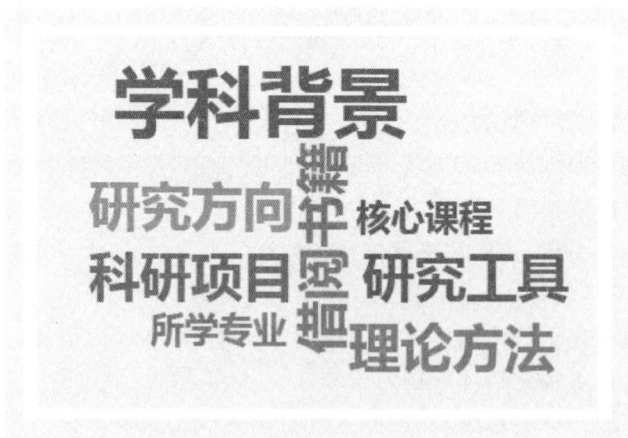

图 7 - 19　群体用户兴趣画像通用模型

7.2.5　关联规则挖掘及群体用户兴趣画像构建

关联规则挖掘是在对数据进行定量分析的基础上,就数据记录中数据项之间的关联进行分析,进一步发现数据之间隐含的依赖关系。支持度和置信度是关联规则的两个衡量指标。最小支持度是满足条件的最低重要性,最低可信度表示规则挖掘的最小可靠性。[①]本研究基于 Con Exp1.3 软件的"Calculate Association Rule"对不同群体的用户行为进行关联规则挖掘。

1. 群体用户关联规则挖掘

高校图书馆群体用户的属性不同,其行为特征和需求属性也相应地存在着差异。因此,依据用户不同的需求偏好来识别用户的潜在信息,从而为用户提供更加精准的服务,这一点变得尤为重要。关联规则算法能够深层次地挖掘出用户在特定情境下的行为特征和需求偏好,便于群体兴趣画像的精准刻画。

(1) 本科生群体关联规则挖掘

将本科生群体的支持度设置为 4,置信度设置为 80%,从满足条件的关联中可以看出,以规则 1 为例,一般选择历史类书籍的男生,有 100% 的概率会选择中国文学类的书籍;同理,规则 2 也说明,选择文学书籍的男生有 100% 的概率会选择历史类的书籍;规则 3 说明,借阅教育学、历史学科书籍的学生有 100% 的概率是女生。高校图书馆在识别了用户的信息和行为需求的情况下,一方面可以向本科生群体用户有针对性地推送历史、教育等学科书籍,另一方面可以向该类群体提供教育学等方面的讲座和读书报告会,此外,还可以联合社团联合会为该类群体提供与教育学相关的微信公众号来推送相关信息,从而为读者更好地服务,[②]如图 7-20 所示。

1 <4> 男 HJK 历史 =[100%]=> <4> I 文学
2 <4> 男 I 文学 =[100%]=> <4> HJK 历史
3 <3> G40 教育学 HJK 历史 =[100%]=> <3> 女
4 <6> G40 教育学 I 文学 =[100%]=> <6> 女
5 <7> B 哲学 I 文学 =[86%]=> <6> 女
6 <21> I 文学 =[81%]=> <17> 女

图 7-20　本科生群体关联规则挖掘

---

① 崔阳,张海涛,王丹,宋拓.基于概念格的在线健康社区用户画像研究[J].情报学报,2018,37(9):912-922.

② 肖欣伟,王晨,张凤荣.基于大数据的高校图书馆学科服务平台的构建研究[J].情报科学,2017,35(6):34-38.

（2）研究生群体关联规则挖掘

研究生群体用户的需求不仅涉及借阅书籍的基本信息，同时还包括用户的研究方向等，将置信度设置为6，支持度设置为80%，结果如图7-21所示。以规则2为例，研究方向为教育理论与教育管理，且选择借阅社会科学、政治、法律、军事等类书籍的同学有100%的概率也会选择哲学类书籍；规则6说明了研究方向为教育理论与教育管理的同学有90%的概率会借阅哲学类书籍，可以认为教育学和哲学应该是研究生群体的核心课程，也是必修课程。规则12和规则13也进一步验证了这一观点。因此，高校图书馆可以通过在线教学，譬如，大型开放式网络课程（MOOC）等，以"视频讲学＋课件配备＋笔记整理"等形式将教育学和哲学的相关内容推送给研究生群体，满足用户对服务的期望，对于在撰写论文和期末复习的同学，高校图书馆可以通过筛选教育学等相关知识，向研究生群体提供文档、视频资料等形式的个性化推送服务，与此同时，还可以在图书馆的学术群里建立互动和共享机制，从而激发研究生群体用户的科研热情。

1 <17> 女 ＝[100%]＝> <17> B 哲学
2 <8> 教育理论与教育管理 ACDE 社会科学、政治、法律、军事 ＝[100%]＝> <8> B 哲学
3 <11> 高等教育 ＝[100%]＝> <11> B 哲学
4 <10> HIJ 文化教育 ＝[100%]＝> <10> 教育理论与教育管理
5 <11> ACDE 社会科学、政治、法律、军事 ＝[91%]＝> <10> B 哲学
6 <21> 教育理论与教育管理 ＝[90%]＝> <19> B 哲学
7 <8> ACDE 社会科学、政治、法律、军事 G 教育学 ＝[88%]＝> <7> B 哲学
8 <16> 教育理论与教育管理 G 教育学 ＝[88%]＝> <14> B 哲学
9 <8> 男 教育理论与教育管理 ＝[88%]＝> <7> B 哲学
10 <23> G 教育学 ＝[87%]＝> <20> B 哲学
11 <7> ACDE 社会科学、政治、法律、军事 B 哲学 G 教育学 ＝[86%]＝> <6> 教育理论与教育管理
12 <13> 男 ＝[85%]＝> <11> G 教育学
13 <13> 男 ＝[85%]＝> <11> B 哲学
14 <6> 男 教育理论与教育管理 G 教育学 ＝[83%]＝> <5> B 哲学
15 <11> 男 G 教育学 ＝[82%]＝> <9> B 哲学
16 <11> 高等教育 B 哲学 ＝[82%]＝> <9> 教育理论与教育管理
17 <10> ACDE 社会科学、政治、法律、军事 B 哲学 ＝[80%]＝> <8> 教育理论与教育管理
18 <10> 教育理论与教育管理 HIJ 文化教育 ＝[80%]＝> <8> B 哲学

图 7-21　研究生群体关联规则挖掘

（3）教工群体关联规则挖掘

教工群体由于在身份上具有特殊性，因此其需求更为多样化，不仅包括研究的领域和方向,还包括承担的课题和掌握的方法等。将支持度设置为 5,置信度设置为 80%,如图 7-22 所示。从规则 4 可以看出,该类人群较为注重计算机技术的应用,能够将研究方法等工具和手段运用于自身的科研写作中;从规则 12 中可以看出阅读哲学类书籍且研究方向为高等教育的教师,有 83% 的概率是女教师且同时会借阅艺术类学科的书籍。高校图书馆应依据教师研究方向的不同,集成教育学学科的文献资源、学术工具资源、科研项目资源,以群体性或个性化的方式向教师群体提供其所需的服务,充分利用数字图书馆平台向教师群体提供科研信息、研究方法和工具方面的讲座、学术会议报告以及科研咨询等相关服务内容,也可以邀请教育学领域的学者在图书馆进行现场和视频讲学,建立起学生和教师之间的互动和反馈机制,让更多人参与其中,满足该群体多样化的需求。[①]

1 <7> 教育理论与教育管理 =[100]=> <7> 高等教育	
2 <5> B 哲学 G 教育学 =[100%]=> <5> 女	
3 <5> C 社会科学 =[100%]=> <5> 高等教育	
4 <5> T 计算机技术 =[100%]=> <5> 女	
5 <8> G 教育学 =[88%]=> <7> 女	
6 <8> B 哲学 =[88%]=> <7> 女	
7 <7> 高等教育 HIJ 艺术学 =[86%]=> <6> 教育理论与教育管理	
8 <7> 高等教育 教育理论与教育管理 =[86%]=> <6> HIJ 艺术学	
9 <6> B 哲学 HIJ 艺术学 =[83%]=> <5> 高等教育	
10 <6> B 哲学 HIJ 艺术学 =[83%]=> <5> 女	
11 <6> 高等教育 G 教育学 =[83%]=> <5> 女	
12 <6> 高等教育 B 哲学 =[83%]=> <5> HIJ 艺术学	
13 <6> 高等教育 B 哲学 =[83%]=> <5> 女	
14 <10> HIJ 艺术学 =[80%]=> <8> 女	

表 7-22 教工群体关联规则挖掘

2. 群体用户兴趣画像构建

通过构建高校图书馆群体兴趣画像的概念模型,并挖掘不同群体用户行为的关联规则,能够清晰地阐述不同群体用户的行为特征和潜在需求,从而为高校图书馆的精准服务提供参考,如图 7-23、图 7-24 和图 7-25 所示。

本科生群体的兴趣爱好不仅包括学生所学专业的课程,同时也包括其感兴趣的书籍,包括教育学、历史、政治、法律、哲学和文学等类书籍,该类群体中,借阅文学和历史类书籍的人以男生居多,借阅教育学和历史类书籍的人以女生居多。该类群体

---

① 崔阳,张海涛,张念祥,李泽中.超级 IP 生态视角的高校图书馆场景优化[J].情报科学,2018(9):16-21.

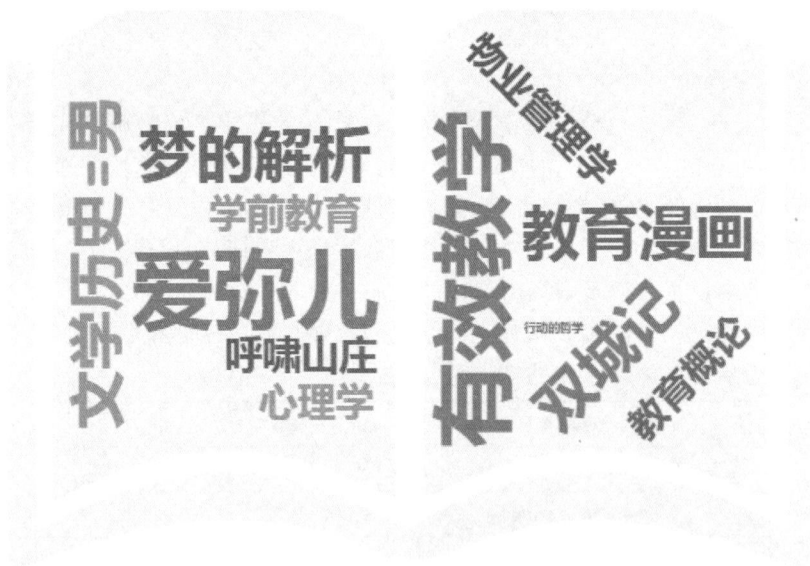

图 7 - 23　本科生群体兴趣画像模型

图 7 - 24　研究生群体兴趣画像模型

有对教育学、等级考试等方面的需求,因此,高校图书馆需要根据现有信息并基于关联规则挖掘,结合用户的需求偏好,向用户推送相关的信息。

　　研究生群体的兴趣爱好较为广泛,不仅包括心理学、教育学、哲学等专业课程,同

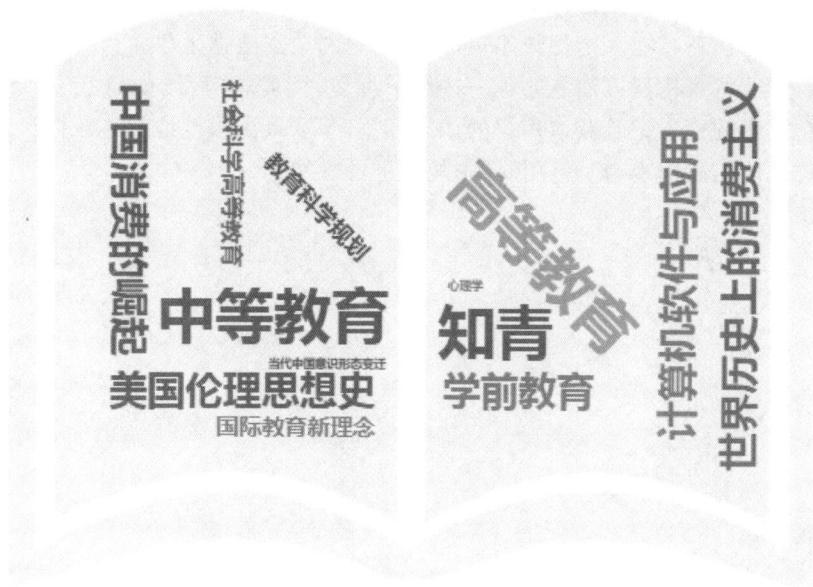

图 7－25　教工群体兴趣画像模型

时也包括如 SPSS、Amos 和 CiteSpace 软件等工具的应用方面书籍,借阅教育理论与教育管理以及社会科学、政治、法律、军事类书籍的同学大多也会借阅哲学类书籍。借阅教育学和哲学类书籍的人一般以男生居多。因此,高校图书馆需要根据这部分群体的相关信息,结合用户的需求偏好,向该类用户推荐工具算法和专业领域的书籍信息。

教工群体的兴趣标签主要包括艺术学、心理学、教育学、哲学和高等教育学等相关课程和书籍,同时也包括如 SPSS 等工具软件的学习和利用方面书籍,同时,教工群体对于科研项目有着较为浓厚的兴趣,因此,哲学社会科学研究项目和教育科学规划项目是该类群体申报项目的主要兴趣点。高校图书馆应该基于该类群体的需求偏好和兴趣特征,向其推送相关的专业书籍信息,同时可以举办与软件和方法等工具相关的讲座和书籍推荐活动,在项目申报方面,还可以基于教育学相关的研究主题举行培训讲座,对相关知识进行讲解,从而满足教工群体的兴趣需要。

7.2.6　结　语

高校图书馆的服务已经由大众化服务向个性化服务转变,其实质是满足用户的实际需求。本研究通过对相关文献的脉络进行梳理,对高校图书馆进行了实证分析,将群体进行细分,主要分为本科生群体、研究生群体和教工群体,通过应用用户画像的理论与方法,利用概念格以标签形式层级化地显示不同群体的属性特征,并应用关联规则算法深度挖掘了群体用户的行为规律,实现了对用户兴趣画像的精准刻画,为向高校图书馆群体进行个性化的精准推荐提供了数据上的支撑。本研究在高校图书馆数据收集方面还存在一定的缺陷,譬如对用户的动态数据采集较为欠缺,在利用概念格进行形式背景构建方面忽略了一些细节标签,因此,在后续的研究中,可以通过后台登记读者的检索记录获取用户的动态标签,争取最大限度地保存数据记录,挖掘用户多样化的信息需求,提升高校图书馆服务的效率。

第8章 智媒时代网络舆情演化路径

网络舆情的演化路径就是指舆情的走向和趋势,研究网络舆情的演化路径对于理解信息在社会网络中的传播、观点的变化以及影响力的形成等都有重要的意义。研究网络舆情的演化路径,实际是在构建可以在一定程度上预测未来的"水晶球",帮助个体、公司和政府找到最佳的说话方式和时间点,更好地应对舆情危机,避免再次步入"雷区"。

8.1 面向态势感知的突发网络舆情事件演化路径研究

本研究重点讨论利用态势感知理论绘制突发网络舆情事件的演化路径,从而能够较好地呈现出舆情演变的态势,为网络舆情引导和管控提供理论支撑。本研究基于态势感知理论来构建突发网络舆情事件的态势感知模型,应用社会网络分析方法、深度学习以及 TF-IDF 主题模型方法,从态势察觉、态势理解和态势预测三个阶段入手,分析突发网络舆情事件中的突发特征词,挖掘舆情生成的主要动因,最后再挖掘舆情中的关键节点,并对舆情的发展趋势进行研判。研究结果表明,通过态势感知理论来分析突发网络舆情事件的发展及演进趋势,不仅能够挖掘出舆情发展中的突发特征词,还可以揭示不同阶段舆情发展的特征,把握舆情事件的演化脉络。

8.1.1 引　言

近年来,随着国际形势日趋复杂,我国的发展面临前所未有的挑战,社会矛盾逐渐显现,迫使人民产生诸多利益诉求,各类突发舆情事件的频繁发生给整个国家和社会的经济发展都带来了严重损害。习近平在中国共产党第二十次全国代表大会上作的报告中指出:"我们要健全国家安全体系,完善高效权威的国家安全领导体制,完善国家安全法治体系、战略体系、政策体系、风险监测预警体系、国家应急管理体系,构建全域联动、立体高效的国家安全防护体系。"①我国目前正处于传统安全与非传统安全的转型时期,在当前形势下,对于事故灾难、社会安全事件等各类突发网络舆情事件的研究,已经成为总体国家安全观的重要组成部分。突发网络舆情事件具有复杂性演变、动态不确定性以及多方位蔓延的特点,给政府的决策带来重大的影响。尤

---

① 习近平:国家安全是民族复兴的根基[R/OL]. 党建网微平台. 人民网,2022-10-26[2022-11-17]. http:// politics. people. com. cn/n1/2022/1026/c1001-32552460. html.

其是在复杂的网络环境中,如果无法感知事件的发展态势、判断事件的演变形势,将会使相关部门在实际工作中处于被动状态。因此,如何实现对重大突发舆情事件态势的感知和预测,判断突发舆情事件发生、发展以及衍生出的国家安全风险,已经成为突发网络舆情事件态势感知及舆情应对亟须解决的现实问题。

为全面贯彻习近平总书记总体国家安全观、开创新时代国家安全工作新局面的重要思想,有效应对各类风险和挑战,充分发挥情报工作在突发网络舆情事件中的重要引领和防范能力,本研究基于态势感知理论开展对重大突发舆情事件的态势感知研究,从态势察觉、态势理解和态势预测三个层面着手,构建突发网络舆情事件的理论模型。本研究基于数据和知识的双向驱动,研判网络舆情事件可能衍生的重大风险,实现对舆情事件的有效引导和调控,辅助应急管理和决策,提出深入防范和化解重大风险的思路和举措。本研究的逻辑思路如图8-1所示。

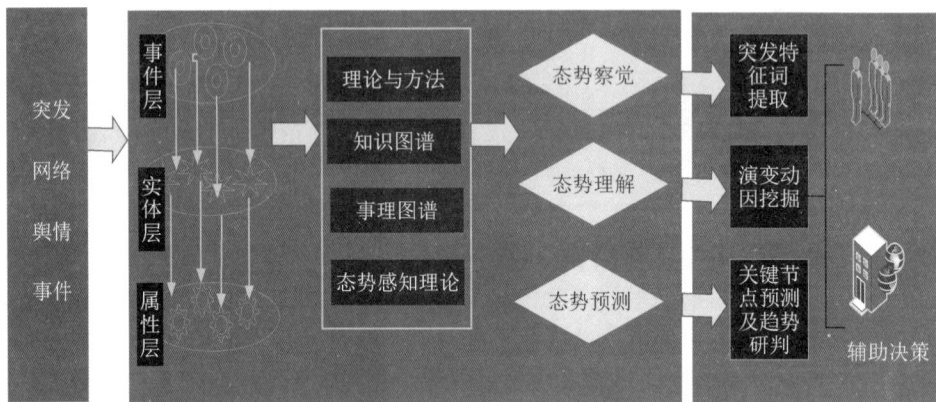

图 8-1 本研究逻辑思路

8.1.2 相关概念和理论基础

1. 态势感知理论

态势感知的定义最早是由米卡·R.安德斯雷(Mica R. Endsley)提出的,态势感知是基于一定的时空条件,实现对环境要素的察觉、理解和对未来发展趋势的预测。1995年,安德斯雷将态势感知引入人的决策制定过程中,提出了态势感知模型,并指出了态势感知的三个阶段,即态势察觉、态势理解和态势预测。态势感知理论(situation awareness)的概念最初起源于军事需求,并应用于国防、军事以及太空等相关领域。李纲等[①]从国家安全事件态势感知的情报需求出发,提出了一种新的国家安全

---

① 李纲,王施运,毛进,李白杨.面向态势感知的国家安全事件图谱构建研究[J].情报学报,2021,40(11):1164-1175.

大数据组织模型;吴佳鑫等[①]从态势感知理论出发,构建了包括态势感知需求分析、数据与知识提取、态势可视化与视图交互、态势感知、决策制定与执行五个阶段的可视化感知模型;王秉等[②]基于系统安全视角,提出了安全情报态势感知的运行框架和安全情报态势感知建模三维体系,从而构建了安全情报态势感知理论模型。

态势感知的相关研究大多存在于理论层面,且由于处理和量化态势察觉、理解和预测相关内容的数据较为困难,在实际应用于应对突发网络舆情事件的过程中仍缺少切入点。与此同时,有关突发网络舆情事件的研究较多关注单一维度,对突发事件的态势感知缺乏系统的思考,未能实现对多维度衍生风险的整体考量。

2. 舆情危机管理理论

舆情危机管理理论由罗伯特·希斯(Robert Heath)提出,他认为舆论在事件发生后如果没有得到及时的引导,虚假信息和负面的情绪将会逐步积累并最终爆发,从而形成舆情危机。舆情危机管理理论主要由 PPRR 危机管理理论和 4R 危机管理理论组成。其中,PPRR 危机管理理论由危机前预防、危机前准备、危机爆发反应和危机结束恢复四个阶段组成;4R 危机管理理论包括危机缩减、危机预备、危机反应和危机恢复四个维度。张玉亮等[③]基于 4R 危机管理理论,从缩减、预备、反应和恢复四个阶段对政府网络舆情管理的方法进行了概括,并对影响政府网络舆情危机应对手段有效性的情景要素进行了分析,从而为政府处置网络舆情的危机提供了参考;张磊[④]梳理了网络舆情危机管理过程中的知识,提出了网络舆情生命周期的不同阶段以及各阶段的知识集成,建立了面向网络舆情生命周期的知识集成框架。

突发事件的网络舆情具有阶段性差异,网络舆情在爆发的前期阶段,其信息量往往大于后期阶段,因此,应以舆情管理理论为基础,通过在舆情爆发前对危机进行提前预防,缩减损害与管理成本,基于快速的援救并在危机爆发前及时地利用舆论引导网民的反应,从而快速对舆情进行调控和引导。[⑤]

3. 知识图谱理论

知识图谱最初是由谷歌公司于 2012 年提出的,其主要目标就是为了改进其搜索引擎的性能。随着知识图谱技术的不断发展,其所应用的领域也在不断扩展,逐步被应用到各行各业中。目前,尚未发现将知识图谱直接应用于国家安全事件相关信息资源管理的研究中,但已有人针对突发事件知识图谱的构建方式方法进行了研究。

---

① 吴佳鑫,王健海.基于态势感知理论的可视化感知模型[J].现代图书情报技术,2010(Z1):9-14.

② 王秉,周佳胜.系统安全视阈下的安全情报态势感知理论模型研究[J].现代情报,2022,42(8):12-19.

③ 张玉亮,杨英甲.基于 4R 危机管理理论的政府网络舆情危机应对手段研究[J].现代情报,2017,37(9):75-80;92.

④ 张磊.基于生命周期的网络舆情危机管理知识集成研究[J].情报杂志,2015,34(10):101-105;51.

⑤ 郭宇,张传洋,张海涛,于文情.危机管理视角下突发事件舆情主题演化与治理分析[J].图书情报工作,2022,66(8):113-121.

于凯等[①]以"货拉拉女乘客跳车事件"为例,从舆情主体、参与主体、网民情绪三个视角出发,对社会安全事件网络舆情多属性演化关系进行了分析,并基于事理逻辑构建了舆情事件知识图谱,明确了舆情事件间的关联关系和演化规律;安宁等[②]基于ELECTRA 和 REDP 方法分别对舆情文本信息进行实体抽取和关系抽取,构建了微博平台和短视频平台的网络舆情知识图谱,并对各网络舆情事件图谱进行了对比分析;魏明珠等[③]立足于信息生态视角,构建网络舆情的主体、客体和时空环境图谱,全方位地揭示了网络舆情的动态演化过程。

8.1.3　突发网络舆情事件的态势感知模型

突发网络舆情事件的态势感知可以被视为一种洞悉国家安全风险的能力,它可以帮助舆情治理主体在深入挖掘事理逻辑的基础上实现对事件演变态势的精准预判,实现对从数据到信息再到情报知识的挖掘,从而帮助实现智能决策。

要构建突发网络舆情事件的态势感知模型,首先应整合历史事件信息、智能决策信息以及知识信息等内容,构建态势感知模型的事理层、逻辑层和知识表示层。其中,事理层主要是描述事件与事件之间的关系,具体就是通过事件泛化的方法将隐含在事件之间的逻辑关系挖掘出来;逻辑层是指各个事件之间的上下位关系;知识表示层即是从一个事件层映射到另一个事件层之间的关系,通过用图谱表示来预判事件的发展态势。因此,当某一突发网络舆情事件爆发后,在基于事理逻辑和海量数据的推理下,能够把握事件发展的演变脉络,从而实时获取事件要素的属性值,从数理层面实现对突发网络舆情事件态势的感知,实现对舆情事件演化路径的精准刻画,其理论模型如图 8-2 所示。

8.1.4　突发网络舆情事理图谱构建

1. 事理图谱整体逻辑结构

事理图谱结构的描述模型为 KWER={KWEs,Es,Qs,Ts,Is}。其中,KWEs 表示突发网络舆情事件类集合;Es 表示突发网络舆情事件的相关实体类集合;Qs 表示突发网络舆情事件的相关属性类集合;Ts 表示突发网络舆情事件的相关关系类集合;Is 表示实例集合。相关概念定义如下。

定义 1:突发网络舆情事件 KWE。基于此前学者的研究成果,本研究将突发网

① 于凯,杨富义.社会安全事件网络舆情多属性演化分析与知识图谱构建[J].情报工程,2022,8(4):14-30.

② 安宁,安璐.跨平台网络舆情知识图谱构建及对比分析[J].情报科学,2022,40(3):159-165.DOI:10.13833/j.issn.1007-7634.2022.03.020.

③ 魏明珠,张海涛,周红磊.信息生态视角下网络舆情生态多维图谱构建研究[J].情报科学,2021,39(6):10-18;54.DOI:10.13833/j.issn.1007-7634.2021.06.002.

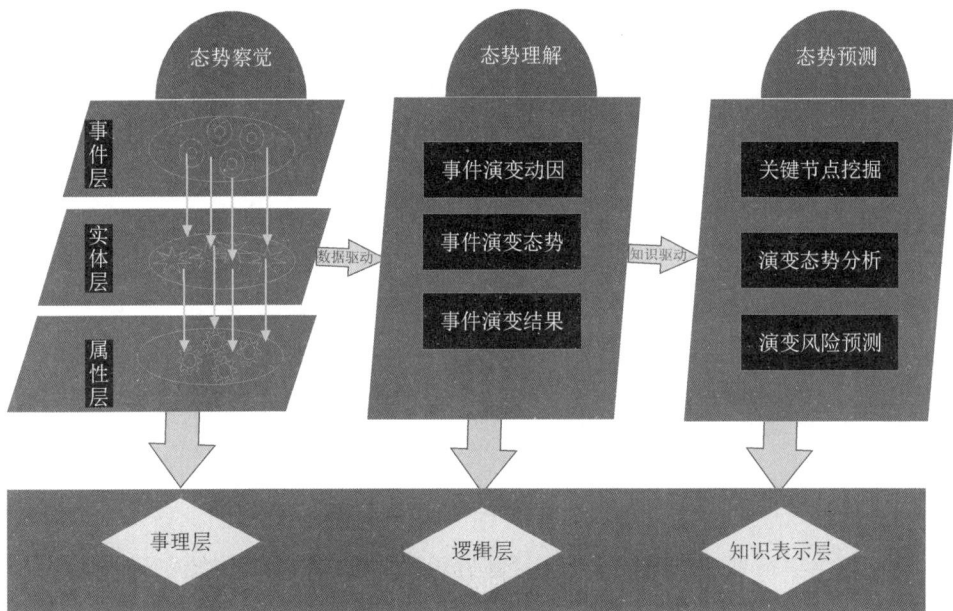

图 8 - 2　态势感知理论模型

络舆情事件定义为一个三元组,表示为 KWE={A,B,C},其中,A 表示与突发网络舆情事件相关的一系列动作集合;B 表示与突发网络舆情事件相关的对象,包括参与的主体、客体以及对应的相关属性;C 表示突发网络舆情事件发生的具体时间。

定义 2:突发网络舆情事理图谱的类。事件类 KWEs 表示与某一个突发网络舆情事件 KWE 相关的所有子事件的集合,继承事件基类 KWE,定义为 KWEs={kwe$_1$,kwe$_2$,kwe$_3$,…,kwe$_n$}。实体类 Es 表示与舆情事件 KWE 相关的所有实体属性的集合,在突发网络舆情事件中,主要包括事件涉及的主要用户等,定义为 Es={e$_1$,e$_2$,e$_3$,…,e$_n$}。属性类 Qs 表示所有属性的集合,包括实体的属性以及事件的属性,定义为 Qs={Q$_1$,Q$_2$,Q$_3$,…,Q$_n$}。

定义 3:突发网络舆情事理图谱的关系 Ts。Ts 是指与某一个突发网络舆情事件 KWE 相关的事件、实体和属性之间的关系集合,从理论上来看,包括事件与事件之间、实体与实体之间、事件与属性之间、实体与属性之间、事件与实体之间的关系,定义为 Ts={t$_1$,t$_2$,t$_3$,…,t$_n$}。

定义 4:突发网络舆情事理图谱 NSEG。突发网络舆情事件图谱可表示为一个有向标签图,NSEG=(F,H)。在 NSEG 中,N 表示突发网络舆情事件图谱的点,包括实体、事件以及属性值;H 表示突发网络舆情事件图谱的边,H 定义为(n$_1$,n$_2$,label),表示两个顶点 n$_1$ 和 n$_2$ 之间具有 label 关系。[1]

---

[1] 李纲,王施运,毛进,李白杨.面向态势感知的国家安全事件图谱构建研究[J].情报学报,2021,40(11):1164-1175.

本研究将融合知识图谱和事理图谱,构建既能刻画事件之间的演化逻辑关系,同时又能描述事件与实体、属性之间相互关系的突发网络舆情事件的表示模型,如图8-3所示。

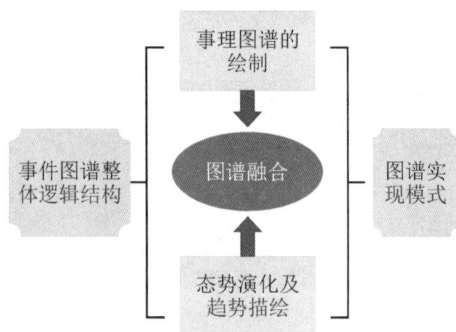

图8-3 图谱表示模型基本思路

突发网络舆情事理图谱对于突发网络舆情事件的知识表示主要包括两个层次方面的逻辑:一层是通过实体之间的逻辑关系图进一步揭示事件之间的逻辑关系,以及事件所关联的各类实体之间的关系,实现对实体、属性以及事件知识的表示;另一层是借助事理图谱的理论,描述事件演化的整体过程,从而赋予事件与实体之间的动态属性关系,并利用这两层逻辑的表示形成突发网络舆情事件的统一知识表示模型。

2. 事理图谱构建过程

构建事理图谱的过程:① 采用自编程序获取太空领域网络舆情的数据,应用哈尔滨工业大学自然语言处理平台的LTP工具对事件进行分词、停用词处理,运用word2vec训练模型进行训练,采用词性标注和句法分析等方法对数据进行清洗和处理;② 对爬取的数据进行句式判断,主要包括因果事件对和顺承事件对,并以规则模板的形式对事件进行抽取,基于轮廓系数和K-means聚类算法对事件进行泛化处理,对因果事件对和顺承事件对进行提取;③ 以泛化后事件的因果关系为基础,以事件之间的因果关系为边,进而构建网络舆情事理图谱。

3. 突发网络舆情事件的态势察觉

基于突发网络舆情事件的发展态势,应用TF-IDF主题建模的方法对突发网络舆情事件中的主题数据进行分词、停用词和关键词频的提取工作,得出突发网络舆情事件的词性、词频数和词频排序,与此同时,将模型得出的相关度与参与话题讨论的用户进行匹配,从而得出舆情态势发展的整体特征词,为态势理解和态势预测作好铺垫。

4. 突发网络舆情事件态势理解

首先,基于TF-IDF方法提取关键特征词,从中筛选出与网络舆情事件相关的信息并对采集的数据信息进行知识抽取,借助语义数据映射模型,将数据库模式语法与事件图谱表示模型进行映射,实现对数据的知识抽取,综合运用事件抽取、事件关系识别、实体关系抽取等技术,从非结构化数据中抽取出事件、实体、属性及这几者之间的关系。

其次,基于时间窗口统计出突发特征词的词频量,并测算时间阈值范围。

最后,基于词云图的形式,将不同时间节点的突发特征词进行可视化呈现。

5. 突发网络舆情事件态势预测

突发网络舆情事件态势预测,即情报经过态势感知和态势理解后,应用社会网络分析方法,运用 Gephi 等可视化工具对爬取的数据进行深度挖掘,识别舆情的关键节点,利用深度学习和 LSTM 方法对舆情信息的评论数据进行情感分类,测算出不同语句的情感极性,并利用拟合指数绘制出舆情态势的整体发展动向,从而为事件的决策治理提供科学有效的治理依据。[1]

8.1.5 模型应用及结果分析

习近平总书记高度重视我国航天事业发展,在党的二十大报告中明确指出:"坚持把发展经济的着力点放在实体经济上,推进新型工业化,加快建设制造强国、质量强国、航天强国、交通强国、网络强国、数字中国。"随着航天事业的发展,人们对太空的关注持续升温,太空网络舆情作为一个新的领域开始得到众多专家和学者的关注,太空网络舆情事件如果处理不当将会造成极其严重的后果。因此,本研究以太空领域的网络舆情事件为例,对突发网络舆情事件态势感知模型进行实证研究,进一步阐述本研究的具体研究思路。

1. 构建突发网络舆情事件图谱

本研究对微博主题"长征 5B 失控"热度榜单的数据进行 Python 爬取,爬取时间为 2022 年 1 月,共爬取数据 1 541 条,爬取内容包括发帖时间、发帖标题、"点赞"数量、评论数量、转发数量、收藏数量、评论者的名称、评论的时间等,通过对字段的数据进行清洗、处理、过滤等预处理工作,从而为构建事件图谱奠定基础。以"长征 5B 失控"事件为例,获取相关数据资源,图 8-4 为经过事件泛化后的"长征 5B 失控"事件图谱,"长征 5B"事件为中心节点,其他节点为与该事件相关的原因事件和结果事件,边代表事件之间的因果逻辑关系。其中,有向边的两端连接着一组因果事理,方向代表了其间的因果指向,事件之间形成了完整的逻辑链路,从而构成了整个"长征 5B失控"动态逻辑知识库,通过该知识库,能够为后期对突发网络舆情事件的应急管理提供辅助。

① 张海涛,周红磊,李佳玮,张鑫蕊.信息不完全状态下重大突发事件态势感知研究[J].情报学报,2021,40(9):903-913.

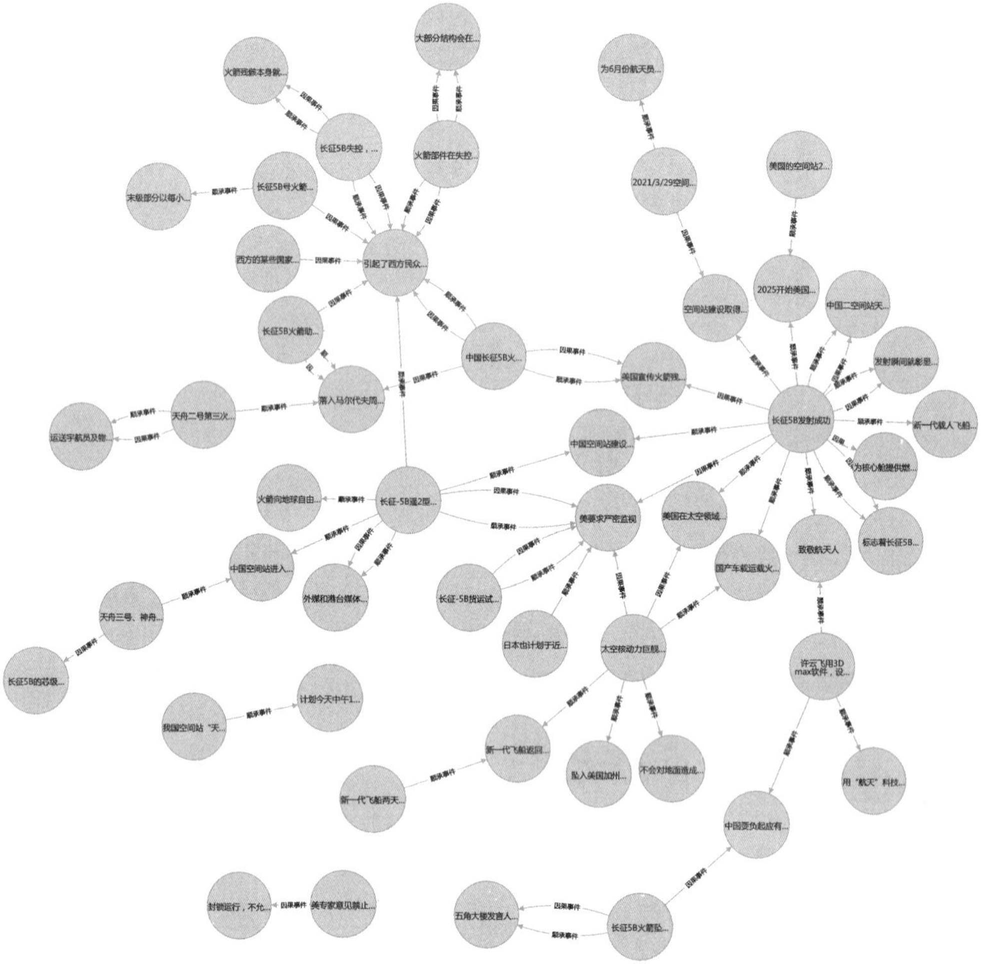

图 8-4 "长征 5B 失控"事理图谱

2. 突发网络舆情事件态势察觉

以"长征5B失控"事件为着力点,从太空舆情事件要素、太空舆情事件对象要素以及太空舆情事件环境要素三个方面进行态势要素感知。其中,事件包括火箭待发射、火箭升空、火箭近地轨道、火箭失控、火箭掉入公海、五角大楼炒作。

本研究对突发网络舆情事件态势感知的突发特征词进行提取,将"长征5B失控"事件的主题运用 TF-IDF 主题模型方法,对太空网络舆情的发表主题进行分析,对停用词、关键词词频进行提取,并将模型得出的相关度与参与话题的用户进行匹配,从而得出其舆情事态的特征词,[①]如表 8-1 所列。

表 8-1　词频词性提取

词　语	词　性	词　频	排　序
长征	n	466	1
火箭	n	316	2
中国	ns	304	3
发射	v	257	4
空间站	n	178	5
残骸	n	135	6
美国	ns	131	7
运载火箭	n	126	8
核心	n	115	9
航天	n	110	10
成功	a	109	11
卫星	n	105	12
太空	n	99	13
飞船	n	98	14
视频	n	97	15
载人	n	94	16
微博	nb	83	17
轨道	n	77	18
试验	vn	72	19
我国	r	70	20

---

① 王秉,史志勇,周佳胜.安全情报视域下的安全态势感知与塑造模型[J].情报理论与实践,2023,46(1):1-6.

通过该表能够看出,在网络舆情的整体发展过程中,用户的评论数据中出现较多的关键词为长征、火箭、中国、发射,这些关键词的词频已经达到 200 次以上,说明用户对该类事件的话题关注度较高;与此同时,从航天、成功、运载火箭、残骸等特征词的出现也能够看出用户对整个事件普遍持有的态度更偏重积极方面。

3. 突发网络舆情事件态势理解

模拟"长征 5B 失控"事件的发生情景来提取顺承事件和因果事件,其中,因果事件主要包括"长征 5B 发射"→"火箭残骸处于失控状态"→"残骸掉落"→"残骸进入公海"→"五角大楼开始大肆炒作",从中直接能够得出驱动"长征 5B 失控"舆情事件发生的根本原因,包括技术因素、天气原因和落地地区、火箭动力、地面监测设备、天气条件、大气层内的天气状况和空间天气情况、有效载荷、配合目标状态等,此类事件是整个演变过程中的直接驱动原因。

(1) 事件演化动因挖掘

当实际的突发网络舆情事件发生时,应急管理人员需要借助事件相关知识,挖掘可能导致事件发生的原因事件,从而进行有效应对。因此,本研究针对突发特征词提取的准确率进行了实验设计:确定某一时间窗口的宽度,选取大小不同的阈值,对网络舆情事件的评论数据进行分析与统计,采用 TF-IDF 方法提取特征词频;改变时间窗口宽度,继续基于评论数据对阈值范围进行调整和分析。在本研究中,选取 1 月 10 日—4 月 9 日、4 月 9 日—5 月 6 日、5 月 7 日—5 月 10 日、5 月 11 日—6 月 1 日为时间窗口,时间跨度选择保证突发事件发生的中间时间点,如图 8-5 所示。

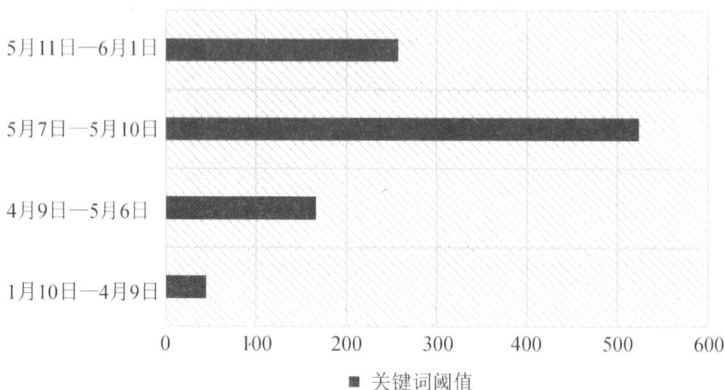

图 8-5　时间阈值范围

柱状图的纵轴代表了时间窗口的宽度,柱状图的数值大小代表了检测到与该事件发生相关的突发词的阈值范围。本研究中检测到突发事件发生的标准能够提取到该事件发生的整体态势与舆情事件的整体走向。首先,可以清晰地看出,该事件的突发阈值范围很大,可以轻易检测出,由于"长征 5B 失控"是一个受全球关注的事件,因此,该事件产生了极其重大的影响。从事件窗口的宽度划分可以看出,事件在 5 月

7 日—5 月 10 日开始达到较高的阈值水平,随后一直维持较高的阈值范围,直至 5 月 11 日—6 月 1 日,舆情信息才逐渐消退。[①]

在社交网络中,可以采用更窄的时间窗口进行高峰时段突发检测,因为在社交网络高峰时期,事件的传播速度较快,使用更窄的时间窗口有助于监测人员更快地发现突发事件的爆发,与此同时,在社交网络信息发布量较少的时段可以适当放宽时间窗口,进而提高检测的准确性。[②]

(2) 事件演化词云图展示

基于不同时间段的舆情发展态势,本研究提出了四个时间段内舆情发生时的突发词,应用 Python 绘制了不同时间段的词云图。1 月 10 日—4 月 9 日的突发高频词图谱(见图 8 - 6)中能够看出,在这个时间段内受用户关注较多的词为文昌、壮观、今晚、火箭、出发,从这些突发词能够看出此时用户所关注的信息较为宽泛,更多的是关注发射前期的一些准备工作;4 月 10 日—5 月 6 日(见图 8 - 7),用户关注的突发词为失控、发射、掉下来、微博等,从这些词能够得出,该次发射已经引起了大量用户的关注,舆情在这一时期开始成长;在 5 月 7 日—5 月 10 日(见图 8 - 8)这三天的时间里,用户的关注持续升温,美国、俄罗斯、西方等热点词的出现说明该舆情的影响范围较为广泛,火箭、残骸、失控、掉下来等高频词的出现再一次说明用户的关注度较高,舆情已经开始爆发,且发展势头较强劲;5 月 11 日—6 月 1 日(见图 8 - 9),用户对该舆情的关注普遍降低,从词云图中能够看出,美国、太空、现场、空间站这些关键词的出现,说明舆情的态势已经减弱,并逐渐衰退。

图 8 - 6 1 月 10 日—4 月 9 日词云图

图 8 - 7 4 月 10 日—5 月 6 日词云图

① 温志韬,夏一雪.基于演化建模的突发事件网络舆情态势感知分析[J].情报杂志,2022,41(9):71-78.
② 王秉,巩燕,周佳胜.基于安全情报的安全态势感知系统研究[J].图书馆杂志,2022,41(8):30-36;47.
DOI:10.13663/j.cnki.lj.2022.08.004.

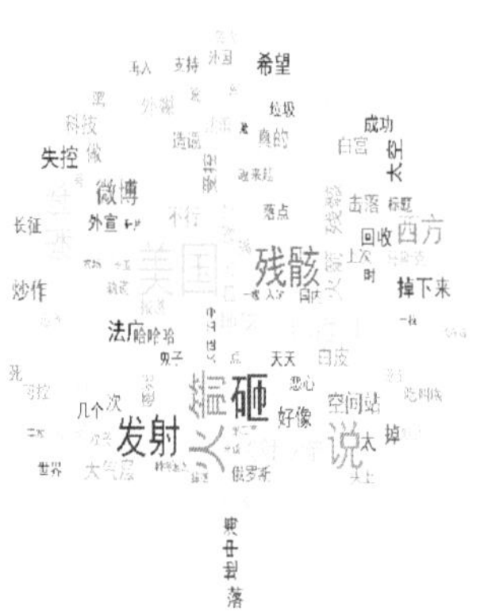

图8-8　5月7日—5月10日词云图 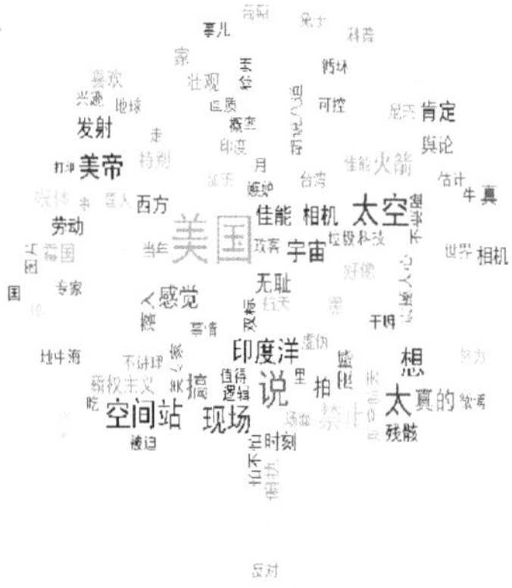　　图8-9　5月11日—6月1日词云图

4．突发网络舆情事件态势预测

（1）关键管控节点识别

对太空网络舆情事件的参与主体加以分析，能够识别出何种用户能够推动舆情事件的发展，从节点的大小能够看出网络中的关键节点以及节点与其他主体之间的关联关系，明确太空网络舆情治理的关键人物。本研究基于上述爬取的数据，应用Gephi可视化工具绘制了1 268个节点、1 186个边的连线，一个平均度为0.942、平均加权度为0.985、网络直径为2、平均聚类系数为0.001、平均路径长度为1.027的"长征5B失控"关键节点图谱，如图8-10所示。

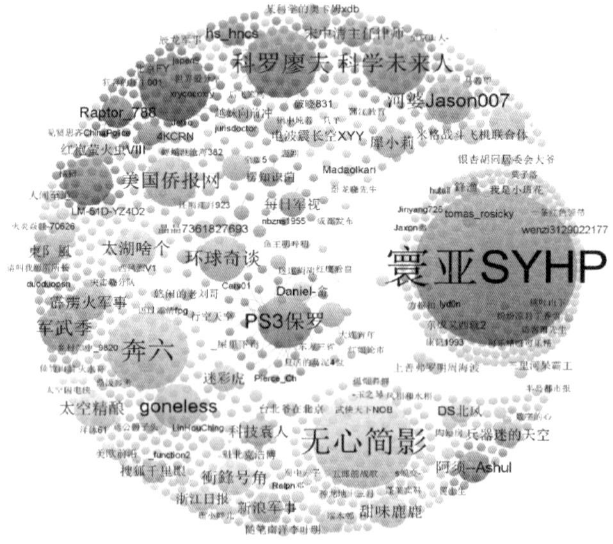

图8-10　网络舆情关键节点图谱

用户在该图谱中的形态以群落的形式可视化地显示出来,不同的用户之间也存在着各种各样的联系,在相互作用之下最终呈现出他们之间的相互作用关系。在该关键节点图谱中,较为突出的主体有"无心简影""寰亚SYHP""科罗廖夫""奔六"等,以这些参与用户为主要节点的群落反映了不同用户之间的参与关系,这说明对舆情参与用户的引导是尤其重要的,在太空网络舆情事件的后期引导方面应该关注这些关键节点,通过引导其在网络中发表正向、积极的言论,从而达到传播正能量话题信息的目的。

(2) 事件演变态势预测

本研究提出了基于深度学习神经网络结合LSTM模型来实现情感分析。① 将词向量输入深度神经网络,实现对词向量隐藏特征的再一次提取;② 需要将词向量输入LSTM网络中进行情感分析;[1]③ 基于情感分析的结果画出不同阶段的情感倾向预测曲线图,对舆情的走势进行预测,[2]如图8-11所示。

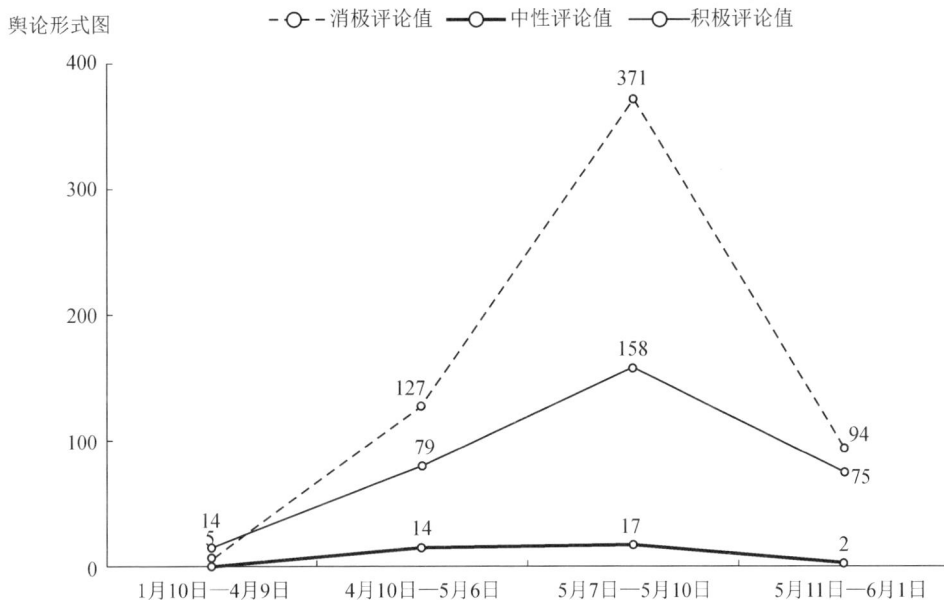

图8-11 情感倾向预测图

8.1.6 结论与展望

本研究首先构建了突发网络舆情事件的事理图谱,通过对数据进行采集、处理和

① 韩健.基于深度学习的细粒度文本情感分类方法研究[D].天津:天津理工大学,2022.DOI:10.27360/d.cnki.gtlgy.2022.000472.
② 陈志刚,岳倩.深度学习网络模型在文本情感分类任务中的应用研究综述[J].图书情报研究,2022,15(1):103-112.

分析,应用 K-means、Cephi 等算法和可视化工具刻画了突发网络舆情事件的事理图谱,从数据和知识驱动的双向视角出发,实现舆情事件图谱的态势察觉、态势理解和态势预测;其次,基于社会网络分析方法对网络舆情突发事件的关键节点进行了识别和预测,为情报工作和对舆情事件的智能管控提供了可行的参考思路;最后,在舆情管控的过程中,随着时间的推移,可能较难实现对突发网络舆情事件的精准预测,因此,应根据事件的关键周期,及时更新应急方案,并将重大舆情风险事件实时报送给各级领导和机关部门,从而防止因情报工作的失误而造成重大损失。

在理论贡献方面,事理图谱能够从大量显性事件中识别事件要素及其关联关系,为应对事件提供事理知识,因此,本研究基于态势感知和事理图谱理论为事件的演变研究提供新的视角,使依靠主观思辨的突发事件演变分析思路得到创新,能够辅助解决对应急主体的追根溯源,探寻引发重大突发事件的多方面动因,从而研判事件的演变趋势及衍生风险,这也是知识驱动思想方面的重大尝试和实践。在应用实践方面,本研究面向国家需求战略开展对重大突发事件的应急管理研究,旨在科学认识重大突发事件的演变过程,从而降低突发舆情事件可能造成的重大风险。

8.2 基于事理图谱的多维特征网络舆情演化路径研究

本研究的重点是基于事理图谱的方法来揭示网络舆情事件,能够准确分析舆情事件的发展趋势和脉络,为政府部门进行舆情管控和舆情引导献计献策。本研究内容以微博"长征 5B 失控"相关主题与评论内容为研究对象,对提取的数据进行清洗和处理、抽取和泛化,分别生成顺承事件对和因果事件对,并对其顺承关系和因果关系进行识别,从而构建网络舆情事理图谱。研究结果表明,观察网络舆情的发展过程,可以看出因果事件的演化路径具有时间发生短、演化路径短的特点,随着时间的推移,其演化的趋势是逐步衰退的;网络舆情顺承事件具有传播时间长、传播路径多且具有多向性的传播特点,在顺承事件的传播过程中往往伴随着因果事件,且舆情事件的走向与网民的情绪有很大的关系。本研究的创新之处是构建基于事理图谱的网络舆情演化路径,同时揭示网络舆情演化的传播特点与现实意义,局限在于样本数量不够,后续有必要扩充研究样本,使得研究结果具有更好的通用性。

关键词:多维特征;网络舆情;事理图谱;长征 5B 失控;演化路径。

8.2.1 引　言

据中国互联网络信息中心(CNNIC)发布的第 47 次《中国互联网络发展状况统计报告》①信息显示,截止 2020 年 12 月,我国网民规模已经达到 9.89 亿,较 2020 年

---

① 中国互联网络信息中心. 第 47 次《中国互联网络发展状况统计报告》[EB/OL]. (2021-06-16). https://www.cac.gov.cn/2021-02/03/c_1613923423079314.htm.

3月增长8 540万,互联网普及率达70.4％,较2020年3月提升5.9个百分点。随着网民规模的不断扩大,以新浪微博为代表的社交媒体平台已经成为人们发布和获取信息的主要渠道,社交平台的开放性、匿名性和互动性使得人们能够公开发表自己的想法,不同的言论和意见推动着舆情朝着不同的方向演化。与此同时,网络谣言和虚假信息也会推动着舆情朝着不可控的方向演变,这种情况势必会危害国家的安全与稳定,给人们的生活带来诸多困难。如何洞察网络舆情的演化特征和路径、了解舆情的发展态势已经成为学术界共同关注的话题。本研究的写作思路如图8-12所示。

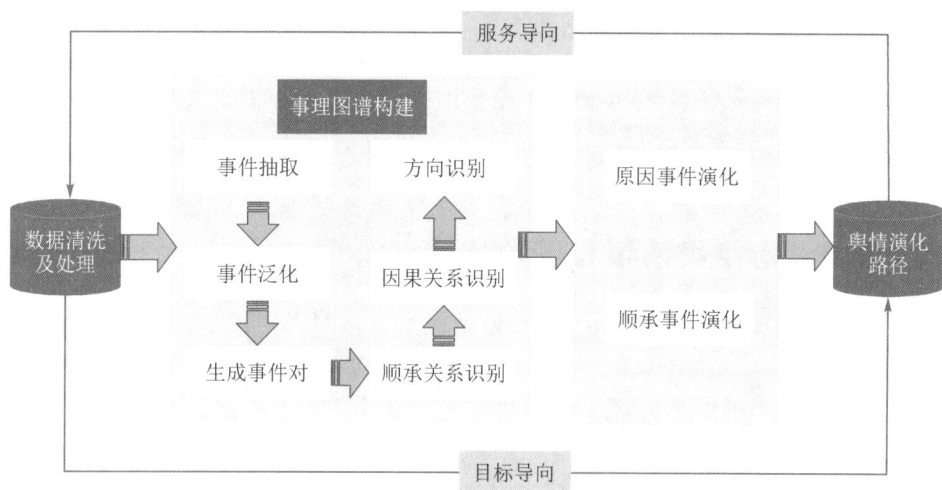

图8-12 本研究写作思路

8.2.2 文献回顾

我国学者在网络舆情研究方面已经取得了大量的成果,本研究主要从以下三个方面进行归纳和总结:① 对于网络舆情演化特征的研究。夏立新等[1]从可视化事件摘要的角度出发,基于事理图谱生成多维特征网络舆情事件摘要,解决了从传统事件摘要中无法直观了解事件之间关系特征的问题;陈健瑶等[2]从网络舆情用户信息及文本内容视角出发,构建了不同维度的网络舆情客体图谱,并对网络舆情特征的演化进行了可视化呈现。② 对于网络舆情演化算法的研究。田依林等[3]采用层次聚类

---

[1] 夏立新,陈健瑶,余华娟.基于事理图谱的多维特征网络舆情事件可视化摘要生成研究[J].情报理论与实践,2020,43(10):157-164.

[2] 陈健瑶,夏立新,刘星月.基于主题图谱的网络舆情特征演化及其可视化分析[J].情报科学,2021,39(5):75-84.

[3] 田依林,李星.基于事理图谱的新冠肺炎疫情网络舆情演化路径分析[J].情报理论与实践,2021,44(3):76-83.

法,对新冠肺炎疫情网络舆情的演化路径进行了分析;孙倬等[①]采用内容分析法和社会网络分析法对网络舆情的主题关联关系进行了分析,并对网络舆情的演化路径进行了探索;祁凯等[②]借助 Vensim PLE 软件,构建了政务短视频网络舆情多主体应对仿真模型,探究了政务短视频网络舆情传播的动态机制。③ 对于网络舆情演化路径的研究。单晓红等[③]以医疗领域网络舆情事件为例,分别构建了网络舆情事理图谱和抽象网络舆情事理图谱,认为网络舆情事件的演化路径呈现多级性,且事件的演化方向不唯一。通过对相关文献的梳理可以看出,我国学者在网络舆情的演化特征、演化路径和网络舆情的演化算法等方面均取得了一定的研究成果,但较少有学者关注基于事理图谱构建网络舆情演化路径的模型,也很少有学者能够对网络舆情的演化路径进行可视化揭示。因此,本研究着眼于以往研究的不足,构建网络舆情的事理图谱,描述舆情事件的发展起源,把控舆情的未来走向,为政府部门的监督管理和舆情监控提供指导。

8.2.3 网络舆情事理图谱构建

事理图谱(Event Logic Graph,ELG)是一个事理逻辑知识库,描述了事件之间的演化规律和模式。在结构上,事理图谱是一个有向环图,其中的节点代表事件,有向边代表事件之间的顺承、因果、条件和上下位等关系。事理图谱可应用于事件预测、常识推理、消费意图挖掘、对话生成、问答系统、辅助决策等任务中。在事理图谱中,事件之间的关系主要有顺承关系和因果关系。顺承关系(Sequential)是指两个事件在时间上相继发生的偏序关系,两个前后顺承的事件之间存在一个介于0~1之间的转移概率,表示从一个事件按时序顺承关系演化到下一事件的置信度。因果关系(Casual)是指两个事件之间,前一事件(原因)导致后一事件(结果)的发生,并对原因事件的结果进行的预测。因此,构建事理图谱是实现网络舆情预测的第一步,也是研究舆情演化路径的基础。构建网络舆情事理图谱的步骤主要包括:数据清洗、NLP预处理、事件抽取和泛化、生成事件对、顺承关系识别、因果关系识别、概率计算和事理图谱构建,如图8-13所示。

1. 数据采集与获取

以新浪微博为客户端,采用自编程序获取太空领域舆情事件数据,应用哈尔滨工业大学自然语言处理平台的 LTP 工具对事件进行分词、停用词处理,运用 word2vec

① 孙倬,赵红,王宗水.网络舆情研究进展及其主题关联关系路径分析[J].图书情报工作,2021,65(7):143-154.

② 祁凯,韦晓玉,郑瑞.基于系统动力学模型的政务短视频网络舆情动力演化分析[J].情报理论与实践,2021,44(3):115-121;130.

③ 单晓红,庞世红,刘晓燕,杨娟.基于事理图谱的网络舆情演化路径分析——以医疗舆情为例[J].情报理论与实践,2019,42(9):99-103;85.

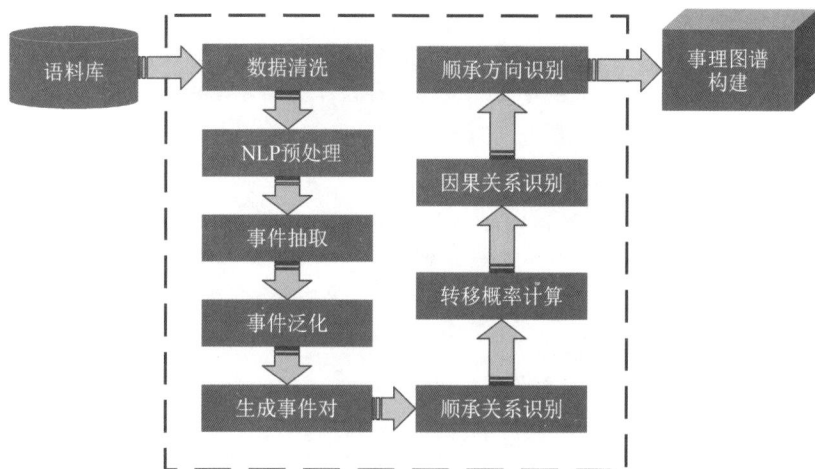

图 8 - 13　网络舆情事理图谱构建流程

训练模型进行训练,采用词性标注和句法分析等方法对数据进行清洗和处理。

2. 事件抽取和泛化

(1) 因果事件判定

事件之间的因果关系反映了网络舆情演化的路径和方向,因此,需要对数据中的因果事件对进行提取,并将其以结构化的形式展示出来,从而构建舆情事件的事理图谱。因果句具有特殊的标识词,目前,判定因果句最有效的方法是使用规则模板。规则模板的形式如[Effect]<,[Cause]>[Reason],其中,Effect 表示句子的匹配规则,Cause 表示匹配的优先级,优先级按照北京大学现代汉语语料库(CCL)中出现的次数来确定,出现的频率越高,规则匹配的优先级越高。

(2) 顺承事件判定

在微博上的大量评论中,并不包含明确的因果标识词,因此采用规则模板的形式对事件进行判定较为困难,但是在事件实际发生的过程中,存在着一个事件引发另一个事件的概率,两个事件之间具备顺承关系,因此,本研究采用人工标注的形式,对微博中的标题数据进行抽取,运用 word2vec 训练模型对数据进行训练,采用词性标注和句法分析等方法对数据进行清洗和处理,并最终判定句子的顺承关系。

(3) 事件抽取

本研究将采用规则模板的形式对事件进行抽取。其中,因果句的规则生成是基于汉语文本句式的特征实现的,因此需要根据因果关系标识词设计句法模式,通过构建规则模板对事件的因果关系进行判定。基于"因为""由于""引发""导致"因果关系标识词,设计以[Effect]、[Cause]、[Reason]为表现形式的句法模式。因果关系标识词 Cause 可能具有多种词性,如"因为""由于"这些词都是连词(con),"导致""引起"

"造成"等均为动词(verb),而"结果""原因"等为名词(noun)。因此,规则模板形式包括[Effect]<,[Cause]>[Reason],Cause∈{因为,由于},譬如,该模式所匹配的因果事件对可以表示为[高考落榜]$_{Effect}$,是<[因为]$_{Cause}$>[学习成绩差]$_{Reason}$。假设舆情事件集 Q 中有 n 个事件,即 $Q=\{r_1,r_2,r_3,\cdots,r_n\}$,$r_i$ 是集合 R 中的词,$i=1,2,3,\cdots,n$,经过词性标注后的事件为 $e=(r_1/p_1,r_2/p_2,\cdots,r_n/p_n)$,$p_i$ 表示 r_i 的词性。根据上面例句的规则模板,可以得出:if $r_1\in Cause_1$ and $p_i=con$ then Q(其中,Cause 表示因果连词,con 表示词性)。顺承句的规则生成是基于语句的顺承关系实现的,其规则模板形式如[Event1]<,[And]>[Event2],And∈{接着,进而},譬如,该模式所匹配的顺承事件对可以表示为[买火车票]$_{Event1}$,<[接着]$_{Cause}$>[去旅游]$_{Event2}$。假设舆情事件集 M 中有 n 个事件,即 $M=\{a_1,a_2,a_3,\cdots,a_n\}$,$a_i$ 是集合 R 中的词,$i=1,2,3,\cdots,n$,经过词性标注后的事件为 $e=(a_1/p_1,a_2/p_2,\cdots,a_n/p_n)$,$p_i$ 表示 a_i 的词性。根据上面例句的规则模板,可以得出:if $a_1\in And_1$ and $p_i=con$ then M(其中,And 表示顺承连词,con 表示词性)。

(4)事件泛化

1)轮廓系数。

轮廓系数(Silhouette Coefficient)是一种评价聚类效果好坏的方式,最早由彼得·J.卢梭(Peter J. Rousseeuw)提出。[①]轮廓系数结合了内聚度和分离度两种因素,可以用于在相同原始数据的基础上评价不同算法和不同运行方式对聚类结果产生的影响。轮廓系数处于-1~1,数值越大,表示簇间相似度高而不同簇相似度低,即聚类效果越好。轮廓系数的均值则能代表不同聚类效果的好坏。

使用 K-means 算法将待分类数据分为了 k 个簇,分别计算簇中每个向量的轮廓系数。对于其中的一个点 i:

计算 $x(i)=average$(i 向量到所有 i 所属于的簇内其他点的距离)

计算 $y(i)=\min$(i 向量到某一不包含 i 的簇内所有点的平均距离)

那么 i 向量轮廓系数为

$$s(i)=\frac{y(i)-x(i)}{\max\{x(i),y(i)\}}$$

可见轮廓系数的值介于[-1,1],越趋近于 1,代表内聚度和分离度都相对较优。对所有点的轮廓系数求平均值,就是该聚类结果总的轮廓系数。

2)K-means 聚类。

网络舆情事理图谱中的具体事件通过对事件的泛化形成抽象事件。事件泛化是基于 K-means 聚类算法,将语义相近的事件泛化为一类。本研究将具有因果关系和顺承关系的事件对集合 $F=\{f_1,f_2,f_3,\cdots,f_m\}$ 通过 K-means 算法进行事件的合并

① ROUSSEEUW R J. Silhouettes:A Graphical Aid to the Interpretation and Validation of Cluster Analysis[J]. Journal of Computational and Applied Mathematics,1987,20:53-65.

泛化,将相似度高的事件泛化为一类事件。首先基于 word2vec 词向量模型将事件 F 中的事件结构化,进而表示为词向量形式 $\boldsymbol{f}_i=\{f_{i1},f_{i2},f_{i3},\cdots,f_{ik}\}$,$\boldsymbol{f}_j=\{f_{j1},f_{j2},f_{j3},\cdots,f_{jk}\}$;以事件 F 中的每一个事件作为一个初始事件,将其进行聚类。[①]

3. 事件对提取

(1)因果事件对提取

本研究采用规则模板的形式提取事件对,主要就是提取句子中的原因事件 (Cause) 和结果事件(Result)。用单词来表示,以 A_1 和 A_2 为例,如果 A_1 和 A_2 同时满足(if($A_1 \in$ Cause1 and $p_i =$ con)和 if ($A_2 \in$ Cause2 and $p_j =$ con))的条件,则 A_1 和 A_2 分别为因果标识词 Cause1 和 Cause2,词性为连词,则可以判定 A_1 和 A_2 的事件为明确因果句,A_1 之后的单词为原因事件 Reason,A_2 之后的单词为结果事件 Result。

(2)顺承事件对提取

在研究中,假设事件 f_1 的发生时间为 t,事件 f_2 发生的时间为 $t+1$,则称 f_1 为 f_2 的前序事件,f_2 为 f_1 的后续事件,如果事件 f_1 和 f_2 发生时间同为 t',则称两个事件为重叠事件,对具有关联关系的事件进行 K-means 聚类,将 word2vec 用于词向量以及对事件向量化,并提取符合逻辑关系的事件对,进而根据上下位的语义关系判定事件的顺承关系。

4. 事理图谱构建

以泛化后事件的因果关系为基础,以事件之间的因果关系为边,构建网络舆情事理图谱 Graph=⟨Nodes,Edges⟩,Nodes=⟨$e_1,e_2,e_3,\cdots,e_i$⟩是节点集合,[②]Edges=⟨$l_1,l_2,l_3,\cdots,l_j$⟩是边的集合,其中,i 和 j 分别是节点和边的数量。网络舆情抽象事理图谱中单向箭头相连接可形成因果关系和顺承关系的事件链。A-B-C-D-E-F 为顺承关系的事件链,节点 A 是节点 B 的前链,节点 C 是节点 B 的后链;G-F、G-H 是因果关系链条,其中,节点 G 分别是节点 F 和节点 H 的原因事件;E-F-G-H-I 为因果和顺承关系链,其中,F-G 为因果链,G-H-I 为顺承关系链。由于在事件发生的过程中,因果关系和顺承关系会有所重叠,因此,可以基于箭头的方向来表示目标事件为结果事件或此后发生事件,如图 8-14 所示。

① 丁晟春,刘笑迎,李真.融合评论影响力的网络舆情热点主题演化研究[J].现代情报,2021,41(8):87-97.

② 郝彦辉,王曦,陈铎.基于 BERT-BiLSTM 模型的舆情监测方法及实证研究——以研究生招生考试为例[J].情报科学,2021,39(8):78-85.

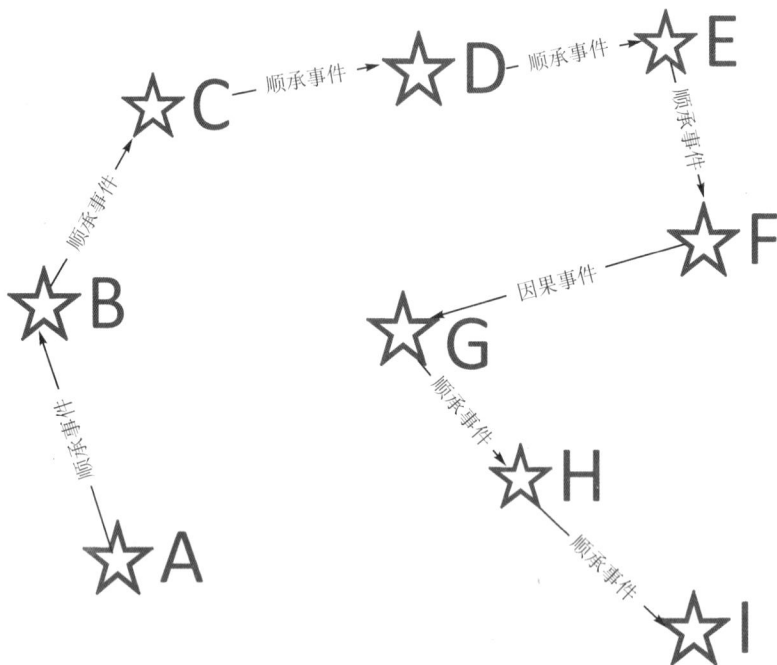

图 8 - 14　事理图谱事件泛化示意图

8.2.4　实证研究

随着近年来航天事业的持续发展,人们对太空领域的关注持续增加,太空舆情作为一个新的领域得到了众多学者的关注,太空舆情发生时,如果处置不当,很容易引起国家间的争端,引发社会风险。因此,本研究以太空领域的网络舆情事件为例,构建网络舆情的事理图谱,并阐述其演化路径以期能够对事理图谱进行可视化揭示。

1. 数据获取

本研究选取"'长征5B失控',巨大残骸掠过多国上空,是否给人类造成威胁?"这一微博主题相关内容(见表 8 - 2),使用 Python 编写爬虫,爬取新浪微博网页端的数据,爬取时间为 2021 年 7 月,爬取的内容主要包括发帖时间、发帖标题、"点赞"数量、评论数量、转发数量、收藏数量、评论者的用户名、评论内容、评论时间等字段。应用哈尔滨工业大学自然语言处理平台提供的 LTP 工具对提取的字段进行清洗和处理,与此同时,对数据进行分词、停用词、词性标注等预处理工作,为后面构建事理图谱奠定基础。[①]

---

① 张冬,魏俊斌.情感驱动下主流媒体疫情信息数据分析与话语引导策略[J].图书情报工作,2021,65(14):101-108.

表 8-2 "长征 5B 失控"事件微博主题热度榜

序 号	事件标题
1	中国空间站"天和"核心舱被长征 5B 发射升空了
2	长征 5B 的火箭残骸落在了马累附近的海里
3	长征 5B 火箭威慑意味明显,坠海位置令白宫担忧
4	美国宇航局局长,资深律师 Sen. Bill Nelson 周六就"长征 5B 残骸"事件发表的声明,极尽抹黑中国之能事
5	中国空间站"天和号"核心舱由长征 5B 遥二运载火箭发射升空
6	长征 5B 末级火箭于 9 日 10 时在地中海东部近地点 130 公里高度再入大气层
7	英媒:长征 5B 失控,巨大残骸途经多城上空;中方:抹黑造谣
8	长征 5B 火箭返回途中#长征 5B 号火箭重返地球
9	中国长征 5B 威胁?"击落火箭"引哗然
10	中国长征 5B 遥二运载火箭末级残骸飞越西班牙马德里上空

2. 事件提取

对"长征 5B 失控"事件提取事件对 119 个,共涉及 292 个事件,事件对提取的结果如表 8-3 所列。

表 8-3 "长征 5B 失控"事件对提取

前序事件(原因事件)	事件类型	后续事件(结果事件)
东方 800 吨巨型火箭长征 5B 拔地而起	因果事件	美国感叹已不再掌握太空优势
长征 5B 打翻身仗	因果事件	西方人低估了中国实力
长征 5B 火箭首飞成功	顺承事件	火箭发射瞬间就彰显了真正实力
长征 5B 刚发射成功	因果事件	美国就搞了个十分恶劣的太空计划
长征 5B 火箭核心主体昨天重返大气层	顺承事件	坠毁在北大西洋某处
长征 5B 成功首飞	顺承事件	背后蕴藏众多"苏州力量"
中国新一代飞船送入太空	顺承事件	标志着世界即将进入中国空间站的时代
长征 5B 运载火箭升空	顺承事件	新一代载人飞船试验船姿态稳定,供电、测控链路等均正常

3. 网络舆情事理图谱构建

(1) 事件泛化

事件泛化是指将相似的事件聚合为一类并提取类别中所有相似事件的公共成分作为泛化事件。本研究基于前文清洗和处理的数据以及提取的事件,将进一步对提取事件进行泛化处理。

　　首先,对提取的 292 个事件进行泛化处理,对第一层中的事件进行 K-means 聚类,将相似度较高的事件合并为一个簇类,与此同时,对后续的事件继续做聚类处理,按照相似度的优先顺序形成事件簇,最终经过 n 次聚类,为生成的簇类命名,如图 8 - 15 所示,K-means 算法最优 K 值为 2 时效果最佳,分别是"'天和'核心舱被长征 5B 发射升空""长征 5B 残骸掉入公海"。聚类结果如图 8 - 16 所示。

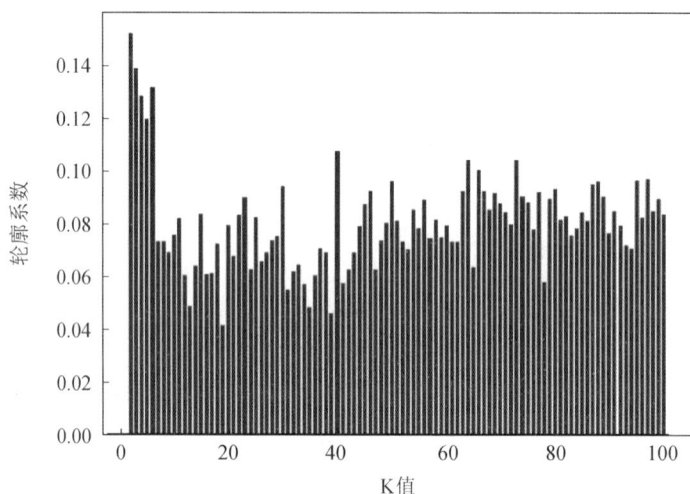

图 8 - 15　K 值的轮廓系数评价结果

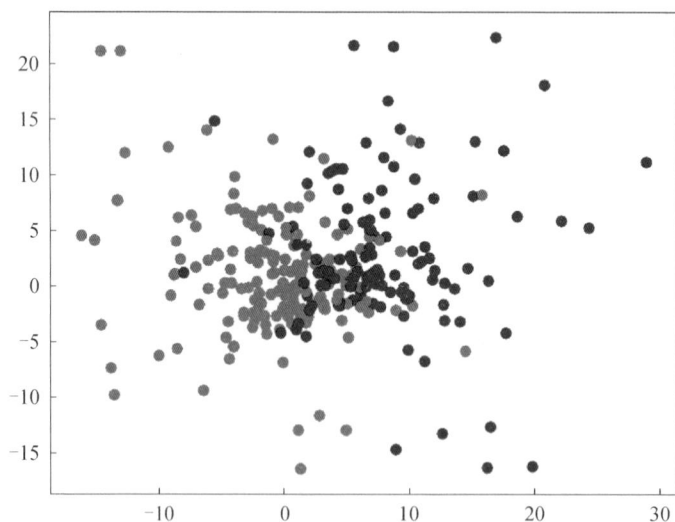

图 8 - 16　K-means 聚类结果

（2）事理图谱构建

本研究构建"长征 5B 失控"的网络舆情事理图谱，应用 Neo4j 图数据库的形式，将构建的事理图谱进行可视化呈现。其中，有向边的两端分别代表原因事件和顺承事件。网络舆情事理图谱的每一个事件之间都包括所生成的因果关系和顺承关系，它们的边就是其所生成的演化路径。通过对舆情演化的脉络进行梳理和分析，能够全方位地揭示出舆情的演化方向和演化逻辑，[①]如图 8 - 17 所示。

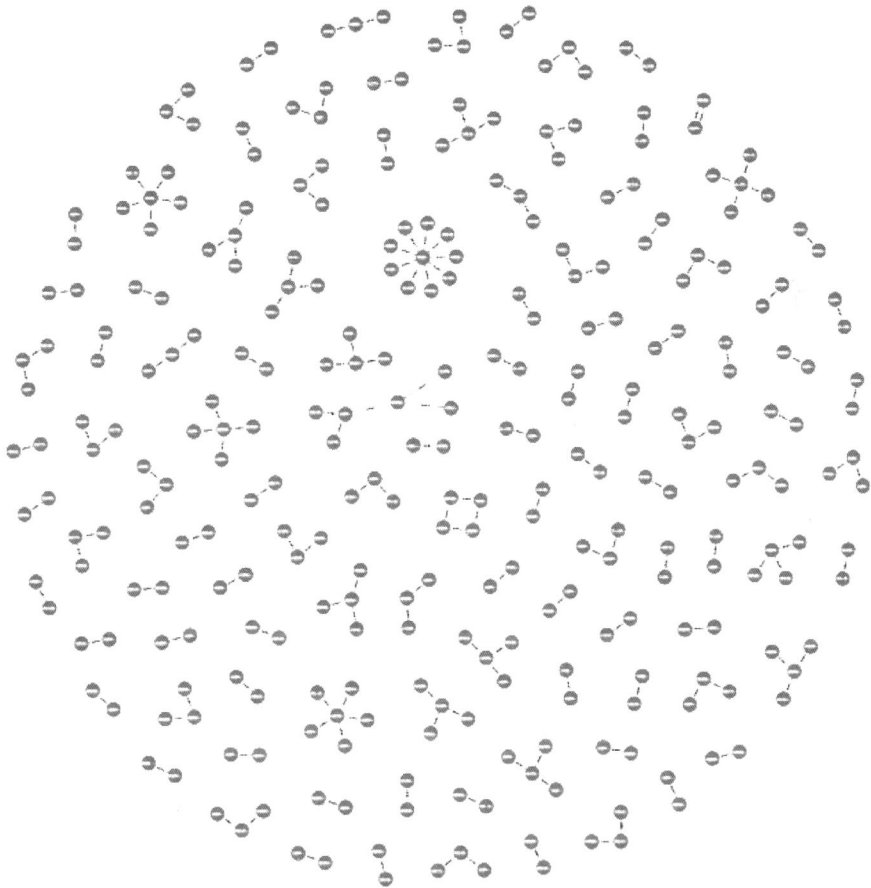

图 8 - 17　"长征 5B 失控"网络舆情事理图谱

由于微博舆情的演化过程很复杂，其事件对的呈现关系并不拘泥于因果关系和顺承关系，同时还存在着其他作用关系。因此，网络舆情的演化脉络是多方面的因素相互作用的结果。在对舆情演化路径进行解释的过程中，需要判别和处理事件对的

①　魏明珠，张海涛，周红磊.信息生态视角下网络舆情生态多维图谱构建研究［J］.情报科学，2021，39（6）：10-18；54.

时序关系,与此同时,要结合舆情发生的背景材料进行综合分析,通过观察网民对舆情的关注度、评论以及"点赞"的数量变化,科学并准确定位舆情演化过程中发生重要转折的节点,并对舆情的演化特点、演化原因和成为关键节点的事件进行阐述,从而清晰地展示舆情的演化过程。[①] 网络舆情演化路径示例图如图8-18所示。

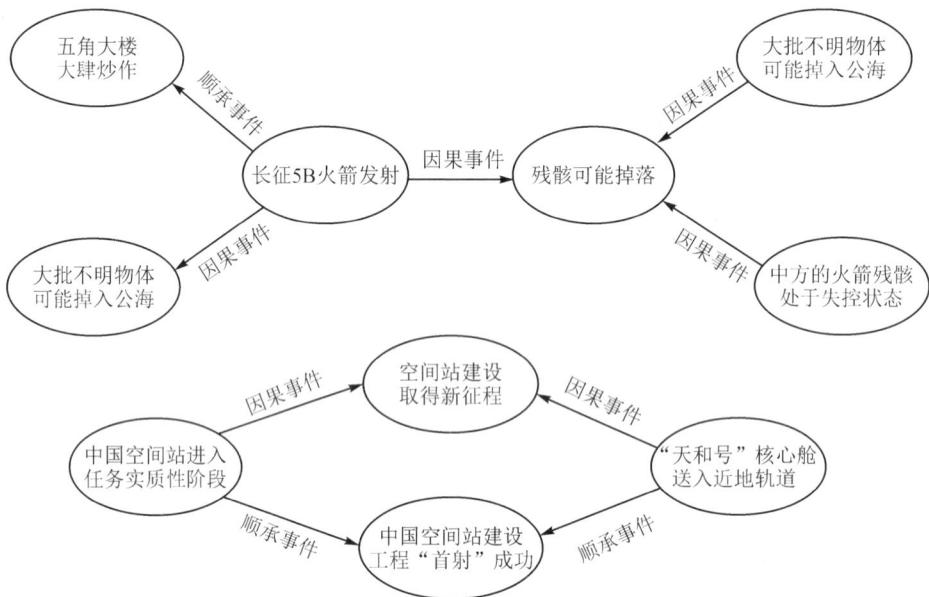

图8-18 "长征5B失控"网络舆情演化路径示例图

从图8-18可以看出事件演化链条,"长征5B火箭发射"→"长征5B残骸可能掉落","引发舆情事件"→"大批不明物体可能掉入公海"→"五角大楼大肆炒作"。在一系列事件的发展过程中,可以看出,大批不明物体可能掉入公海→五角大楼大肆炒作,该事件的发生链条就是顺承关系事件。

8.2.5 网络舆情事理图谱演化路径分析

1. 原因事件演化路径分析

原因事件演化路径主要是基于原因事件和结果事件之间的连接,引导舆情的走向,事件在刚刚发生的时候往往能够引起微博用户的关注,通过评论和转发等用户参与形式,能够看出舆情的热度在持续走高,随着事件的逐渐发展,其态势将趋于平稳甚至减弱,表现出舆情热度的下降,随着事件的终结,该舆情受到的网民关注度越来

[①] 张煊,夏南强,韩一士,杨雪梅.基于DEA模型的网络舆情政府应对效果研究[J].情报科学,2021,39(6):97-102;160.

越低,最终热度逐步消退。因此,随着事件热度的消退,原因事件的演化路径较短,且持续时间较短。①

2. 顺承事件演化路径分析

顺承事件的演化路径是基于事件的先后发生顺序而形成的一条链条,在顺承事件中,微博用户对事件的评论、关注和"点赞"等情绪表达方式的变化很容易引起舆论发展路径发生变化。在顺承事件的发展脉络中很可能存在其他事件贯穿于整个舆情的发展过程中,随着其他事件的加入,顺承事件演化路径的演化过程较长,且在演化的过程中存在交叉变化的特点。随着网络舆情事件的持续发酵,其演化脉络会不断延长,随着事件的持续跟进,演化路径也在逐渐发生变化。因此,顺承事件需要引起国家和政府部门的持续关注,尤其是当网民的情绪产生波动,导致舆情产生较多关键节点时,更需要有关部门加以调控和引导,②如图 8-19 所示。

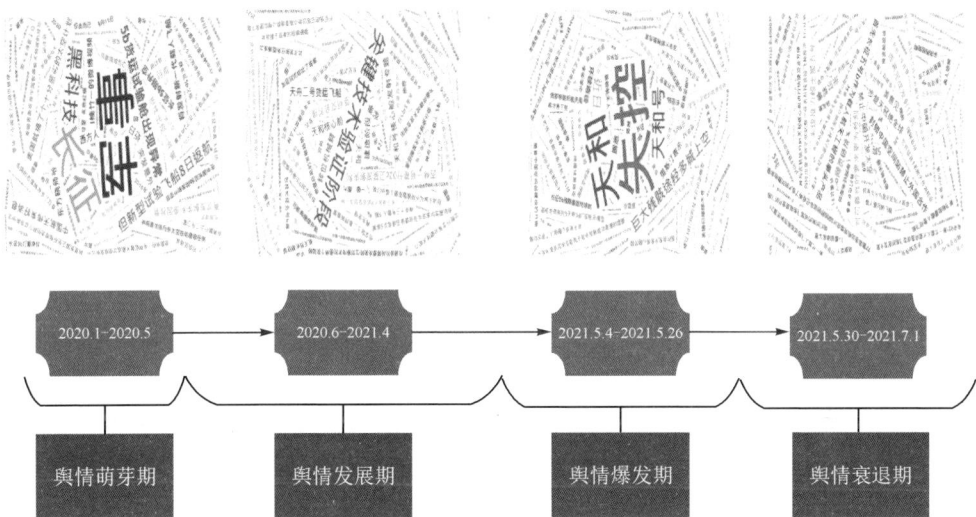

图 8-19　舆情演化路径及热点词频示意图

从图 8-19 可以看出,舆情的演化过程大致分为四个阶段,分别是舆情萌芽期、舆情发展期、舆情爆发期和舆情衰退期。其中,2020 年 1 月—2020 年 5 月是舆情的萌芽期,此时的舆情话题主要集中于"长征 5B 将于 8 月起航"这一事件;2020 年 5—2021 年 4 月是舆情的发展期,该阶段的舆情话题主要集中于"长征 5B 关键技术验证"这一话题;2021 年 5 月 4 日—2021 年 5 月 26 日是舆情的爆发期,该阶段的舆情

---

① 黄苏芬,司雯,穆亭钰.自媒体时代高校网络舆情管控与引导机制创新研究[J].情报科学,2021,39(4):62-67;91.

② 苏妍嫄,张亚明,刘海鸥.非传统安全威胁下网络群体集聚舆情传播治理研究[J].情报理论与实践,2021,44(6):138-145.

话题主要集中于"长征 5B'天和号'失控""巨大残骸途经多域上空"并引起了网民的热议;2021 年 5 月 30 日—2021 年 7 月 1 日是舆情的衰退期,此时的舆情话题主要包括"美禁止中国开发太空""中国圆满完成发射任务""长征 5B 运载火箭"和"'天和号'核心舱进入预定轨道"。

8.2.6　结　论

本研究通过对新浪微博"长征 5B 失控"这一话题的网络舆情事件进行分析,通过自编语言对该舆情事件的舆情数据进行爬取,在对舆情数据进行清洗和处理的基础上,提取了事件的因果关系对和顺承关系对,并与事件发生的时间顺序相统一。应用事理图谱的相关理论,对网络舆情的图谱进行可视化呈现,从而揭示"长征 5B 失控"主题网络舆情的演化路径,并进一步阐述该舆情发展的特点和规律。

对因果关系的识别能够动态揭示事件的演化方向和演化脉络。通过因果关系的演化路径能够清晰地识别出舆情发生时各事件的变量关系,基于因果关系,能够分析出舆情的产生、发展、高涨以及消退的整个过程。其中通过对因果事件发展路径的追踪能够准确地识别出事件爆发的根本原因,在动态追踪其发展趋势的同时,相关部门要有针对性地进行预警和干预,尤其当网民的情绪波动较大时,应该对事件的发展加以控制,避免次生危机的出现。[①]

网络舆情的演化过程是动态的、不规律的,且是复杂的。网络舆情在传播的过程中呈现多级性的特点,这与舆情事件本身有很大的关系。网络舆情事理图谱中的顺承关系是由多种原因事件随着时间的推移而演化产生的,其中,事件的发展很容易造成次生危机的出现,与此同时,不同的时间节点以及顺承事件的演化发展很容易使舆情的演化朝着不同方向发展。因此,相关部门通过挖掘网络舆情事理图谱关键节点,能够在第一时间把握舆情的发展态势,并对舆情的发展进行监控,消除负面舆情事件的影响。[②]

[①] 黄苏芬,司雯,穆亭钰.自媒体时代高校网络舆情管控与引导机制创新研究[J].情报科学,2021,39(4):62-67;91.

[②] 刘继,武梦娇.基于贝叶斯网络的网络舆情态势评估分析——以"新冠肺炎疫情"事件为例[J].情报杂志,2021,40(3):187-192;103.

第9章　智媒时代网络舆情
生态图谱及态势预测

网络舆情态势预测是对公众在意见和情绪方面的变化进行分析和预测的过程。这一过程需要多学科的知识和技术的支持,是一项非常复杂却又极具价值的工作,对于管理公众舆论、把握市场机会、保护品牌声誉作用深远。而生态图谱则为网络舆情态势预测提供了多层次、多维度的工具和平台,使个体和机构能够更全面地理解舆情的发展与演化,提高个体和机构的环境适应能力,从而更好地应对舆情危机。

9.1　太空网络舆情生态多维图谱构建研究——
以"长征5B失控"事件为例

本研究重点讨论利用知识图谱的方法构建太空网络舆情生态的多维图谱,能够更好地呈现不同舆情主体和客体之间的关联关系,为引导和管控太空网络舆情事件提供理论支撑和指导;利用社会网络分析方法、TF-IDF主题提取方法,提取出太空网络舆情生态的主体名称和主题特征词,结合"长征5B失控"事件对舆情进行分析,从而构建多维图谱,可以对舆情事件的关联关系进行解析,把握舆情事件的演化脉络。多维图谱有助于更好地分析太空网络舆情事件中的舆情发展过程,了解舆情演化的基本路径。

9.1.1　引　言

随着生态文明建设逐步纳入中国特色社会主义总体布局,网络舆情生态建设已经成为国家推进网络安全和信息化事业建设的重要举措。习近平总书记指出:"网络空间是亿万民众共同的精神家园。"人民群众既是网络内容生产、传播的参与者,也是评判传播效果的裁判员。在新形势下,若想构建良好网络舆论生态,应转变宣传理念、手段和组织方式,整合更多可用资源,以开放的平台吸引广大用户参与新闻信息生产传播。在坚持正确的政治方向、舆论走向、价值取向的前提下,以人民群众的需求和口碑来检验效果,提高内容的吸引力和感染力,提升网络舆论引导工作的质量和水平;与此同时,要充分借助技术手段增强传播实效,不断提高内容传播的精准性,把握舆论引导的时效性。[①] 本研究立足于总体国家安全观视角,分析网络舆情生态的

---

① 丁伟. 以人为中心构建良好网络舆论生态[J]. 新闻战线,2020,(19):34-38.

构建方法及构建过程,采用社会网络分析方法构建网络舆情参与主体之间的动态关系,识别关键节点在网络舆情事件中所起到的关键作用,通过构建主题图谱、主体图谱、主题-主体-时空图谱,展示出网络舆情生态的全貌,为国家网络舆情生态治理提供参考。

9.1.2　相关理论及文献回顾

1. 信息生态

信息生态(Information Ecology)概念最早是由美国学者霍顿(F. W. Horton)于1978年提出的,他将生态学的视角引入信息学领域,主要用于考察信息在组织内的流动状态,他认为信息是为了满足用户的需求而经过加工处理后得到的数据,信息并不是独立运行的,而是受到整个生态系统的影响。[①] 托马斯·H.达文波特(Thomas H. Dauenpert)在信息生态内涵的基础上进一步提出了信息生态学的定义,他认为,信息生态学主要研究信息人、信息、信息环境之间相互影响和相互作用的关系。[②] 与此同时,信息生态理论也在不断完善和发展,并广泛应用于信息学的各个领域,近20多年来,随着数据总量的急剧增加,利用信息生态理论展开研究已经成为一个新热点。[③]

2. 知识图谱

知识图谱(Knowledge Graph)又称科学知识图谱,普遍应用于图书馆领域,是一种将知识的发展脉络通过一系列图示进行展示,基于可视化方法描述不同主体之间的关系,从而显示、挖掘、分析和构建不同主体之间相互联系的图谱。通过将应用数学、图形学、信息可视化技术、信息科学等学科的理论与方法与计量学引文分析、共现分析等相关研究方法相结合,利用可视化的图谱形象地展示学科的核心结构、发展历史、前沿领域以及整体知识架构,从而达到多学科融合、协同的目的。

3. 文献回顾

在有关网络舆情的主题研究中,大多数学者较为关注对突发事件网络舆情的研究,微博网络舆情、政府网络舆情、企业危机事件、食品安全、野生动物网络舆情方面的研究也逐渐显现。网络舆情相关研究主要采用 Neo4j 图数据库方法、LDA 主题模

---

① 李龙飞,张国良.算法时代"信息茧房"效应生成机理与治理路径——基于信息生态理论视角[J].电子政务,2022,(9):51-62.

② 靖继鹏,张向先.信息生态理论与应用[M].北京:科学出版社,2017:12-13.

③ 丁波涛.基于信息生态理论的数据要素市场研究[J].情报理论与实践,2022,45(12):36-41;59.

型方法、①K-means算法、②Gompertz种群生长模型方法、③灰色关联分析方法等,以揭示网络舆情的整体群落结构以及舆情的演化脉络,并提出具体的解决策略。不同学者从不同的维度出发对网络舆情的相关内容展开了研究,并取得了较为丰硕的成果。然而研究成果更为倾向于关注舆情的传播与治理机制,较少立足于总体国家安全观视角针对舆情事件的舆情管控和引导提出治理路径,特别是近年来的新冠肺炎疫情、天和核心舱发射得到了众多学者的普遍关注,对网络舆情事件重点把握并及时疏导已经对国家及社会的稳定起到至关重要的作用。因此,对网络舆情事件的细粒度研究能够更进一步地推进其向应用层面的转化,使舆情生态治理成为政府治理的重要工具。

9.1.3　网络舆情生态的维度解析

1. 网络舆情生态

信息生态是由信息人(信息主体)、资源(信息客体)、环境(信息环境)组成的具有一定自我调节功能的系统。在社交网络中,网络媒介载体已经成为舆情发生的主要信息源及舆情发酵的关键渠道,社交网络中的用户拥有更多的主动权和话语权,可以通过互联网和社交网络直接参与到信息的传播和发布中,由此,互联网和社交网络共同构成了社会网络信息生态系统。社交网络舆情的产生、传播和演化是网络舆情生态系统中信息流传的典型案例。网络舆情主体、网络舆情客体以及网络舆情环境在网络热点事件的发展过程中相互影响。网络舆情的生态性是以网络的普及和应用为基础,以社交网络信息的内容为核心,以满足用户的服务为宗旨,通过网络媒体平台实现社交网络价值的增值以及重构生态体系的目的。④

2. 网络舆情生态的维度

(1) 主体维度

网络舆情生态的主体维度是指网络中的用户维度,以舆情主体为核心绘制的图谱。主体图谱体现的是用户之间的关联程度和群落结构,在网络环境中,通过构建主体图谱,能够清晰地观察到该主题下哪些用户属于权威用户并处于关键节点位置,哪些用户起着关键作用,能够引导舆情的走向,通过对该类用户进行跟踪,能够对判断

① 张雷,谭慧雯,张璇,韩龙. 基于LDA模型的高校师德舆情演化及路径传导研究[J]. 情报科学,2022,40(3):144-151. DOI:10.13833/j.issn.1007-7634.2022.03.018.

② 田世海,董月文,王健. 基于NRL和k-means的舆情事件聚类研究[J]. 情报科学,2021,39(2):129-136. DOI:10.13833/j.issn.1007-7634.2021.02.016.

③ 张蓓,凌晓亮. Gompertz分布顺序统计量的一些随机比较[J]. 数学的实践与认识,2020,50(8):224-228.

④ 魏明珠,张海涛,周红磊. 信息生态视角下网络舆情生态多维图谱构建研究[J]. 情报科学,2021,39(6):10-18;54. DOI:10.13833/j.issn.1007-7634.2021.06.002.

话题的走向起到智能引领的作用。通过构建该类主体图谱,能够看到哪些主体参与到了这个话题的讨论之中,从而便于明确权威用户,主动地将相关的知识传播给其他主体,使舆情引导有的放矢,激发活力,便于凝聚向心力。

(2) 客体维度

网络舆情生态的客体维度是指关于舆情话题的信息,话题信息是舆情参与主体在一定的时间和空间范围内针对社会热点事件和现象表达情绪和态度的总和。舆情的参与主体在不同的舆情生态载体中通过发布原创内容和新闻评论,从侧面表达出参与主体的社会需求,基于话题的具体内容,通过动态跟踪太空网络舆情事件讨论话题的相关主题,可以深度挖掘舆情话题背后所隐藏的社会热点事件,挖掘其背后的动因,进而改善并推动舆情生态建设。

(3) 时空维度

太空网络舆情生态的时空维度是指网络舆情的不同参与主体对舆情事件的关注度等测度指标随着时间推移而发生变化的整体过程。随着舆情发展特征发生变化,不同舆情参与主体的舆论表达所形成的舆情信息流构建了整个舆情空间网络中的关系结构,舆情发生的时间对舆情参与主体的行为能够产生极其重要的影响,同时,不同的舆情参与主体也会对现实的认同度发表他们的观点和想法,不同的参与主体由于受教育的背景不同,对舆情事件的看法和评论不同,也会影响着话题的演化和生态空间的韧性,因此,网络舆情生态的时空环境、舆情主体和舆情客体之间的相互作用共同使网络舆情生态图谱得以构建。

9.1.4 网络舆情生态多维图谱构建

1. 网络舆情主体图谱构建

本研究将采用社会网络分析方法对太空网络舆情生态的参与主体、不同主体之间的社群结构进行分析,进而识别出太空网络舆情中的关键节点,探究舆情发展的整体态势,绘制网络舆情的主体图谱,通过分析各参与主体的行为特征,能够多层次地展现出舆情中参与主体的地位、作用和效果。

2. 网络舆情客体图谱构建

网络舆情参与客体主要通过展示舆情的主题内容,提取出主题内容的关键词,利用知识图谱理论和方法对数据进行抽取、整合并予以可视化呈现,进一步呈现出主题的基本特征,通过对多维特征属性词语的提取,能够全方位展示出网络舆情演化的基本规律,并在此基础上探究出话题所体现的整体社会需求。

(1) 舆情话题热度分析

通过对网络舆情生态话题主题内容的词频进行统计分析,能够识别出舆情关键词出现的频次,进一步确定舆情话题的热度,识别舆情话题的主要内容,确定舆情话题演化的发展阶段,基于网络舆情的话题内容,生成话题词云画像,从多个角度呈现话题演化的整体态势。

(2)舆情话题演化分析

通过对舆情话题的演化进行分析,能够反映出整个舆情网络重点关注的舆情特征词,了解舆情事件中舆情主体所关注的主要舆情事件的内容,与此同时,能够将客体的图谱信息进行可视化地呈现,便于分析舆情的整体发展态势和舆情的走向,间接体现出不同舆情参与主体对舆情事件的整体关注度,能够为后续的舆情引领奠定坚实的基础。

3. 网络舆情时空演化图谱构建

网络舆情时空演化图谱主要是对网络舆情的时空演化数据进行测算,通过采用社会网络复杂性分析方法,计算出度中心性、平均路径系数和聚类系数等相关指标。

9.1.5　案例分析

近年来随着航天事业的发展,人们对太空的关注度持续升温,太空网络舆情作为一个新的领域开始得到众多专家和学者的关注,如果对太空网络舆情事件的处理不当,将会造成极其严重的后果。因此,本研究以太空网络舆情事件为例,构建网络舆情的多维图谱,为舆情管控与引导提供支撑。

1. 数据获取

本研究对微博主题"长征 5B 失控"热度榜单的数据进行 Python 爬取,爬取时间为 2021 年 7 月,共爬取数据 1 541 条,爬取内容包括发帖时间、发帖标题、"点赞"数量、评论数量、转发数量、收藏数量、评论者的名称、评论的时间等,通过对字段的数据进行清洗、处理、过滤等预处理工作,从而为构建多维图谱奠定基础。

2. "长征 5B 失控"舆情社群结构分析

社群结构是一个由节点和边共同构成的社会网络,该社会网络突出了参与主体的网络位置,也彰显出主体的作用,主体之间的传递关系能够揭示出整个网络的舆情演化方向。信息是在参与主体之间流动的,每个参与主体都会推动着信息向各个方向流动,从而加速了舆情的传播速度。同时,有向线段的高密集节点是整个社群的中心,能够促进整个网络舆情的快速流动,也可以认为该类节点是整个舆情传播的关键节点。相较于网络中的关键节点,舆情事件中也存在着边缘节点,这些节点在整个社群的边缘活动,在整个网络舆情事件中扮演着被动参与者的角色,与主体的互动较少,并没有频繁地参与到整个网络舆情事件治理过程中,如图 9-1 所示。

3. "长征 5B 失控"舆情客体图谱构建

应用 TF-IDF 主题模型方法提取与"长征 5B 失控"事件相关的太空网络舆情发

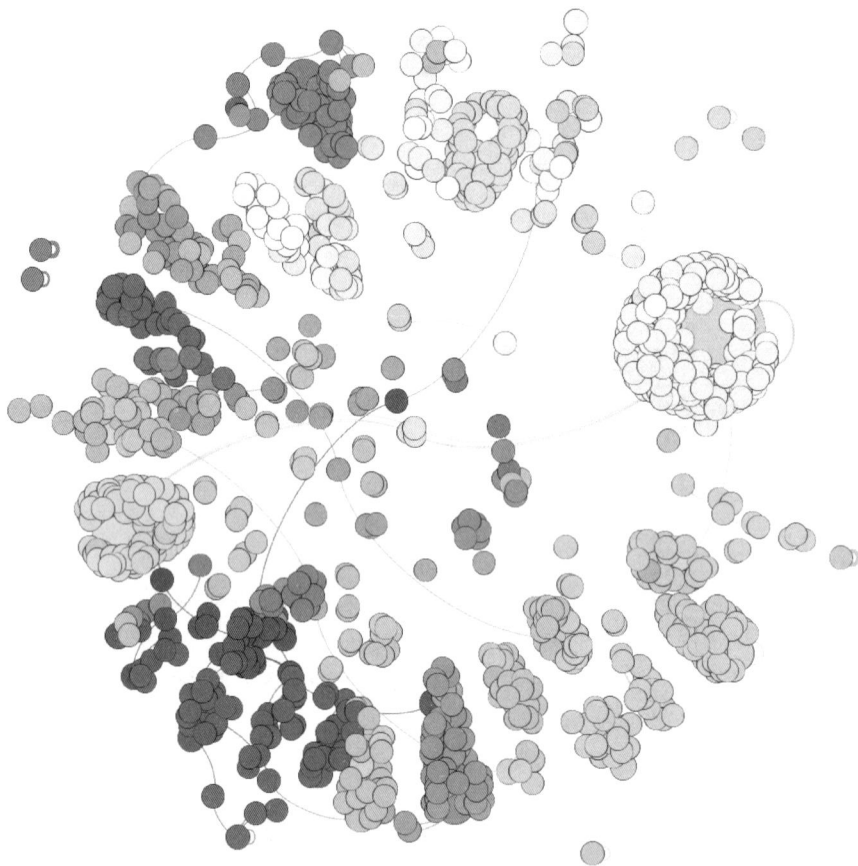

图 9 - 1　网络舆情主体社群结构图谱

表主题关键词,并将模型得出的相关度与参与话题的主体进行匹配,从而得出其客体图谱。通过计算话题的数目,提取出相关度较高的值域,并将话题的内容与话题的讨论关系进行可视化呈现,从而能够进一步确定舆情话题的演化脉络和演化方向,所构建图谱的平均度为 2.074,平均加权度为 2.189,网络直径为 1,模块化为 0.552,具体结果如图 9 - 2 所示。

从该客体图谱中能够看出,用户较为关注的主题信息包括"5B""长征"等特征词,这些特征词处于整个网络的核心位置;与此同时,"运载火箭""空间站"以及"卫星"等词也出现在整个图谱中,说明用户的发帖内容与这些关键词有着密切的关系,进而能够了解整个舆情事件的整体发展态势。

为了进一步展示出舆情在不同时间段的演化特征,可以将舆情的整个周期分为四个阶段,分别为舆情萌芽期、舆情发展期、舆情爆发期和舆情衰退期,其中,2020 年1 月—2020 年 5 月是舆情的萌芽期,2020 年 6 月—2021 年 4 月是舆情的发展期,2021 年 5 月 4 日—2021 年 5 月 26 日是舆情的爆发期,2021 年 5 月 30 日—2021 年

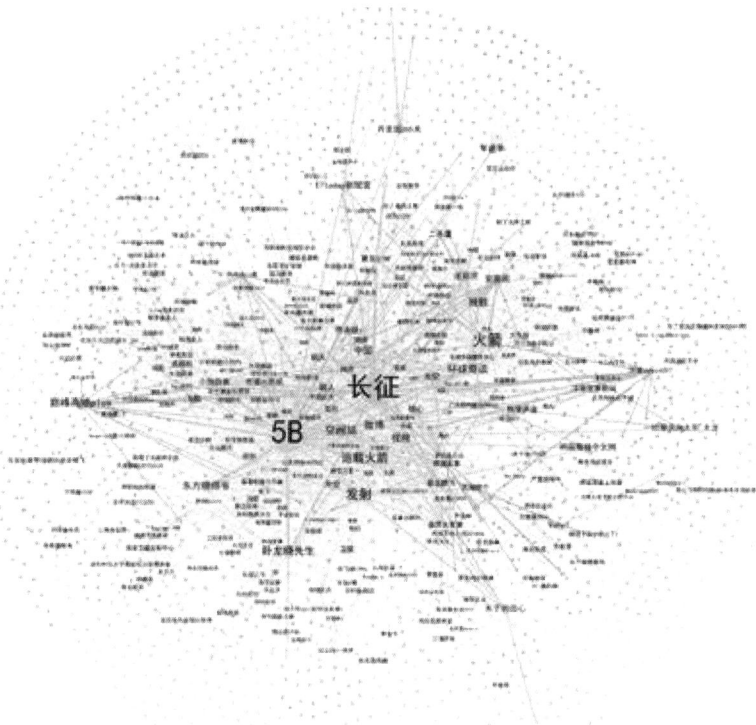

图 9 - 2　网络舆情客体图谱

7月1日是舆情的衰退期。

在舆情的萌芽期,用户主体将更为关注"长征5B"将于8月起飞这一事件;在舆情的爆发期,用户更为关注"长征5B'天和号'失控""巨大残骸途经多域上空"等话题。因此,可以看出在不同的时间段内,用户主体所关注的舆情话题将会产生较大的不同。

9.1.6　结　论

本研究通过对新浪微博"长征5B失控"事件这一话题相关数据进行分析,应用信息生态的相关理论和方法,构建了太空网络舆情的三个维度,即主体维度、客体维度和时空维度,通过自编语言对微博太空网络舆情事件的舆情数据进行爬取,并在对数据进行清洗和处理的基础上,采用社会网络分析方法刻画太空网络舆情的社群图谱和客体图谱,与此同时,利用 TF-IDF 方法对话题的内容提取了高频特征词,通过构建多维图谱,能够清晰地展示不同参与主体、客体之间的关系,便于揭示"长征5B失控"网络舆情的演化态势,更好地阐述其发展规律。

9.2 网络舆情热点话题的超网络建模及态势预测

网络舆情安全是社会安全的重要组成部分,微博作为一种特殊的社交媒体,除了蕴含大量的短文本信息外,还与多种非文本信息交织在一起,这些信息能够反映网络舆情热点话题的形成及演化过程。如何从多源异构的文本中识别出热点话题,并对舆情事件的发展态势进行预测,已经成为当前舆情研究的重点。通过利用超网络理论对突发网络舆情事件进行建模,可以构建主体子网、客体子网、信息子网、时序子网和情感子网的超网络模型,应用社会网络分析以及深度学习等算法对网络舆情的观点权重进行测算,从而识别出网络舆情的关键节点。研究结果表明,不同子网对网络舆情的演化和发展均会产生重要的影响,社会网络分析算法能够准确测算出网络舆情的关键节点。本研究应用超网络理论构建不同子网,对网络舆情的热点话题进行分析,预测网络舆情演化态势,后续有必要扩大研究样本,使得研究结果具有更好的通用性。

9.2.1 引 言

在智媒体时代,智能化、个性化、精准化技术手段的发展为热点话题的出现创造了非常有利的条件,使传播速度空前加快。意识形态层面的热点事件代表了不同用户在危机事件中的立场和现实诉求,容易导致错误信息或观念加剧,引发次生舆情危机甚至群体攻击行为、造成群体极化等,对国家和社会造成威胁,给治国理政带来前所未有的挑战。[①] 习近平总书记在党的二十大报告中提出了要"坚定维护意识形态安全""推动公共安全治理模式向事前预防转型"的重要论断,[②]在推动安全工作高质量发展的进程中,社会网络分析因具有强大的网络关系识别和描述能力,已经成为分析舆情传播要素和运行机理的重要方法。超网络理论作为社会网络关系的分析方法,更是能够从多层、多级、多维、多属性角度描述社交网络舆情的特征,深层次刻画舆情传播过程中用户间的复杂交互行为。因此,本研究试图构建网络舆情热点话题的超网络模型,分析舆情传播的主题和关键节点,预测舆情传播的态势并揭示舆情演化路径,为社交媒体中的舆情引导和治理提供理论支撑和实践依据。

9.2.2 相关概念及理论基础

1. 超网络理论

作为研究各种元素在复杂系统中的关系以及网络结构的超网络理论被广泛运用于生物网络、社交网络、交通网络和信息网络等不同领域。该理论的发展与超图概念

---

① 贾若男,王晰巍,王楠阿雪.突发事件网络舆情群体极化风险评估研究[J].图书情报工作,2024,68(6):83-92.

② 陈一新.完善社会治理体系[N].人民日报,2023-01-11(9).

的提出密切相关。超图是数学和计算机科学中的一个概念,是对图论的扩展,最早提出超图理论的贝尔热(C.Berge)[1]将超图中的边称为超边,超边可以将同一条边中两个及两个以上的节点连接起来。超图可以帮助描述超网络中元素之间的非对称关系以及多对多关联的特性,为超网络理论提供对应的研究工具。紧随其后,安娜·纳格尼(Anna A. Nagurney)等[2]提出了超网络结构,该结构由超图描述,是包含多个子网的复杂系统,不同子网又包含不同类型的节点和边。随着超网络理论的发展,一些学者也在该理论基础上构建了舆情图谱,譬如,张鑫蕊等[3]构建了信息主体、信息文本及信息基因超网络图谱;周欢等人[4]构建了包括社交、时序、情感、话题以及观点等子网结构的舆情超网络图谱。

2. 态势感知理论

态势感知理论最早源于战场指挥系统,主要用来评估复杂的战场态势,从而制定下一步行动方案。随着态势感知理论的发展,不同学者也将该理论应用到了网络舆情的相关研究中,具体如表 9-1 所列。

表 9-1　基于态势感知理论的舆情相关研究

年　份	作　者	题　　目	观　　点
2023 年	周欢等[5]	基于超网络的高校网络舆情态势感知及传播分析	感知舆情发展态势,厘清演化的特征和规律
2023 年	赵振营[6]	意识形态视角下网络舆情态势感知方法研究	获取态势感知数据,提出检测态势感知行为事件的感知方法
2022 年	温志韬等[7]	基于演化建模的突发事件网络舆情态势感知分析	感知网络舆情演化态势,从不同视角显示舆情演化的特征
2020 年	李俊磊[8]	大数据在网络舆情信息监测与态势感知平台应用	构建网络舆情态势感知平台,实现对舆情事件的预测
2019 年	许建豪等[9]	高职网络舆情态势感知模型研究与关键技术分析	构建高职校园建设的高层次态势感知模型和感知体系结构

① BERGE C. Graphs and Hypergraphs[M]. New York:Elsevierer,1973.

② NAGURNEY A,DONG J. Supernetworks:Decision-Making for the Information Age[M]. [S. l.]:Elgar,Edward Publishing,Incorporated,2002.

③ 张鑫蕊,张海涛,栾宇,张春龙.突发事件信息协同超网络的构建方法研究[J].情报学报,2023,42(9):1040-1051.

④ 周欢,张培颖,黄晓怡,等.事件系统视角下网络舆情态势感知研究[J].情报杂志,2024,43(2):135-142;117.

⑤ 周欢,张培颖,王嘉仪,等.基于超网络的高校网络舆情态势感知及传播分析[J].情报理论与实践,2023,46(8):131-137;164.

⑥ 赵振营.意识形态视角下网络舆情态势感知方法研究[J].情报科学,2023,41(1):152-157;173.DOI:10.13833/j.issn.1007-7634.2023.01.018.

⑦ 温志韬,夏一雪.基于演化建模的突发事件网络舆情态势感知分析[J].情报杂志,2022,41(9):71-78.

⑧ 李俊磊.大数据在网络舆情信息监测与态势感知平台应用[J].电子技术,2020,49(7):41-43.

⑨ 许建豪,王厚奎.高职网络舆情态势感知模型研究与关键技术分析[J].大众科技,2019,21(9):4-6.

基于以上分析,本研究将全面考虑网络舆情传播各个要素之间的作用关系,构建超网络结构模型,依据态势感知理论预测热点事件网络舆情的发展进程,为舆情管控和引导提供一种新的思路。

9.2.3 网络舆情热点话题超网络模型构建

1. 研究框架

本研究通过构建网络舆情热点事件的超网络模型,利用超网络多层、多级、多维以及多属性的结构特点,描述网络舆情传播的关键要素、传播态势和传播过程。此前已有学者尝试将超网络方法应用到微博舆情研究中,如梁晓贺等人[①]构建了微博舆情主体发现超网络模型,包括"社交子网""时序子网""情感子网"和"关键词子网";尚艳超等人[②]构建了"话题"和"用户"两个维度的超网络模型;张连峰等人[③]将微博舆情超网络分为五层,分别是"环境子网""社交子网""内容子网""情感子网"、"时序子网"。本研究在这些研究的基础上深入分析超网络模型的同质节点与异质节点之间的关联关系,将超网络模型分为主体子网、客体子网、信息子网、时序子网和情感子网五个部分,如图9-3所示。

首先,利用Python爬虫采集网络舆情热点话题的数据信息,主要包括主题名称、评论内容、发帖时间、转发人、评论数、点赞数和转发数等。

其次,根据提取的舆情信息以及关联关系,构建包含主体、客体、信息、时序以及情感五层子网的超网络模型。

最后,基于超网络的超边属性及相关算法识别网络舆情的热点话题、关键节点以及传播路径。

2. 超网络子网构建

本研究结合网络舆情传播要素以及微博平台的特点,将子网之间通过超边进行连接,一般以虚线的形式来表示,每一条超边都代表一条舆情信息,由社交媒体用户、时间节点、情感阈值以及相关话题和观点相互连接而形成,将各个子网内部的关系连接起来,从而形成超网络结构。

(1) 主体子网

主体子网主要用来描述在网络舆情热点话题传播过程中发表观点和看法的用户,用户与用户之间通过评论、"点赞"和转发等形式建立起不同主体之间的连接;与

① 梁晓贺,田儒雅,吴蕾,张学福.基于超网络的微博相似度及其在微博舆情主题发现中的应用[J].图书情报工作,2020,64(11):77-86.

② 尚艳超,王恒山,王艳兵.基于微博上信息传播的超网络模型[J].技术与创新管理,2012,33(2):175-178.DOI:10.14090/j.cnki.jscx.2012.02.025.

③ 张连峰,周红磊,王丹,等.基于超网络理论的微博舆情关键节点挖掘[J].情报学报,2019,38(12):1286-1296.

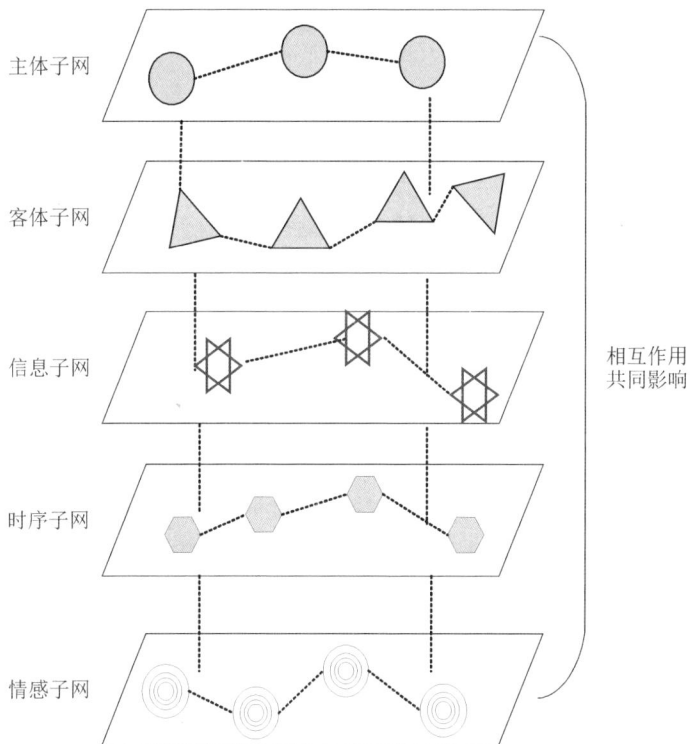

图 9 - 3 超网络模型构建

此同时,主体子网包含若干个不同用户的节点,这些节点之间通过相互传播信息而紧密聚集在一起。

(2) 客体子网

客体子网主要用来描述舆情传播过程中舆情信息所针对的具体事件,也是舆情传播的重点内容,因此,客体之间的相近程度以及内容之间相互关联的程度也是本研究所考虑的重点内容。在构建客体子网时,通过将微博话题划分为不同的主题作为子网节点,以话题是否在同一条微博中出现来构造无向边。

(3) 信息子网

信息子网主要用来描述舆情主体的态度和观点,由舆情信息中所包含的关键词和特征词构成。以关键词和特征词对语义关联性进行划分,从而构建信息子网的节点,并以不同观点是否在同一条微博中出现来构造无向边,进而实现对信息子网的构建。

(4) 时序子网

时序子网主要用来描述舆情发展的不同阶段和舆情演化的程度。依据生命周期理论,舆情话题演化的过程主要包括四个阶段,分别为萌芽期、成长期、成熟期和衰退期。在构建时序子网时,以时区作为子网内的节点,以相邻时区之间的转化关系构造无向边,从而为舆情主题划分提供依据。

(5) 情感子网

情感子网主要用来描述舆情话题传播过程中舆情主体的情感态度和情感倾向。目前,大多数研究都将情感子网划分为三种情感态度,分别是积极态度、消极态度和中性态度。因此,本研究通过构建情感词典,对微博舆情文本进行情感打分,所得分值作为子网节点,不同情感间的转化关系作为无向边。[①]

3. 超网络结构分析

(1) 主题发现

在主题发现领域内,通过向量空间模型能够对网络舆情热点话题的关键词和舆情观点进行文本聚类,但是无法准确地测度微博短文本的相似度。因此,本研究融入超边相似计算方法,与此同时,考虑到仅通过关键词信息来表示舆情内容及观点的方式准确度较低,因此,需要对文本数据进行提取,以简练的语句形成微博热点话题,从而能够减少因语句复杂而造成的主题分类误差。[②]

1) 主体相似度。

主体相似度表示为 $\text{sim}^{\alpha}(\mathbf{AE}_i, \mathbf{AE}_j)$,是根据主体子网中用户之间的评论、"点赞"以及转发关系来计算超边的主体相似度,利用 $\text{row}_i = (R_{i,1}, R_{i,2}, \cdots, R_{i,n})(i=1, 2, \cdots, n)$ 表示超边 $\mathbf{AE}_i$ 的转发关系,当主体不同节点之间有转发、评论、"点赞"关系时 $R_{i,j}$ 记为 1,否则为 0。[③]

2) 客体相似度。

客体相似度表示为 $\text{sim}^{\beta}(\mathbf{AE}_i, \mathbf{AE}_j)$,是指提取出网络舆情话题中的客体信息,并将其划分为不同的客体类型,基于自然语言处理以及人工标注等方法,从而减少话题的误差。应用 TF-IDF 算法计算话题不同类型的权重,得出超边话题向量 $\mathbf{AE}_i = (u_1, u_2, \cdots, u_n)$ 和 $\mathbf{AE}_j = (u'_1, u'_2, \cdots, u'_n)$,其中,$u'_i = tf'_{Ti} \times idf'_{Ti}$。

3) 信息相似度。

信息相似度表示为 $\text{sim}^{\gamma}(\mathbf{AE}_i, \mathbf{AE}_j)$,是对微博中的舆情数据文本进行分词处理,利用余弦相似度计算关键词权重并分类得到若干观点作为信息子网的节点,从而得到超边观点向量 $\mathbf{AE}_i = (p_1, p_2, \cdots, p_n)$ 和 $\mathbf{AE}_j = (p'_1, p'_2, \cdots, p'_n)$,其中,$p'_i = tf'_{Ti} \times idf'_{Ti}$。

① 杨湘浩,阚顺玉,叶旭,等. 基于超网络的突发事件网络谣言传播模型研究[J]. 情报理论与实践,2021,44(10):129-136. DOI:10.16353/j.cnki.1000-7490.2021.10.017.

② 张鑫蕊,张海涛,栾宇,等. 突发事件信息协同超网络的构建方法研究[J]. 情报学报,2023,42(9):1040-1051.

③ 刘晋霞,侯倩倩,杜静,等. 子话题及词汇关联视角下的新兴领域热点主题演化研究[J]. 情报杂志,2023,42(3):123-129.

4）时序相似度。

时序相似度表示为 $\sin^t(\mathbf{AE}_i, \mathbf{AE}_j)$，是将舆情事件从发生到消退的时间跨度基于生命周期理论划分为 t_1、t_2、t_3、t_4 四个时间段，并将其量化。[①]

5）情感相似度。

情感相似度表示为 $\sin^\delta(\mathbf{AE}_i, \mathbf{AE}_j)$，是对微博舆论的文本进行基于 CNN-LSTM 模型的结合，通过将其汇集输入 LSTM 层，计算其情感极性，并进行情感打分 $sent_i$。[②]

根据研究可知，任意两条超边之间相似度的计算公式为

$$\text{SuperEdge}(\mathbf{AE}_i, \mathbf{AE}_j) = \sin^\alpha(\mathbf{AE}_i, \mathbf{AE}_j) + \sin^\beta(\mathbf{AE}_i, \mathbf{AE}_j) + \sin^\gamma(\mathbf{AE}_i, \mathbf{AE}_j) + \sin^t(\mathbf{AE}_i, \mathbf{AE}_j) + \sin^\delta(\mathbf{AE}_i, \mathbf{AE}_j)$$

（2）关键节点识别

在网络舆情的传播过程中，通过识别出关键节点，能够发现舆情的走势。结合网络舆情意见领袖影响力较大且影响的人群较多、影响范围较广、专业性较强、活跃度较高的特点，将社会网络分析方法引入关键节点识别的过程中，通过计算出度中心性、平均路径系数和聚类系数等相关指标，对舆情传播的关键节点进行识别。[③]

1）度。

度表示某客体与其他客体相连的个数，能够反映出该客体处于整个网络舆情中心位置的程度。度值越大，代表该客体所在的中心度越高。

2）平均聚类系数。

平均聚类系数表示两个客体之间距离最短路径边数的平均值，能够反映出网络舆情发展的整体性质，其公式为

$$L = \frac{1}{\frac{1}{2}n(n-1)} \sum_{i>1} d_{ij}$$

其中，L 为平均路径长度；n 为节点数；d_{ij} 为客体到主体之间的最短路径系数。L 越小，说明网络舆情整体的联系越好，网络空间结构的效率越高。

3）聚类系数。

聚类系数表示两个邻近客体之间相互联系的紧密程度，其公式为

$$C_i = \frac{2E_i}{K_i(K_i - 1)}$$

其中，C_i 为该客体的聚类系数；E_i 为客体 i 的邻接数值间实际存在的边数；K_i 为客

① 王康，陈悦，苏成，等.多维视角下科学主题演化分析框架[J].情报学报，2021，40(3):297-307.

② 程亚男，王宇.基于语义情感相似度的问答社区答案排序研究[J].情报科学，2018，36(8):72-76;83. DOI:10.13833/j.issn.1007-7634.2018.08.012.

③ 张霁阳，张鹏，李思佳，等.基于实时社会网络分析的突发舆情事件动态意见领袖识别方法研究[J].情报杂志，2023，42(9):109-116;126.

体 i 的度数。C_i 的数值越大,表示该客体和主体 i 与邻近地区的联系越为紧密。

整体网络的聚类系数 C 的公式为

$$C = \frac{1}{n} \sum_{i=1}^{n} C_i$$

其中,C 为网络平均聚类系数;C_i 为客体 i 的聚类系数;n 为网络的客体总数。C 值越大,整个网络的局部联系越明显。

网络舆情关键节点评价指标如表 9-2 所列。

表 9-2 关键节点评价指标

指 标	定 义
节点度	某节点与参与组成的超边数
接近中心度	一个点到其他所有点的距离总和的倒数
平均聚类系数	任意两个节点之间的最少超边数
聚类系数	任意两个节点之间的最短距离

根据对网络结构中不同点的识别结果,有助于从不同角度诠释舆情传播过程中的关键节点,从而提升舆情态势感知效果。

(3) 传播路径分析

网络舆情热点事件的传播路径分析就是在舆情传播的过程中,由不同的社交媒体相互进行评论、转发从而形成的传播态势。本研究通过超网络结构分析,对舆情在不同阶段的观点和立场进行态势分析,与此同时,在舆情传播态势感知的基础上研究舆情整体传播过程,从而帮助舆情管控者对某一特定观点或特定信息追根溯源,为舆情引导提供依据。[①]

9.2.4　实证分析

1. 数据选取与处理

随着航天事业的迅速发展,航天发射任务吸引了大量用户的关注,2021 年 5 月 8 日,搭载天和核心舱的中国长征 5 号 B 运载火箭完成了发射任务,这在微博上引发了网民热议,并成为新浪微博舆情热点话题。因此,本研究选取"长征 5B 失控"话题为例展开研究,利用 Python 编程爬取微博内容,包括发帖时间、发帖标题、"点赞"数量、评论数量、转发数量、收藏数量、评论者的名称、评论的时间等,通过对字段的数据进行清洗、处理、过滤等预处理工作,为构建超网络奠定基础。

2. 超网络模型构建

根据所选取和处理的数据,对微博数据进行超网络模型构建,并对各个子网的情况进行分析,分析结果如下。

---

① 常宁,刘明强,范振坤,等.信息生态视角下热点舆论传播多点触发机制实证研究[J].情报科学,2023,41(11):120-127;169.

1) 在主体子网中,参与事件讨论的用户主体有 1 268 个节点以及 1 186 条边的连线,并以转发关系为边形成主体子网,如图 9-4 所示。

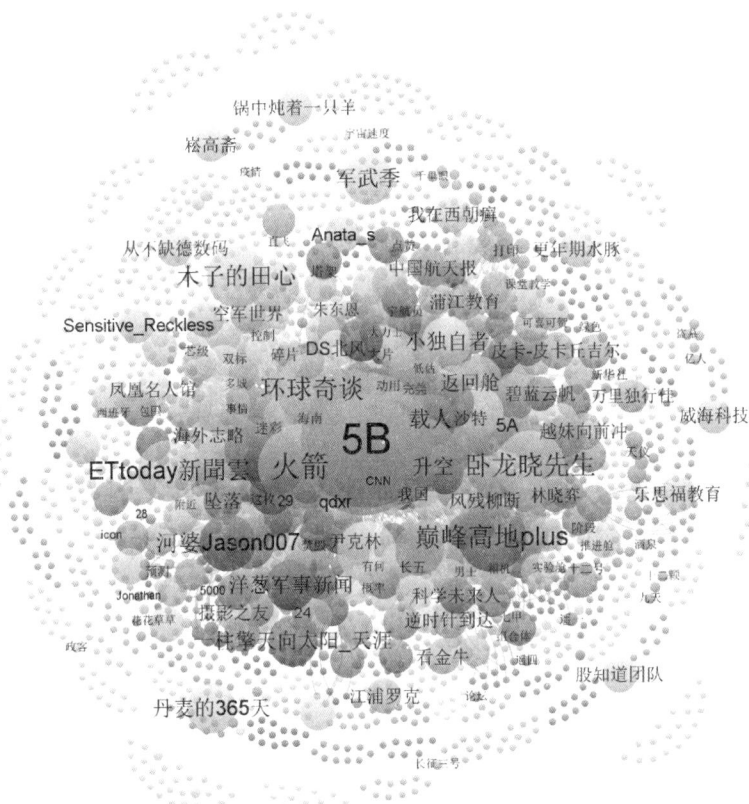

图 9-4　主体子网

2) 在客体子网中,有 1 541 条标题数据都与该事件存在着关联关系,根据内容相关性,将这些标题数据划分为四类并构成话题子网,划分结果如表 9-3 所列。

表 9-3　话题分类结果

客体节点	客体类型	客体内容
u_1	长征 5B 准备发射	美专家意见:禁止开发太空;设计"天和号"和长征 5B 运载火箭的图纸;美国的空间站 2024 年就要退役;日本计划于近期发射一枚火星探测器
u_2	长征 5B 发射成功	在轨飞行;太空核动力巨舰在俄罗斯出现;"天和号"核心舱即将搭乘长征 5B 运载火箭出征太空;长征 5B 火箭助推器碎片今已成功在印度洋上安全解体;空间站天和核心舱的发射
u_3	核心舱对接	天舟三号、神舟十三号也将陆续发射升空与核心舱对接
u_4	残骸坠落	长征 5B 火箭坠入印度洋;长征 5B 货运试验舱出现异常;长征 5B 失控,巨大残骸途经多城上空;中国长征 5B 火箭的末级残骸坠落;火箭部件在失控状态下重新进入地球大气;长征 5B 火箭坠入印度洋

3) 在信息子网中,首先,需要对从微博提取的数据内容进行分词和停用词处理,与此同时,对这些内容进行词频统计工作,最终得出观点分类结果,如表 9-4 所列。

表 9-4　观点分类结果

观点节点	观点划分	TF-IDF 提取关键词
P_1	火箭发射	火箭、空间站、残骸、载人、太空、飞船、核心舱、卫星、大气层、返回舱、火星、轨道
P_2	官媒态度	失控、失利、发射成功、出现异常、造成危害、炒作
P_3	网民观点	完美、强国、精准、稳扎稳打、高地、巅峰、异常、失败、抹黑
P_4	相关事件	载人飞船、运载火箭、猎鹰、马斯克、拖车、嫦娥月球、十二号、十三号、遥二、遥三
P_5	涉事主体	航天专家、宇航员、高校、美方

基于表 9-4 得出的观点分类结果,应用 TF-IDF 算法计算观点权重,如表 9-5 所列。

表 9-5　超边权重算法结果

超　边	P_1	P_2	P_3	P_4	P_5
AE_1	0.334 522	0	0	0	0.009 272
AE_2	0.334 522	0.048 502	0	0	0
AE_3	0	0	0.039 229	0.009 272	0
AE_4	0	0.048 502	0.039 229	0	0.009 272
AE_5	0.334 522	0	0	0.088 445	0.009 272

4) 在时序子网,按照舆情事件的时间跨度,从萌芽期、成长期、爆发期和衰退期四个阶段入手,对每个节点的时间跨度以及该节点主要话题的词云图进行可视化揭示,从而明确不同时段的舆情信息,如表 9-6 所列。

表 9-6　不同时段舆情信息划分周期表

时序节点	时　期	时　间	关键词
T_1	萌芽期	2022 年 1 月 10 日—4 月 9 日	长征、军事、发射、壮观、升空、发射场、异常
T_2	成长期	2022 年 4 月 10 日—5 月 6 日	失控、微博、火箭、掉落、造谣、无耻
T_3	爆发期	2022 年 5 月 7 日—5 月 10 日	西方、美国、火箭、掉落、失控、空间站、太空、回收、支持、大气层
T_4	衰退期	2022 年 5 月 11 日—6 月 1 日	印度洋、美国、火箭、残骸、发射、现场、可控、舆论、抹黑

通过网络舆情词云图可以看出,本次舆情的发展阶段共分为四个时期,分别为萌芽期(2022 年 1 月 10 日—4 月 9 日)、成长期(2022 年 4 月 10 日—5 月 6 日)、爆发期(2022 年 5 月 7 日—5 月 10 日)、衰退期(2022 年 5 月 11 日—6 月 1 日)。通过不同

阶段的舆情词云图能够看出,在第一阶段,即舆情的萌芽阶段,网民比较关注"军事""长征"以及"试验舱出现异常";在第二阶段,是网民比较关注的关键技术验证的阶段,此时舆情热度逐渐高涨,用户关注内容较为繁多;在第三阶段,即舆情的爆发阶段,网民的评论热情极其高涨,评论内容涉及"一步登天绝顶全球""圆满成功""禁止外国合作"等;在第四个阶段,即衰退阶段,网民更加关注"残骸""抹黑"等。

5)在情感子网中,通过爬取微博数据,对采集的数据进行预处理,应用 tokenizer 进行转序列,将数据集打乱,集成 CNN(卷积神经网络)和 LSTM 构建数据模型,并对模型进行训练和预测,从而计算热点事件的情感值。情感子网构建思路如图 9-5 所示。

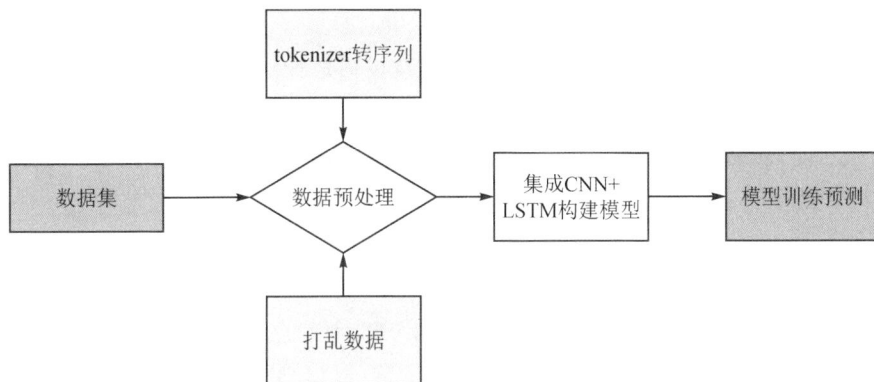

图9-5　情感子网构建思路

通过应用 Python 爬虫处理微博中的文本数据,应用 CNN 和 LSTM 对微博文本数据内容进行情感打分,测算评论数据的正向概率、情感极性和负向概率。具体思路如表9-7所列。

表9-7　情感打分结果

评论内容	情感极性	正向概率	负向概率
有一颗是属于我们的,祝福祖国航天事业越来越棒	2	0.999 98	1.996 35
祝祖国的航天事业越来越好	2	0.999 876	0.000 123 705
好棒,2018 年 12 月 7 日酒泉卫星发射中心长征二号丁运载火箭成功将沙特卫星发射升空,搭载发射 10 颗小卫星	2	0.999 823	0.000 177 203
美国上空出现的飞碟是不是就是美国人实验失败的产物	0	0:084 1613	0.915 839
感觉异常不等于失败,应该属于磕磕绊绊还是完成了任务,出了点小问题,但不影响任务本体	0	0.071 198 5	0.928 801
留下了足迹,期待回访	2	0.997 698	0.002 302 13
这玩意儿本来就是试验品,成了血赚、输了不亏那种	0	0.000 769 707	0.999 23

评论内容	情感极性	正向概率	负向概率
星空浩瀚无比,探索永无止境。继续加油	2	0.999 839	0.000 161 441
话说这个空间站叫啥名字? 中国空间站	0	0.214 224	0.785 776
中国的载人航天事业今年会迈进新的时代	2	0.990 348	0.009 652 07
感谢影像记录如此发达的今天,让我们有幸云见证这一幕	2	0.999 682	0.000 317 97
有一种恐惧叫作"中国失控"。因为中国这枚火箭的发展速度已经超出了西方的控制,所以他们害怕、担心,可以理解	1	0.530 549	0.469 451

3. 舆情分析

突发事件网络舆情作为一种特殊的网民热议话题,会牵涉很多其他社会问题,导致网民对舆情事件的讨论范围扩大、情感态度发生变化以及立场出现分化,此时的舆情处于持续爆发期。由于网络舆情会随着相关话题(如与"长征 5B 失控"相关的火箭残骸方面的话题)的出现而反复出现,因此,需要从对热点事件的舆情引导视角入手,对舆情的关键时间信息节点加以分析,并采取相应的舆情管控措施。

(1) 关键节点识别

本研究应用 Gephi 可视化工具绘制了 1 268 个节点、1 186 个边的连线来呈现"长征 5B 失控"舆情事件的关键节点,根据关键节点识别方法,依据超网络的基本属性,得到网络舆情热点事件的关键节点识别结果,如表 9 - 8 所列。

表 9 - 8　关键节点识别结果

关键节点	核心用户	活跃用户
环球奇谈	Anata-s	更前期小豚
巅峰高地	中国航天报	威海科技
卧龙晓先生	浙江教育	宇宙速度
qdxr	小独国者	锅中炖着一只羊
DS北风	碧蓝云帆	军武季
尹克林	越妹向前冲	从不缺德数码

以上结果表明,将超边排序算法与超网络属性相结合进行分析,能够从不同视角揭示舆情传播过程中的关键节点,从而能够提高关键节点数识别的完整性,为后续对舆情传播路径的挖掘提供充足的证据。

(2) 传播路径分析

根据"长征 5B 失控"舆情关键节点识别结果中用户间的转发关系,能够计算用户节点之间的最短距离。设置平均度为 0.942、平均加权度为 0.985、网络直径为 2、平均聚类系数为 0.001、平均路径长度为 1.027。通过测算,得出主要节点间的传播路径,如表9-9所列,其中有四条路径为事件的关键传播路径。能够发现大多数用户重复出现在路径中,从而得出这些用户也是舆情传播的关键人物,其中"寰亚SYHP"是关键路径的中心节点,对舆情传播会产生重要的影响。因此,在舆情引导和治理的过程中需要参考此类用户作为重点分析的对象。[①]

表9-9　传播路径分析

序　号	传播路径
1	寰亚SYHP,PS3保罗,行空天空,奔六,火水哥,仙竹山翁
2	每日军事,环球奇谈,悠闲地老刘哥,语过添情,奔六,霹雳火军事,duoduopsn
3	寰亚SYHP,康记1993上善弗罗明,风相和水相,无心简影,蜀中赤子,RALPH邓,新浪军事,随笔南洋李叶明
4	科罗廖夫,破晓831,锅中炖着一只羊,电波震长空XYY,恋剧,知识菌
5	河婆Jason007,米格战斗机飞机联合体,犀小莉,Madaolkari,电波震长空,破晓831,科罗廖夫
6	霹雳火军事,突击小分队,西风烈V1,太湖啥个,晶晶,还麞江月923,美国侨报网

根据网络舆情热点事件关键节点识别结果,能够计算出用户之间网络关系的最短路径距离,从而挖掘出该舆情的传播路径。通过对传播路径加以分析,可以看出,一些用户在不同路径上出现,由此判断这些用户为关键节点,其影响和辐射作用较大,同时也是舆情传播的关键人物,在舆情引导和治理中应该将此类用户列为重点分析对象。与此同时,该类用户也是活跃度高、粉丝数量多、号召力强的用户,因此需要对这类用户加以关注,从而使突发舆情事件能够在第一时间得到关注。

9.2.5　总　结

为进一步分析网络舆情突发事件的传播过程和传播态势,帮助舆情管控主体挖掘出关键节点,科学预判网络舆情的传播态势,本研究基于超网络理论构建了主体子网、客体子网、信息子网、时序子网、情报子网五个子网的网络舆情超网络模型,并对超网络结构进行了分析,利用超边算法,针对舆情主体发现、关键节点识别以及传播路径等问题进行了详细的计算,可以说明超网络结构对于网络舆情分析具有较为重要的价值。与此同时,本研究利用社会网络分析算法对关键节点的度值进行了计算,为有关部门执行舆情管控提供了有指导性的意见和思路。本研究应用超网络理论对网络舆情的传播过程进行了分析,得出了一定的研究成果,未来还需要在两个方面继续深化挖掘:① 进一步扩大样本容量,使研究结论更有普适性;② 在超网络模型构建方面还可以进一步分析相应的引导和干预措施。

① 吴布林,刘昱琪,李光.重大突发事件政府新媒体舆论场谣言的传播、扩散与消减模型[J].情报科学,2022,40(11):33-39.DOI:10.13833/j.issn.1007-7634.2022.11.005.

参考文献

[1] 张雪,杨向荣.一个反思竞速现代性的寓言文本——《从前慢》的"慢记忆"书写及其隐喻[J].浙江社会科学,2022(8):138-145;161.DOI:10.14167/j.zjss.2022.08.003.

[2] 丁柏铨.对舆情概念的认知和思考[J].编辑之友,2017(9):5-11.

[3] 刘昫.旧唐书·崔慎由列传[M]//张玉田.古今舆情概念演变的文化意义阐释[J].传媒与艺术研究,2023(2):2-11.

[4] 彭定求,杨中讷,等.全唐诗[M]//薛璞.《诗经》舆情引导价值及其当代启示[J].黔南民族师范学院学报,2022,42(5):116-122.

[5] 陈寿.三国志[M]//张玉田.古今舆情概念演变的文化意义阐释[J].传媒与艺术研究,2023(2):2-11.

[6] 段然."舆论/public opinion?":一个概念的历史溯源[J].新闻与传播研究,2019,26(11):94-110;128.

[7] 梁启超.读十月初三日上谕感言[A].林志钧.饮冰室合集:第三册[C].北京:中华书局,1989:146.转引自:丁柏铨.从制造舆论到引导舆论——中国共产党百年来舆论思想的一个重要转变[J].西北师大学报(社会科学版),2021,58(6):5-12.

[8] 梁启超.新史学——中国之新民[N].新民丛报,1902,第1号:90.转引自:殷国明.从"欲新民"到打造"舆论之母"——20世纪初中国文学批评转型的一个环节[J].文学评论,2018(4):114-122.

[9] 韩运荣,张欢.民意、舆论与舆情:概念歧义、功能辨析与实践限度[J].中国新闻传播研究,2021(4):17-33.

[10] 王来华,林竹,毕宏音.对舆情、民意和舆论三概念异同的初步辨析[J].新视野,2004(5):64-66.

[11] 陈建栋.我国网民达到7950万[N/OL].光明网(2004-01-16).https://www.gmw.cn/01gmrb/2004-01/16/07-DF5964E25090D01348256E1C007FEE4C.htm.

[12] 雷鸣剑,祁志慧,袁媛."引流"还是"服务":国外网络舆情概念研究[J].中国记者,2021(3):49-54.

[13] 霍恩比.牛津高阶英汉双解词典[M].第4版.李北达,译.北京:商务印书馆.1997:954;1030;1368.

[14] 英汉汉英双解词典编写组.英汉汉英双解词典[M].北京:外文出版社,2002:1177.

[15] 敖然.何为"舆情":内涵争鸣及网络赋意——兼谈与"舆论""网络舆论"的关系[J].新闻研究导刊,2018,9(16):81;83.

[16] 周蔚华,徐发波.网络舆情概论[M].第2版.北京:中国人民大学出版社,2023:8;11.

[17] 宋晖,吴麟,苏林森.舆论学实务教程[M].北京:中国传媒大学出版社,2015:8-12.

[18] 王国华,冯伟,王雅蕾.基于网络舆情分类的舆情应对研究[J].情报杂志,2013,32(5):1-4.

[19] 杨绍辉.舆情概论[M].沈阳:东北大学出版社,2014:17;19.

[20] 高承实,陈越,荣星,等.网络舆情几个基本问题的探讨[J].情报杂志,2011,30(11):52-56.

[21] 叶国平.舆情内涵发展演变探析[J].理论与现代化,2013(4):42-47.

[22] 刘迪,张会来.网络舆情治理中意见领袖舆论引导的研究热点和前沿探析[J].现代情报,2020,40(9):144-155.

[23] 曾小慧.网络推手对网络舆论的影响研究[J].新媒体研究,2018,4(2):24-26.DOI:10.16604/j.cnki.issn2096-0360.2018.02.010.

[24] 韩佳芸.虚拟偶像的媒介呈现与传播效果研究[D].北京:北京邮电大学,2024.DOI:10.26969/d.cnki.gbydu.2023.002807.

[25] 杨漾.全媒体环境下青年群体舆情的极化研究——以虚拟偶像江山娇为例[J].科技传播,2021,13(12):105-107;133.DOI:10.16607/j.cnki.1674-6708.2021.12.036.

[26] 毕宏音.影响民众舆情的中介性社会事项[J].广西社会科学,2004(11):157-159.

[27] 中国社会科学院语言研究所词典编辑室.现代汉语小词典[M].北京:商务印书馆,1980:703.

[28] 范振远.浅析亚里士多德《政治学》一书中"政体"的概念[J].法制与社会,2009(16):376.

[29] 杨柳.中学思想政治教育针对突发事件网络舆情环境的诊治策略[J].知识文库,2017(13):111;122.

[30] 蒋海彬,张丰刚,王振环.图像时代高校网络舆情环境研究[J].辽宁工业大学学报(社会科学版),2020,22(4):5-7.

[31] 刘晓来,迟秀雪.后真相时代网络舆情特点及治理策略探究[J].新闻前哨,2021(3):47-48.

[32] 胡百精.打造关系网络 避免信息飞沫化[J].汽车工业研究,2012(2):31-33.

[33] 张相涛.舆情视域下突发公共卫生事件电视报道中新闻场景与受众情感的内在关系研究——以央视《战疫情特别报道》为例[J].新闻传播,2023(20):24-29.

[34] 杨芳芳,宋雪雁,张伟民.国内信息茧房研究热点与演进趋势:兼论静态和动态双重视角[J/OL].情报科学,1-13[2024-7-2].https://kns.cnki.net/kcms/detail/22.1264.G2.20240315.1633.012.html.

[35] 唐雪梅,赖胜强.情绪化信息对舆情事件传播的影响研究[J].情报杂志,2018,37(12):124-129.

[36] 张守坤.制售"婆孙插队"表情包突破了舆论谴责边界[N/OL].法治日报,2023-05-09(4).http://epaper.legaldaily.com.cn/fzrb/content/20230509/Page04TB.htm.

[37] 张振宇,叶广浩.新媒体语境下"新闻搭车"现象研究[J].新闻研究导刊,2019,10(21):18-19;41.

[38] 张淳艺.借暴雨灾难营销不能"道歉"了事[N/OL].北京青年报电子版,2021-07-22(A02).北青网,https://epaper.ynet.com/html/2021-07-22/content_379636.htm?div=-1.

[39] 马哲明.社交网络媒体信息传递转化及机制研究[J].情报科学,2017,35(8):28-32.DOI:10.13833/j.cnki.is.2017.08.037.

[40] 徐亚杰.网络文化的传播机制与舆情治理研究[J].国际公关,2023(20):122-124.DOI:10.16645/j.cnki.cn11-5281/c.2023.20.033.

[41] 邹明扬,杨冕清,冯蕾,等.基于虚拟现实技术与VR设备的心理宣泄的应用[J].电脑迷,2017(7):187-188.

[42] 程前,李勇.《是真的吗》:求证节目的创新与社会功能融合[J].电视研究,2013(12):48-49.

[43] 王君仪,周枫然.媒介认知与新媒体传播力的变迁——以新媒体的公共监督功能为例[J].新闻前哨,2019(5):33-34.

[44] 来纯晓,李艳翠,金松林.基于贴吧的高校网络舆情预警和引导系统研究[J].智能计算机与应用,2019,9(4):16-20.

[45] 袁野,兰月新,张鹏,等.基于系统聚类的反转网络舆情分类及预测研究[J].情报科学,2017,35(9):54-60.DOI:10.13833/j.cnki.is.2017.09.009.

[46] 张一文,齐佳音,马君,等.网络舆情与非常规突发事件作用机制——基于系统动力学建模分析[J].情报杂志,2010,29(9):1-6.

[47] 王明珠,刘怡君,郭林江.基于演化博弈的网络舆情"时、度、效"治理研究[J].管理评论,2023,35(8):315-326.DOI:10.14120/j.cnki.cn11-5057/f.2023.08.002.

[48] 马乔川子.突发事件与媒体报道[J].新闻研究导刊,2016,7(15):67;18.

[49] 文颖.探析电视媒体报道形式的创新[J].传媒论坛,2020,3(10):1;3.

[50] 刘云飞.媒介平台的类型与需求响应[D].广州:暨南大学,2014.

[51] 陈建飞.移动优先战略下,新媒体首发制的误区与提升路径[J].中国记者,2017(12):74-77.

[52] 金飞.马克思主义新闻观与中国网络舆情管理研究[D].武汉:湖北大学,2019.

[53] 韩瑞雪.网络舆情传播影响因子研究[D].长春:吉林大学,2018.

[54] 石淑惠,图门乌力吉,崔晓迎.浅述现代医学与蒙医学对急性传染病病程发展阶段性的认识之异同[J].中国民族医药杂志,2005(2):46-47.

[55] 周昕,黄微,滕广青,等.网络舆情传播模式解析与重构研究[J].情报理论与实践,2016,39(12):25-30.DOI:10.16353/j.cnki.1000-7490.2016.12.005.

[56] 朱梦月,丁一琦,张明君.微博信息传播特点与模式分析[J].遵义师范学院学报,2020,22(1):172-176.

[57] 刘铁英.基于社交网络统计分析的网络集群行为实证研究[D].上海:上海交通大学,2021.DOI:10.27307/d.cnki.gsjtu.2017.001513.

[58] 张红光.网络舆情传播的七大特征[J].政策,2018(1):48.

[59] 王志刚,邱长波,崔晶.微博舆情情绪表达差异研究——以"中美贸易战"为例[J].情报杂志,2021,40(7):101-106;22.

[60] 尹秀娟.虚拟社会的主体异化研究[D].武汉:华中师范大学,2021.DOI:10.27159/d.cnki.ghzsu.2020.000067.

[61] 李敏.新媒体时代网络舆情精准治理研究[J].新闻文化建设,2021(1):143-144.

[62] 张建新.融媒体时代领导干部应对网络舆情的策略[J].领导科学,2021(5):51-53.DOI:10.19572/j.cnki.ldkx.2021.05.017.

[63] 莫祖英,盘大清.信息茧房效应对用户虚假信息识别能力的影响关系探析[J].图书馆学研究,2023(3):50-57.DOI:10.15941/j.cnki.issn1001-0424.2023.03.002.

[64] 罗坤瑾,陈丽帆.事实核查:社交媒体虚假新闻治理研究[J].社会科学文摘,2020(10):5-7.

[65] 杨冠琼.不确定性、信息扭曲与政府层级优化[J].新视野,2010(1):30-33.

[66] 杨永生.论信息传递中"阻噪问题"的表现与控制[J].图书馆学研究,1997(6):68-69.DOI:10.15941/j.cnki.issn1001-0424.1997.06.028.

[67] 张雅榕,罗彬.新媒体环境中信息解读的碎片化研究[J].视听,2020(1):157-158.DOI:10.19395/j.cnki.1674-246x.2020.01.076.

[68] 刘晨音.危机事件中网络舆情的发展与演变[J].新闻传播,2016(24):80;82.

[69] 金璐,刘于思.启发式效应还是领域间差异?探索线上争议性科学和社会议题态度改变及参与意愿的影响机制[J].中国网络传播研究,2021(2):106-124.

[70] 杨芳芳,宋雪雁,张伟民.国内信息茧房研究热点与演进趋势:兼论静态和动态双重视角[J/OL].情报科学,1-13[2024-7-2].http://kns.cnki.net/kcms/detail/22.1264.G2.20240315.1633.012.html.

[71] 刘铁英.基于社交网络统计分析的网络集群行为实证研究[D].上海:上海交通

大学,2021. DOI:10.27307/d. cnki. gsjtu. 2017.001513.

[72] 张红光.网络舆情传播的七大特征[J].政策,2018(1):48.

[73] 武澎,冯冉,王海凝.突发事件网络舆情中信息前台化行为对机构公信力的影响:信息感知倾向和信息介入的中介作用[J/OL].情报杂志:1-9[2024-7-2]. https://kns. cnki. net/kcms/detail/61. 1167. G3. 20230202. 0949. 004. html.

[74] 朱莉欣,李元元.数字时代元数据的安全问题及法律应对[J].信息安全与通信保密,2024(1):42-47.

[75] 张敏,张晓林.元数据(Metadata)的发展和相关格式[J].四川图书馆学报,2000(2):63-70.

[76] 张天丹.网站链接数据分析与优化研究[J].牡丹江师范学院学报(自然科学版),2014(4):9-11. DOI:10.13815/j. cnki. jmtc(ns). 2014.04.005.

[77] 杨业令.面向社交网络用户属性与关系的隐私数据保护[J].信息系统工程,2019(1):72.

[78] 张书旋,康海燕,闫涵.基于Skyline计算的社交网络关系数据隐私保护[J].计算机应用,2019,39(5):1394-1399.

[79] 沈洪洲,袁勤俭.基于社交网络的社交关系强度分类研究[J].情报学报,2014,33(8):846-859.

[80] 麻可.融媒体环境下地方新闻网站媒体的发展路径[J].视听,2020(9):168-169. DOI:10.19395/j. cnki. 1674-246x. 2020.09.082.

[81] 庄蔚.社交媒体平台内容创作者影响力形成机理研究[D].上海:上海财经大学,2023. DOI:10.27296/d. cnki. gshcu. 2023.000008.

[82] 曾燕,李凤环,李薇.发挥自建数据库作用 架起资源与需求的桥梁——以音视频数据库资源为例[J].图书情报工作,2011,55(S1):57-60.

[83] 李佳.我们要用舆情报告做什么——基于我国舆情分析机构的发展现状分析[J].新闻研究导刊,2017,8(20):100-101.

[84] 温昱.搜索引擎数据痕迹处理中权利义务关系之反思——以两起百度涉诉案例为切入点[J].东方法学,2020(6):34-46. DOI:10.19404/j. cnki. dffx. 2020. 06.001.

[85] 李忠强.如何加强市场监管舆情监测及应急管理工作[N].中国市场监管报,2021-11-23(3). DOI:10.28075/n. cnki. ncgsb. 2021.003916.

[86] 吴秀娟.从"三只松鼠"舆情事件看品牌形象的维护[J].声屏世界,2023(6):76-78.

[87] 张玉峰,徐海峰.基于数据挖掘的竞争对手关键成功因素分析研究[J].情报理论与实践,2011,34(10):48-51. DOI:10.16353/j. cnki. 1000-7490. 2011. 10.013.

[88] 戴元初.品牌舆情监测:另一个新闻视角[J].青年记者,2011(22):66-67. DOI:

10. 15997/j. cnki. qnjz. 2011. 22. 040.

[89] 周红炜.课题查新中的信息发现与检索策略[J].情报杂志,2003(3):29-31.

[90] 姚丁月.突发自然灾害网络舆情演变分析及引导策略研究[D].长春:长春师范大学,2023.DOI:10.27709/d.cnki.gccsf.2022.000334.

[91] 奚婷.网络新闻传播中多媒体信息呈现方式的传播探讨[J].新闻研究导刊,2018,9(18):153;155.

[92] 李志芳,徐静蕾.公共危机应对中数据治理的热点主题分析[J].中国应急管理科学,2023(9):95-105.

[93] 孙见.网络舆论与我国公共政策制定的关系研究[D].合肥:安徽大学,2012.

[94] 兰月新,张丽巍,王华伟,等.面向风险监测的网络舆情异常感知与实证研究[J].现代情报,2022,42(3):102-108.

[95] 赵菲菲.基于深度学习的农业舆情主题分类及其演化趋势的风险评估[D].哈尔滨:东北农业大学,2022.DOI:10.27010/d.cnki.gdbnu.2021.000941.

[96] 邢超.以风险评估防范网络舆情风险[J].人民论坛,2019(15):118-119.

[97] 邹莉萍,陈富汉.基于大数据分析技术的互联网安全风险分析以及预警研究[J].九江学院学报(自然科学版),2023,38(2):77-81;123.DOI:10.19717/j.cnki.jjun.2023.02.016.

[98] 李浩.网络舆情数据质量的评估[J].统计与决策,2017(8):3032.DOI:10.13546/j.cnki.tjyjc.2017.08.007.

[99] 陈浩歌,王洪礼,杨聚福,等.勘探数据库数据完整性控制技术研究与应用[C].大庆油田有限责任公司.石油数据管理与应用国际学术研讨会优秀论文集.北京:石油业出版社,2005:7.

[100] 秦康,张业武,张鹏,等.中国大陆三种流感监测数据的时效性比较[J].中华疾病控制杂志,2019,23(4):387-391.DOI:10.16462/j.cnki.zhjbkz.2019.04.004.

[101] 蔡皖东.网络舆情分析技术[M].北京:电子工业出版社,2018:26.

[102] 郭向民,袁许龙,朱洛凌.基于Scrapy和Elasticsesarch的网站敏感词检测系统[J].网络空间安全,2024,15(1):70-75.

[103] 沈承放,莫达隆.beautifulsoup库在网络爬虫中的使用技巧及应用[J].电脑知识与技术,2019,15(28):13-16.DOI:10.14004/j.cnki.ckt.2019.3529

[104] 姜岚.大数据时代下网络爬虫行为的刑法规制[J].中阿科技论坛(中英文),2024(4):163-167.

[105] 孙静.基于API技术的综合智能网体系架构研究[J].无线互联科技,2022,19(12):19-21.

[106] 鲁丹,李欣,陈金传.基于API技术的数字人文基础设施的构建[J].图书馆学研究,2019(13):42-46;57.DOI:10.15941/j.cnki.issn1001-0424.2019.

13.006.

[107] 段云浩,武浩.基于特征表示增强的 Web API 推荐[J].云南大学学报(自然科学版),2021,43(5):877-886.

[108] 姜建武,李景文,陆妍玲,等.基于 RESTful API 的智慧旅游系统设计与实现[J].测绘与空间地理信息,2017,40(7):57-61.

[109] 李德贤,陆歌皓,姚绍文.JSON-RPC 协议分析、扩展及其应用[J].中国科技论文在线,2008(2):125-130.

[110] 唐成龙,谌颜,唐海春,等.大数据背景下数据预处理方法研究运用[J].信息记录材料,2021,22(9):199-200.DOI:10.16009/j.cnki.cn13-1295/tq.2021.09.094.

[111] 李军建.正则表达式在公安业务数据分析中的作用[J].网络安全技术与应用,2015(12):85;87.

[112] 官琴,邓三鸿,王昊.中文文本聚类常用停用词表对比研究[J].数据分析与知识发现,2017,1(3):72-80.

[113] 李英.基于词性选择的文本预处理方法研究[J].情报科学,2009,27(5):717-719;738.

[114] 梁睿,张扬,何凡,等.一种基于函数依赖的数据清洗方法[J].信息通信,2017(4):249-250.

[115] 刘剑.相关函数在噪声去除方面的优劣点分析[J].科技经济市场,2010(6):15;14.

[116] 卞德忠.基于机器学习的文本信息抽取方法研究[J].网络安全和信息化,2024(2):56-59.

[117] 张贝贝.HanLP:一触即发 叩响自主创新之门[J].软件和集成电路,2019(Z1):64-68.DOI:10.19609/j.cnki.cn10-1339/tn.2019.z1.023.

[118] 刘芬宏.基于 MeCab 的高中日语交际功能词汇表的构建[D].长沙:湖南师范大学,2021.DOI:10.27137/d.cnki.ghusu.2020.002471.

[119] 王知津.大规模语料库 现代汉语分词的有效工具——大规模现代汉语分词语料库构建及应用荐读[J].情报理论与实践,2024,47(2):200.

[120] 梁喜涛,顾磊.中文分词与词性标注研究[J].计算机技术与发展,2015,25(2):175-180.

[121] 孙茂松,左正平,黄昌宁.汉语自动分词词典机制的实验研究[J].中文信息学报,2000(1):1-6.

[122] 吴思竹,钱庆,胡铁军,等.词干提取方法及工具的对比分析研究[J].图书情报工作,2012,56(15):109-115;142.

[123] CORMEN THOMAS H, LEISERSON CHARLES E, RIVEST RONALD L, STEIN CLIFFORD.算法导论[M].原书第 3 版.殷建平,徐云,王刚,刘晓

光,苏明,邹恒明,王宏志,译.北京:机械工业出版社,2012:577-579,588-593.

[124] 母泽平.字符串匹配算法探讨[J].重庆工商大学学报(自然科学版),2014,31(8):79-82.

[125] BASSIA P,PITAS I,NIKOLAIDIS N. Robust Audio Watermarking in the Time Domain[J]//母泽平.字符串匹配算法探讨[J].重庆工商大学学报(自然科学版),2014,31(8):79-82.

[126] 闵联营,赵婷婷.BM算法的研究与改进[J].武汉理工大学学报(交通科学与工程版),2006(3):528-530.

[127] 庄彦,王勇.对Boyer-Moore模式匹配算法的优化研究[J].重庆三峡学院学报,2016,32(3):38-42. DOI:10.13743/j. cnki. issn. 1009-8135.2016.03.010.

[128] 马锐彦.KMP算法的优化与应用[J].电脑知识与技术,2023,19(20):73-75. DOI:10.14004/j. cnki. ckt. 2023.1008.

[129] 叶煜.一种基于KMP的高效字符串匹配算法[J].西南民族大学学报(自然科学版),2010,36(5):844-848.

[130] 马永萍.正则表达式及其应用[J].电脑编程技巧与维护,2012(4):13-14;38. DO I:10.16184/j. cnki. comprg. 2012.04.022.

[131] 徐帅,许海.正则表达式快速入门[J].电脑知识与技术,2019,15(29):269-270. DO I:10.14004/j. cnki. ckt. 2019.3513.

[132] 詹骐源.机器学习的发展史及应用前景[J].科技传播,2018,10(21):138-139. DOI: 10.16607/j. cnki. 1674-6708. 2018.21.069.

[133] 刘弋锋.基于浅层学习引导深度学习的行人检测[D].武汉:武汉大学,2017.

[134] 李明.多主体协同视域下短视频网络舆情导控机理及因果机制研究[J].现代情报,2023,43(1):131-140.

[135] 张琳,陈荔.多主体干预的微博舆情话题交互传播模型研究[J].情报科学,2022,40(11):49-55.

[136] 郭富莲.突发公共卫生事件网络舆情多主体仿真研究[D].长春:吉林大学,2024. DOI:10.27162/d. cnki. gjlin. 2023.004718.

[137] 张立凡,唐露,朱恒民,禚炳光.情绪博弈下舆情主体情绪与决策行为互动模型研究[J].情报资料工作,2022,43(2):56-65.

[138] 卢国强,黄微,孙悦,刘毅洲.基于舆情客体与本体剥离的重大突发事件网络舆情本体演化强度研究[J].图书情报工作,2023,67(5):119-129.

[139] 李杰,王雪可,刘力宾,等.医保欺诈事件舆情传播的情感焦点与情感倾向演化研究——基于舆情客体视角[J].情报科学,2020,38(4):77-82. DOI:10.13833/j. issn. 1007-7634.2020.04.012.

[140] 刘海明.论网络舆情预警的主客体及其伦理问题[J].情报杂志,2015,34(8):127-131;141;176.

[141] STIEGLITZ S, MIRBABAIE M, ROSS B, et al. Social Media Analytics—Challenges in Topic Discovery, Data Collection, and Data Preparation[J]. International Journal of Information Management, 2018, 39:156-168.

[142] 祝现威, 刘伟, 刘自豪, 等. 基于知识图谱的网络安全事件数据推荐算法[J]. 网络与信息安全学报, 2023, 9(6):116-126.

[143] 卢恒, 陈章杰, 周知. 基于知识图谱的虚拟学术社区用户生成内容知识共聚框架研究[J]. 情报理论与实践, 2023, 46(12):157-166+192. DOI:10.16353/j. cnki. 1000-7490. 2023. 12. 020.

[144] 刘成山, 杜怡然, 汪圳. 基于细粒度知识图谱的科技文献主题发现与热点分析[J/OL]. 情报理论与实践:1-11[2024-03-07]. https://kns. cnki. net/kcms/detail/11. 1762. G3. 20231206. 1704. 003. html.

[145] 范俊杰, 马海群, 刘兴丽. 数智时代下开源情报的军事知识图谱问答智能服务研究[J/OL]. 数据分析与知识发现:1-15[2024-03-07]. https://kns. cnki. net/kcms/detail/10. 1478. G2. 20231026. 1305. 002. html.

[146] 何巍. 社交网络舆情多模态知识图谱构建框架研究[J]. 情报杂志, 2024, 43(1):160-166.

[147] 徐海玲. 虚拟知识社区知识生态及场景化服务研究[D]. 长春:吉林大学, 2020. DOI:10.27162/d. cnki. gjlin. 2020. 000678.

[148] 张诗莹, 李阳. 融合事理知识图谱与网络舆情分析的突发事件情报支持路径及实证研究——以危化品事故为例[J]. 信息资源管理学报, 2023, 13(4):60-71. DOI:10.13365/j. jirm. 2023. 04. 060.

[149] 唐思宇, 李赛飞, 张丽杰. 基于 Neo4j 的网络安全知识图谱构建分析[J]. 信息安全与通信保密, 2022(8):60-70.

[150] 陆枫. 基于 Neo4j 的人员关系知识图谱构建及应用[J]. 软件工程, 2022, 25(9):5-8. DOI:10.19644/j. cnki. issn2096-1472. 2022. 009. 002.

[151] 孙建军. 链接分析:知识基础、研究主体、研究热点与前沿综述——基于科学知识图谱的途径[J]. 情报学报, 2014, 33(6):659-672.

[152] 雷新强. 基于知识图谱的互联网金融研究主体、研究热点与演进分析[J]. 辽宁工业大学学报(社会科学版), 2019, 21(6):39-42. DOI:10.15916/j. issn1674-327x. 2019. 06. 011.

[153] 魏明珠, 张海涛, 周红磊. 信息生态视角下网络舆情生态多维图谱构建研究[J]. 情报科学, 2021, 39(6):10-18;54. DOI:10.13833/j. issn. 1007-7634. 2021. 06. 002.

[154] 张柳. 社交网络舆情用户主题图谱构建及舆情引导策略研究[D]. 长春:吉林大学, 2022. DOI:10.27162/d. cnki. gjlin. 2021. 000137.

[155] 尹熙成, 朱恒民, 马静, 等. 微博舆情话题传播的耦合网络模型——分析话题衍

生性特征与用户阅读心理[J].情报理论与实践,2015,38(11):82-86.

[156] 肖勇,张沅哲.扬弃与超越:从信息用户到信息人[J].大学图书馆学报,2014,32(1):44-48.

[157] 李文丽.基于朴素贝叶斯分类的网络谣言识别研究[J].计算机工程与科学,2022,44(3):495-501.

[158] 刘春江,李姝影,胡汗林,方曙.图数据库在复杂网络分析中的研究与应用进展[J].数据分析与知识发现,2022,6(7):1-11.

[159] 姜彬峰.基于知识图谱的大数据实体识别方法[J].电脑知识与技术,2023,19(22):74-77.

[160] SORTE L X B, FERRAZ C T, FAMBRINI F, et al. Coffee Leaf Disease Recognition Based on Deep Learning and Texture Attributes[J]. Procedia Computer Science,2019,159:135-144

[161] 刘宁.属性抽取及属性级情感分类方法研究[D].北京:北京交通大学,2022.DOI:10.26944/d.cnki.gbfju.2022.000213.

[162] 冯子桓,梁循,牛思敏.大数据时代的社交网络舆情主题图谱研究[J].电子科技大学学报(社科版),2022,24(2):19-28.DOI:10.14071/j.1008-8105(2021)-1008.

[163] 魏明珠.基于多维图谱的网络舆情生态及文化引领机制研究[D].长春:吉林大学,2020.DOI:10.27162/d.cnki.gjlin.2020.003522.

[164] 李刚.基于要素关系图的案件舆情摘要方法研究[D].昆明:昆明理工大学,2022.DOI:10.27200/d.cnki.gkmlu.2022.002156.

[165] 张侃.基于自组织理论的网络舆情系统研究[D].成都:电子科技大学,2013.

[166] 李玥琪.社交网络舆情多平台主题图谱构建及风险识别研究[D].长春:吉林大学,2023.DOI:10.27162/d.cnki.gjlin.2023.000084.

[167] 张西硕,柳林,王海龙等.知识图谱中实体关系抽取方法研究[J/OL].计算机科学与探索,2023:1-28[2023-12-06].https://kns.cnki.net/kcms/detail/11.5602.TP.20231013.1415.002.html.

[168] 张莉曼,张向先,吴雅威,等.基于语义主题图谱的学术APP用户信息需求发现研究[J].情报理论与实践,2021,44(12):133-140.DOI:10.16353/j.cnki.1000-7490.2021.12.017.

[169] 李翔.面向信息装备知识图谱构建的信息抽取方法研究[D].长沙:中国人民解放军国防科技大学,2021.DOI:10.27052/d.cnki.gzjgu.2021.001366.

[170] 盛泳潘.面向知识图谱的学习算法研究与应用[D].成都:电子科技大学,2021.DOI:10.27005/d.cnki.gdzku.2020.004504.

[171] 邢云菲,王晰巍.基于时空大数据的社交网络舆情演化图谱研究——以"天和核心舱发射"话题为例[J].情报资料工作,2022,43(2):46-55.

[172] 姜赢.基于知识图谱技术的香山文化时空演化数字化服务应用示范[Z].珠海:北京师范大学珠海分校,2020-12-28.

[173] 孙一贺,于浏洋,郭志刚,等.时空知识图谱的构建与应用[J].信息工程大学学报,2020,21(4):464-469.

[174] 王琪.面向城市交通的时空知识图谱构建与可视分析[D].武汉:武汉大学,2023.DOI:10.27379/d.cnki.gwhdu.2020.001472.

[175] 傅浩,李俊,黄莹芝,等.基于时空信息的军事事件图谱构建方法研究[J].网络安全与数据治理,2023,42(S2):189-192.DOI:10.19358/j.issn.2097-1788.2023.S1.075.

[176] 余瑶.基于数据挖掘的微博舆情事件情感时空演化分析[D].湘潭:湘潭大学,2022.

[177] 贾若男.社交网络舆情事件主题图谱构建及舆情生态治理研究[D].长春:吉林大学,2023.DOI:10.27162/d.cnki.gjlin.2022.000382.

[178] 陆雨涵.突发公共卫生事件网络舆情主题及情感时空演化研究[D].武汉:武汉大学,2023.DOI:10.27379/d.cnki.gwhdu.2023.000195.

[179] 罗珉.组织理论的新发展——种群生态学理论的贡献[J].外国经济与管理,2001(10):34-37.

[180] 唐立婷.关于网络舆情生态系统的构建与运行机理研究[J].现代经济信息,2019(15):403;405.

[181] 朱晓峰,黄晓婷,吴志祥.基于种群演化的政府数据开放实证研究[J].情报科学,2020,38(7):123-131.DOI:10.13833/j.issn.1007-7634.2020.07.018.

[182] 林玲,陈福集.网络推手参与的社交媒体舆情传播四方演化博弈[J].系统科学与数学,2023,43(2):379-398.

[183] 毕宏音.网民的网络舆情主体特征研究[J].广西社会科学,2008(7):166-169.

[184] 燕道成.网络推手的传播学反思[J].中国青年研究,2012(4):60-64.

[185] 黄心一.政府协助下产业集群的种群动力系统研究[D].南京:南京信息工程大学,2015.

[186] 张卫东,李松涛,毛秀梅.角色演变视角下辟谣信息对社交媒体意见领袖形成的影响——基于舆论领导法则[J].情报理论与实践,2024,47(1):110-119.DOI:10.16353/j.cnki.1000-7490.2024.01.014.

[187] 侯艳辉,孟帆,王家坤,等.后真相时代考虑信息熵的网民观点演化与舆情研判引导研究[J].情报杂志,2022,41(7):116-123;150.

[188] 谢媛,李本乾.新媒体环境下突发环境事件网络舆情风险信息感知模型[J].现代情报,2023,43(6):158-165.

[189] 邓舒予.突发事件微博舆情意见领袖对网民情感倾向影响研究[D].哈尔滨:哈尔滨理工大学,2023.DOI:10.27063/d.cnki.ghlgu.2023.000371.

[190] 王晰巍,杨梦晴,王楠阿雪,等.新媒体环境下网络社群情境信息共享影响因素实证研究——基于信息生态群落视角[J].情报学报,2017,36(10):1050-1057.

[191] 田世海,张家榕,孙美琪.基于改进 SIR 的网络舆情信息生态群落衍生研究[J].情报科学,2020,38(1):3-9;16.DOI:10.13833/j.issn.1007-7634.2020.01.001.

[192] 林云,曾振华,曾林浩.微博社区网络结构特征对舆情信息传播的影响研究[J].情报科学,2019,37(3):55-59.DOI:10.13833/j.issn.1007-7634.2019.03.010.

[193] 孙钦莹,任晓丽.基于双重失衡环境的网络舆情演化机理与治理策略研究[J].情报杂志,2023,42(4):98-106.

[194] 曹树金,岳文玉.突发公共卫生事件微博舆情主题挖掘与演化分析[J].信息资源管理学报,2020,10(6):28-37.DOI:10.13365/j.jirm.2020.06.028.

[195] CALLON M, COURTIAL J P, TURNER W A, et al. From Translations to Problematic Networks: An Introduction to Coword Analysis[J]. Social Science Information,1983,22(2):191-235.

[196] 刘自强,岳丽欣,许海云,等.时序共词网络构建及其动态可视化研究[J].情报学报,2020,39(2):186-198.

[197] 拉扎斯菲尔德,贝雷尔森,高德特.人民的选择——选民如何在总统选战中做决定.唐茜,译.北京:中国人民大学出版社,2012:128.

[198] 张卫东,李松涛,毛秀梅.角色演变视角下辟谣信息对社交媒体意见领袖形成的影响——基于舆论领导法则[J].情报理论与实践,2024,47(1):110-119.DOI:10.16353/j.cnki.1000-7490.2024.01.014.

[199] 陈锦萍.网络意见领袖道德想象力研究[D].大连:大连理工大学,2022.DOI:10.26991/d.cnki.gdllu.2021.004034.

[200] 张霁阳,张鹏,李思佳,等.基于实时社会网络分析的突发舆情事件动态意见领袖识别方法研究[J].情报杂志,2023,42(9):109-116;126.

[201] 王晰巍,毕樱瑛,李玥琪.社交网络中意见领袖节点影响力指数模型及实证研究——以自然灾害"7·20"河南暴雨为例[J].图书情报工作,2022,66(16):24-35.DOI:10.13266/j.issn.0252-3116.2022.16.003.

[202] 刘迪,张会来.网络舆情治理中意见领袖舆论引导的研究热点和前沿探析[J].现代情报,2020,40(9):144-155.

[203] 王世文,刘劲.基于本体的重大突发事件网络舆情案例数据库数据模型研究[J].情报理论与实践,2023,46(10):163-173.

[204] 李希,田孝蓉.基于层次分析法的住房公积金运行绩效评价研究——以河南省为例[J].中国物价,2021(12):85-88.

[205] 李佩. 基于层次分析法的某城市生态环境质量评价研究[D]. 太原:太原理工大学,2020. DOI:10.27352/d. cnki. gylgu. 2020.002121.

[206] 邢为平. 基于层次分析法的安装工单系统的设计与实现[D]. 南京:南京大学,2021. DOI:10.27235/d. cnki. gnjiu,2021.002127.

[207] 王慧洲. 面向舆情文本的深度聚类算法研究[D]. 哈尔滨:哈尔滨工业大学,2021. DOI:10.27061/d. cnki. ghgdu. 2021.003859.

[208] 刘卓然. 基于改进 PageRank 算法的舆情引导技术研究[D]. 昆明:昆明理工大学,2017.

[209] 彭劭莉. 突发事件网络舆情引导研究综述[J]. 电子政务,2013(4):38-44. DOI:10.16582/j. cnki. dzzw. 2013.04.015.

[210] 李良田. 新时代高校辅导员通过网络舆情引导意识形态研究[J]. 湖北开放职业学院学报,2019,32(22):108-109;115.

[211] 赵鹭,何云峰,白中英. 网络舆论引导和舆情应对艺术多维解析[J]. 文化学刊,2019(5):77-81.

[212] 翟珮婷. 短音乐唱作:青年的乐缘互动、内容生产与情感调适[J]. 中国青年研究,2024(3):87-94;77. DOI:10.19633/j. cnki. 11-2579/d. 2024.0033.

[213] 郑宏民. 共识与分化:网络公共事件中的社会认同建构[J]. 传媒观察,2020(5):76-81. DOI:10.19480/j. cnki. cmgc. 2020.05.011.

[214] 刘振怡. 文化记忆与文化认同的微观研究[J]. 学术交流,2017(10):23-27.

[215] 赖胜强. 意见相符性与评论文明性对网络舆情传播行为的影响[J]. 新闻与传播评论,2021,74(1):47-55. DOI:10.14086/j. cnki. xwycbpl. 2021.01.005.

[216] 宋英华,何翼龙,张远进. 基于情感分析的网络舆情共振研究[J]. 中国安全生产科学技术,2024,20(4):186-192.

[217] 张柳,易思雨,王慧,等. 共生理论视域下突发事件网络舆情反转形成路径研究——基于 fsQCA 定性比较分析[J/OL]. 情报科学:1-12[2024-05-11]. https://kns. cnki. net/kcms/detail/22. 1264. G2. 20240126. 1810. 010. html.

[218] 赵可金. 生态制度主义政治学——一个世界政治的理论框架[J]. 世界政治研究,2021(4):1-26;144-145.

[219] 林子蕊. 智能算法,是否成为舆情发酵的助推器?[EB/OL]. 人民网舆情数据中心,澎湃新闻·澎湃号·政务. (2021-11-23). https://www. thepaper. cn/newsDetail_forward_15510332.

[220] 殷昊. 技术与政治的共生:解析中国社交媒体政治的形塑与发展[D]. 长春:吉林大学,2023. DOI:10.27162/d. cnki. gjlin. 2023.007630.

[221] 王璟琦,李锐,吴华意. 基于空间自相关的网络舆情话题演化时空规律分析[J]. 数据分析与知识发现,2018,2(2):64-73.

[222] 宋笑楠. 网络舆情生态治理与系统优化[C]//河北省公共政策评估研究中心.

第十一届公共政策智库论坛暨"新发展格局国际学术研讨会"会议论文集.[出版者不详],2022:4.DOI:10.26914/c.cnkihy.2022.038131.

[223] 李楠.海南自贸港建设过程中网络舆论监督之角色研究[D].海口:海南大学,2023.DOI:10.27073/d.cnki.ghadu.2021.000816.

[224] 郭成君.军校网络舆情的管理及应对[J].科技与创新,2015(19):60;64.

[225] 韩小伟,张传洋,张起超,等.大数据背景下突发公共事件网络舆情情感演化及舆情引导策略研究[J/OL].情报科学:1-20[2024-03-19].http://kns.cnki.net/kcms/detail/22.1264.G2.20240129.0941.008.html.

[226] 王皓显.短视频网络舆情治理对策研究[J].网络安全技术与应用,2023(4):159-160.

[227] 王若宇.舆情系统中情感分析技术的研究与实现[D].上海:上海交通大学,2022.DOI:10.27307/d.cnki.gsjtu.2020.002220.

[228] 代一方.基于微博数据的人工智能网络舆情分析——以 ChatGPT 话题为例[J].传播与版权,2023(21):93-95.DOI:10.16852/j.cnki.45-1390/g2.2023.21.029.

[229] 王汇丽.后真相时代区块链技术在网络舆情领域的应用[J].传媒论坛,2022,5(20):45-47.

[230] 张海涛,栾宇,刘彦辉,等.多维数据融合的突发公共卫生事件舆情引导机制研究[J].情报理论与实践,2023,46(2):82-89;62.

[231] 李昊青,兰月新,张鹏,等.网络舆情生态系统的失衡与优化策略研究[J].现代情报,2017,37(4):20-26.

[232] 丁乐蓉,李阳.重大传染病疫情情境下网络舆情时空分异规律研究[J].现代情报,2023,43(1):120-130;176.

[233] 徐迪.基于时空大数据的重大疫情类突发事件网络舆情研判体系研究[J].现代情报,2020,40(4):23-30;81.

[234] 贾若男,王晰巍,于雪,等.突发公共事件网络舆情时空演化分析模型及算法研究[J].现代情报,2023,43(2):137-145.

[235] 张华玉,陈国艺,魏德样.2022 年北京冬奥会网络关注度时空变化特征及其影响因素分析[J].体育教育学刊,2023,39(5):76-82.DOI:10.16419/j.cnki.42-1684/g8.2023.05.001.

[236] 刘国巍,程国辉,姜金贵.时空分异视角下非常规突发事件网络舆情演化研究——以"上海 12.31 踩踏事件"为例[J].情报杂志,2015,34(6):126-130;150.

[237] 武凤文,辛萍.基于网络舆情分析的北京历史街区公共空间品质评估研究——以南锣鼓巷街区为例[C]//中国城市规划学会,东莞市人民政府.持续发展理性规划——2017 中国城市规划年会论文集(5 城市规划新技术应用).[出

者不详],2017:18.

[238] 付业勤.旅游危机事件网络舆情研究:构成、机理与管控[D].泉州:华侨大学,2015.

[239] 杨帆.以画像分析为基础的图书馆大数据实践——以国家图书馆大数据项目为例[J].图书馆论坛,2018(4):1-9.

[240] 王顺箐.以用户画像构建智慧阅读推荐系统[J].图书馆学研究,2018(4):92-96.

[241] 尹相权,李书宁,弓建华.基于系统日志的高校图书馆研究间用户利用行为分析[J].现代情报,2018(1):115-120.

[242] PETRIC K, PETRIC T, KRISPER M. User Profiling on a Pilot Digital Library with the Final Result of a New Adaptive Knowledge Management Solution[J]. Knowledge Organization,2011,38(2):96-113.

[243] 程全.基于用户画像的数字图书馆信息服务模式研究[J].图书馆学刊,2018(4):68-71.

[244] 王凌霄,沈卓,李艳.社会化问答社区用户画像构建[J].情报理论与实践,2018(1):129-134.

[245] 单晓红,张晓月,刘晓燕.基于在线评论的用户画像研究——以携程酒店为例[J].情报理论与实践,2018(4):99-104;149.

[246] 黄文斌,吴家辉,徐山川,等.数据驱动的移动用户行为研究框架与方法分析[J].情报科学,2016(7):14-20;40.

[247] 郝靖宇,陈静仁.大数据时代用户画像助力企业实现精准化营销[J].中国集体经济,2016(4):61－62.

[248] 裴国才.基于用户画像的电信精准营销模型研究[J].信息通信,2017(12):240-241;24.

[249] 王晓霞,刘静沙,许丹丹.运营商大数据用户画像实践[J].电信科学,2018(5):127-133.

[250] 盛怡瑾.用户画像技术在学术期刊审稿人遴选中的应用[J].出版发行研究,2018(8):54-58.

[251] 熊伟,杭波,李兵,等.一种集成用户画像与内容的服务重定向方法[J].小型微型计算机系统,2017(12):2762-2765.

[252] 张诗军,陈丰,王志英,等.基于电力大数据的客户立体画像构建及应用研究[J].电气应用,2018(8):18-25.

[253] 高扬,池雪花,章成志,等.杰出人才精准画像构建研究——以智能制造领域为例[J].图书馆论坛,2018(9):1-8.

[254] 林燕霞,谢湘生.基于社会认同理论的微博群体用户画像[J].情报理论与实践,2017(3):142-148.

[255] 陈添源.高校移动图书馆用户画像构建实证[J].图书情报工作,2018,62(7): 38-46.

[256] 王凌霄,沈卓,李艳.社会化问答社区用户画像构建[J].情报理论与实践,2018 (1):129-134.

[257] 陆冬磊.基于电子商务的用户画像分析[J].电脑知识与技术,2018(22):1.

[258] 胡媛,毛宁.基于用户画像的数字图书馆知识社区用户模型构建[J].图书馆理论与实践,2017(4):82-85;97.

[259] 李冰,王悦,刘永祥.大数据环境下基于 k-means 的用户画像与智能推荐的应用[J].现代计算机(专业版),2016(24):11-15.

[260] 张小可,沈文明,杜翠凤.贝叶斯网络在用户画像构建中的研究[J].移动通信,2016(22):22-26.

[261] 张钧.基于用户画像的图书馆知识发现服务研究[J].图书与情报,2017(6):60-63.

[262] 陈添源.高校移动图书馆用户画像构建实证[J].图书情报工作,2018,62(7):38-46.

[263] 王翔.电影网站评分与电影票房关系研究——以豆瓣电影为例[D].南昌:南昌大学,2016.

[264] 薛欢雪.高校图书馆学科服务用户画像创建过程[J].图书馆学研究,2018,(13):67-71;82.

[265] 孙鸿飞,武慧娟,周兰萍.基于标签的个性化信息推荐理论模型研究[J].情报科学,2013,31(4):24-27.

[266] 杨晶,成卫青,郭常忠.基于标准标签的用户兴趣模型研究[J].计算机技术与发展,2013(10):208-211.

[267] 刘健.数字图书馆资源聚合与服务推荐研究[D].长春:吉林大学,2017.

[268] 吴智勤,柳益君,李仁璞,黄纯国.基于社交网络的高校图书馆用户画像构建研究[J].图书馆学研究,2018(16):26-30;25.

[269] 王庆,赵发珍.基于"用户画像"的图书馆资源推荐模式设计与分析[J].现代情报,2018,38(3):13;105-109.

[270] 陈添源.高校移动图书馆用户画像构建实证[J].图书情报工作,2018,62(7):38-46.

[271] 刘速.浅议数字图书馆知识发现系统中的用户画像——以天津图书馆为例[J].图书馆理论与实践,2017(6):103-106.

[272] 胡媛,毛宁.基于用户画像的数字图书馆知识社区用户模型构建[J].图书馆理论与实践,2017(4):82-85;97.

[273] 毕达天,王福,许鹏程.基于 VSM 的移动图书馆用户画像及场景推荐[J].数据分析与知识发现,2018,2(9):8.

[274] CUI WEIRONG,DU CHENGLIE,CHEN JINCHAO. CP-ABE Based Privacy-preserving User Profile Matching in Mobile Social Networks[J]. PLoS ONE,2016,11(6):1-25.

[275] MOVAHEDIAN H, KHAYYAMBASHI M R. Folksonomy-based User Interest and Disinterest Profiling for Improved Recommendations:An Ontological Approach[J]. Journal of Information Science,2014,40(5):594-610.

[276] AMORETTI M, BELLI L, ZANICHELLI F. UTravel:Smart Mobility with a Novel User Profiling and Recommendation Approach[J]. Pervasive and Mobile,2017,38(7):474-489.

[277] 崔阳,张海涛,王丹,宋拓. 基于概念格的在线健康社区用户画像研究[J]. 情报学报,2018,37(9):912-922.

[278] 徐艳. 高校图书馆移动阅读社会化服务的扎根研究[J]. 情报科学,2017,35(9):49-53.

[279] 肖欣伟,王晨,张凤荣. 基于大数据的高校图书馆学科服务平台的构建研究[J]. 情报科学,2017,35(6):34-38.

[280] 崔阳,张海涛,张念祥,李泽中. 超级 IP 生态视角的高校图书馆场景优化[J]. 情报科学,2018(9):16-21.

[281] 习近平:国家安全是民族复兴的根基[R/OL]. 党建网微平台. 人民网,2022-10-26[2022-11-17]. http://politics. people. com. cn/n1/2022/1026/c1001-32552460. html.

[282] 李纲,王施运,毛进,李白杨. 面向态势感知的国家安全事件图谱构建研究[J]. 情报学报,2021,40(11):1164-1175.

[283] 吴佳鑫,王健海. 基于态势感知理论的可视化感知模型[J]. 现代图书情报技术,2010(Z1):9-14.

[284] 王秉,周佳胜. 系统安全视阈下的安全情报态势感知理论模型研究[J]. 现代情报,2022,42(8):12-19.

[285] 张玉亮,杨英甲. 基于4R危机管理理论的政府网络舆情危机应对手段研究[J]. 现代情报,2017,37(9):75-80;92.

[286] 张磊. 基于生命周期的网络舆情危机管理知识集成研究[J]. 情报杂志,2015,34(10):101-105;51.

[287] 郭宇,张传洋,张海涛,于文倩. 危机管理视角下突发事件舆情主题演化与治理分析[J]. 图书情报工作,2022,66(8):113-121.

[288] 于凯,杨富义. 社会安全事件网络舆情多属性演化分析与知识图谱构建[J]. 情报工程,2022,8(4):14-30.

[289] 安宁,安璐. 跨平台网络舆情知识图谱构建及对比分析[J]. 情报科学,2022,40(3):159-165. DOI:10.13833/j. issn. 1007-7634. 2022.03. 020.

[290] 魏明珠,张海涛,周红磊.信息生态视角下网络舆情生态多维图谱构建研究 [J].情报科学,2021,39(6):10-18;54. DOI:10. 13833/j. issn. 1007-7634. 2021.06.002.

[291] 李纲,王施运,毛进,李白杨.面向态势感知的国家安全事件图谱构建研究[J]. 情报学报,2021,40(11):1164-1175.

[292] 张海涛,周红磊,李佳玮,张鑫蕊.信息不完全状态下重大突发事件态势感知研究[J].情报学报,2021,40(9):903-913.

[293] 王秉,史志勇,周佳胜.安全情报视域下的安全态势感知与塑造模型[J].情报理论与实践,2023,46(1):1-6.

[294] 温志韬,夏一雪.基于演化建模的突发事件网络舆情态势感知分析[J].情报杂志,2022,41(9):71-78.

[295] 王秉,巩燕,周佳胜.基于安全情报的安全态势感知系统研究[J].图书馆杂志, 2022,41(8):30-36;47. DOI:10. 13663/j. cnki. lj. 2022.08.004.

[296] 韩健.基于深度学习的细粒度文本情感分类方法研究[D].天津:天津理工大学,2022. DOI:10. 27360/d. cnki. gtlgy. 2022.000472.

[297] 陈志刚,岳倩.深度学习网络模型在文本情感分类任务中的应用研究综述[J]. 图书情报研究,2022,15(1):103-112.

[298] 中国互联网络信息中心.第47次《中国互联网络发展状况统计报告》[EB/OL]. (2021-06-16). https://www. cac. gov. cn/2021-02/03/c_1613923423079314. htm.

[299] 夏立新,陈健瑶,余华娟.基于事理图谱的多维特征网络舆情事件可视化摘要生成研究[J].情报理论与实践,2020,43(10):157-164.

[300] 陈健瑶,夏立新,刘星月.基于主题图谱的网络舆情特征演化及其可视化分析 [J].情报科学,2021,39(5):75-84.

[301] 田依林,李星.基于事理图谱的新冠肺炎疫情网络舆情演化路径分析[J].情报理论与实践,2021,44(3):76-83.

[302] 孙倬,赵红,王宗水.网络舆情研究进展及其主题关联关系路径分析[J].图书情报工作,2021,65(7):143-154.

[303] 祁凯,韦晓玉,郑瑞.基于系统动力学模型的政务短视频网络舆情动力演化分析[J].情报理论与实践,2021,44(3):115-121;130.

[304] 单晓红,庞世红,刘晓燕,杨娟.基于事理图谱的网络舆情演化路径分析——以医疗舆情为例[J].情报理论与实践,2019,42(9):99-103;85.

[305] ROUSSEEUW R J. Silhouettes:A Graphical Aid to the Interpretation and Validation of Cluster Analysis[J]. Journal of Computational and Applied Mathematics,1987,20:53-65.

[306] 丁晟春,刘笑迎,李真.融合评论影响力的网络舆情热点主题演化研究[J].现代情报,2021,41(8):87-97.

[307] 郝彦辉,王曦,陈铎.基于 BERT-BiLSTM 模型的舆情监测方法及实证研究——以研究生招生考试为例[J].情报科学,2021,39(8):78-85.

[308] 张冬,魏俊斌.情感驱动下主流媒体疫情信息数据分析与话语引导策略[J].图书情报工作,2021,65(14):101-108.

[309] 张煊,夏南强,韩一士,杨雪梅.基于 DEA 模型的网络舆情政府应对效果研究[J].情报科学,2021,39(6):97-102;160.

[310] 黄苏芬,司雯,穆亭钰.自媒体时代高校网络舆情管控与引导机制创新研究[J].情报科学,2021,39(4):62-67;91.

[311] 苏妍嫄,张亚明,刘海鸥.非传统安全威胁下网络群体集聚舆情传播治理研究[J].情报理论与实践,2021,44(6):138-145.

[312] 刘继,武梦娇.基于贝叶斯网络的网络舆情态势评估分析——以"新冠肺炎疫情"事件为例[J].情报杂志,2021,40(3):187-192;103.

[313] 丁伟.以人民为中心构建良好网络舆论生态[J].新闻战线,2020,(19):34-38.

[314] 李龙飞,张国良.算法时代"信息茧房"效应生成机理与治理路径——基于信息生态理论视角[J].电子政务,2022(9):51-62.

[315] 靖继鹏,张向先.信息生态理论与应用[M].北京:科学出版社,2017:12-13.

[316] 丁波涛.基于信息生态理论的数据要素市场研究[J].情报理论与实践,2022,45(12):36-41;59.

[317] 张雷,谭慧雯,张璇,韩龙.基于 LDA 模型的高校师德舆情演化及路径传导研究[J].情报科学,2022,40(3):144-151.DOI:10.13833/j.issn.1007-7634.2022.03.018.

[318] 田世海,董月文,王健.基于 NRL 和 k-means 的舆情事件聚类研究[J].情报科学,2021,39(2):129-136.DOI:10.13833/j.issn.1007-7634.2021.02.016.

[319] 张蓓,凌晓亮.Gompertz 分布顺序统计量的一些随机比较[J].数学的实践与认识,2020,50(8):224-228.

[320] 徐海玲.基于事理图谱的多维特征网络舆情演化路径研究[J].情报科学,2022,40(7):48-54.DOI:10.13833/j.issn.1007-7634.2022.07.006.

[321] 陈一新.完善社会治理体系[N].人民日报,2023-01-11(9).

[322] BERGE C. Graphs and Hypergraphs[M]. New York:Elsevierer,1973.

[323] NAGURNEY A,DONG J. Supernetworks:Decision-Making for the Information Age[M].[S. l.]:Elgar,Edward Publishing,Incorporated,2002.

[324] 周欢,张培颖,黄晓怡,等.事件系统视角下网络舆情态势感知研究[J].情报杂志,2024,43(2):135-142;117.

[325] 周欢,张培颖,王嘉仪,等.基于超网络的高校网络舆情态势感知及传播分析[J].情报理论与实践,2023,46(8):131-137;164.

[326] 赵振营.意识形态视角下网络舆情态势感知方法研究[J].情报科学,2023,41

(1):152-157;173. DOI:10.13833/j.issn.1007-7634.2023.01.018.

[327] 温志韬,夏一雪.基于演化建模的突发事件网络舆情态势感知分析[J].情报杂志,2022,41(9):71-78.

[328] 李俊磊.大数据在网络舆情信息监测与态势感知平台应用[J].电子技术,2020,49(7):41-43.

[329] 许建豪,王厚奎.高职网络舆情态势感知模型研究与关键技术分析[J].大众科技,2019,21(9):4-6.

[330] 梁晓贺,田儒雅,吴蕾,张学福.基于超网络的微博相似度及其在微博舆情主题发现中的应用[J].图书情报工作,2020,64(11):77-86.

[331] 尚艳超,王恒山,王艳灵.基于微博上信息传播的超网络模型[J].技术与创新管理,2012,33(2):175-178.DOI:10.14090/j.cnki.jscx.2012.02.025.

[332] 张连峰,周红磊,王丹,等.基于超网络理论的微博舆情关键节点挖掘[J].情报学报,2019,38(12):1286-1296.

[333] 杨湘浩,阚顺玉,叶旭,等.基于超网络的突发事件网络谣言传播模型研究[J].情报理论与实践,2021,44(10):129-136.DOI:10.16353/j.cnki.1000-7490.2021.10.017.

[334] 张鑫蕊,张海涛,栾宇,等.突发事件信息协同超网络的构建方法研究[J].情报学报,2023,42(9):1040-1051.

[335] 刘晋霞,侯倩倩,杜静,等.子话题及词汇关联视角下的新兴领域热点主题演化研究[J].情报杂志,2023,42(3):123-129.

[336] 王康,陈悦,苏成,等.多维视角下科学主题演化分析框架[J].情报学报,2021,40(3):297-307.

[337] 程亚男,王宇.基于语义情感相似度的问答社区答案排序研究[J].情报科学,2018,36(8):72-76;83.DOI:10.13833/j.issn.1007-7634.2018.08.012.

[338] 常宁,刘明强,范振坤,等.信息生态视角下热点舆论传播多点触发机制实证研究[J].情报科学,2023,41(11):120-127;169.

[339] 吴布林,刘昱琪,李光.重大突发事件政府新媒体舆论场谣言的传播、扩散与消减模型[J].情报科学,2022,40(11):33-39.DOI:10.13833/j.issn.1007-7634.2022.11.005.